St. Thomas and the Principle of Individuation
성 토마스와 개체화의 원리

St. Thomas and the Principle of Individuation
Korean Copyright ⓒ The St. Thomas Institute in Korea

St. Thomas and the Principle of Individuation
성 토마스와 개체화의 원리

교회인가 2025년 6월 16일(원주교구)
제1판 제1쇄 2025년 10월 28일

엮은이 | 이재룡
펴낸이 | 이재룡
펴낸곳 | 한국성토마스연구소

우편주소 | 25244 강원도 횡성군 우천면 경강로산전7길 28-53
전화번호 | 82-33-344-1238
전자우편 | stik2019@naver.com
홈페이지 | http://www.stik.or.kr
출판등록 | 제2018-000003호 2018년 6월 19일
인쇄제작 | 오엘북스

ⓒ 한국성토마스연구소

보급 | 한국출판협동조합_가톨릭출판사, 교보문고, 알라딘, 예스24

값 18,000원
ISBN 979-11-995381-1-5 03160

이 책은 저작권법에 따라 보호를 받는 저작물이므로 무단전재와 복제를 금지하며, 이 책의 내용 전부 또는 일부를 이용하려면 반드시 저작권자인 한국성토마스연구소의 서면 동의를 받아야 합니다.

토미즘소책 10

성 토마스와 개체화의 원리

이재룡 엮음

한국성토마스연구소

| 일러두기 |
- *ST*, *ScG*, *In Sent.*, *De princ. nat.*, *De potentia* 같은 성 토마스의 작품약어 앞에는 저자 표기가 생략되어 있으며, '성 토마스 작품약어'는 한국성토마스연구소에서 발행된 『신학대전』 시리즈, 『성 토마스 개념사전』, 『성 토마스 소사전』 등을 참고하면 도움이 될 것이다.
- 각주의 표기는 각각의 원고를 발표한 나라와 연도 등이 다르므로 원서의 표기를 그대로 따랐다.

| 차례 |

머리말 … 7
출전 … 11

제1부 성 토마스의 개체화 원리

1. 토마스 아퀴나스의 개체화 원리　　　　　　　　　　15
   이재룡(李在龍)
2. 아퀴나스의 『삼위일체론 주해』에 나타나는 개체화　　59
   케빈 화이트(Kevin White)
3. 토마스 아퀴나스: 개체화 원리인 규모적 양　　　　　79
   조셉 오웬스(Joseph Owens, CSsR)
4. 토마스에 따른 존재방식으로서의 개체　　　　　　　131
   로렌스 드완(Lawrence Dewan, OP)

제2부 후대의 비판적 논의

5. 스코투스의 개체화　　　　　　　　　　　　　　　163
   티모시 눈(Timothy Noone)
6. 토마스의 개체화 원리에 대한 수아레스의 비판　　　187
   조지 그라시아(Jorge J. Gracia)
7. 그라시아와 아퀴나스: 개체화의 원리　　　　　　　199
   앤드류 페인(Andrew Payne)

참고 문헌 … 241
인명 색인 … 247
사항 색인 … 250

| 머리말 |

개체화(individuatio) 문제란 무엇인가? 그것은 우리가 경험하는 다양한 개별적 존재자들을 다른 것들과는 달리 '바로 그 개체'로 만드는 원리 또는 원인이 과연 무엇인지를 따져 묻는 대단히 까다로운 작업이다.

고대 그리스인들은 이 문제에 대해 그리 커다란 비중을 두지 않았다. 정치 공동체인 폴리스(polis)를 중심으로 살아가던 그들은 오히려 보편자(universale), 즉 인식과 도덕성을 객관적으로 정초할 원리들을 추적하는 데 관심을 집중하였다.

개체(individuum)의 중요성을 강조하고 개체들을 (다른 것이 아닌) 바로 그 개체로 만드는 원리가 무엇인지를 따져 묻는 작업은 그리스도교 교리 덕분에 비로소 가능하게 되었다. 그 이유는 단순하다. 그리스도교는 개체의 중요성을 강조하기 때문이다. 신은 우주 만물을 창조하였다. 그 가운데서도 신의 모상으로 창조된 개별적 인간들은 특별히 불멸의 영혼과 초자연적 목적을 지니고 있다. 인류의 원조(元祖)들은 교만 때문에 돌이킬 수 없는 범죄를 저질렀지만, 신은 그들을 너무도 사랑하였기 때문에 적절한 때에 당신의 외아들을 인간의 모습으로 세상에 파견하여 십자가의 고통과 죽음을 겪게 함으로써 인류 구원의 길을 활짝 열어놓았다. 신과 세계, 그리고 신과 인간 사이의 이런 독특한 관계는 창조, 인격체들의 불멸성, 육신의 부활, 천사들의 본성, 원죄, 삼위일체 등에 관한 사변을 촉발하였다. 이 모든 그리스도교 교리는 각각 나름대로 개체와 개체화의 원리에 관한 이런저런 물음들을 제기했다.

'보편자'(universale) 문제와 더불어 중세인들의 난제가 되었던 개체화의 원리 문제는 보에티우스에 의해서 처음으로 분명하게 제기되었다. 뒤이어 중세의 스콜라학자들은 활발한 논의를 통해 그 문제의 복잡성과 까다로움을 점점 더 깊이 자각하게 되었으며, 13-14세기에 이르러서는 철학의 핵심적 쟁점으로 부각되었다. 그러다가 오컴을 비롯하여 이 문제를 가짜-문제쯤으로 간주하는 명목주의적 태도에 밀려 쇠퇴했지만 제2차 스콜라철학 부흥 시기 또는 바로크 시대에 다시 한번 활발한 논쟁기를 맞이한다. 그 뒤 이성주의 또는 관념주의적 성향의 철학이 지배하는 근현대 철학 시기 동안 이 문제는 또다시 긴 잠복기에 들어갔다. 그리고 20세기 후반에 이르러 조지 그라시아(Jorge J. Gracia, 1942-2021)를 비롯한 여러 중세 전문가의 노력에 힘입어 다시 철학의 전면으로 부상하였다.

성 토마스가 이 주제와 관련해서 취하는 입장은 다음과 같이 요약될 수 있다. 어떤 존재자를 하나의 개체로 만드는 것을 지칭하는 개체화의 원리(principium individuationis)란, 어떤 존재자가 그 종을 특징짓는 성질들 외에도, 그것을 고유하고 배타적인 특성들로 시공 안에 규정짓는 독특하고 구체적인 실존을 소유하게 만드는 원리를 가리킨다. 여기서 개체란 '그 자체 안에서는 구별되지 않지만, 다른 모든 것으로부터는 구별되는 것'(Individuum autem est quod est in se indistinctum, ab aliis vero distinctum)을 말한다(ST, I, 29, 4). 아리스토텔레스에 따르면, 동일한 종에 속하는 개체들의 다수화와 개체화의 원인은 바로 '질료'(hyle, materia)이다. 성 토마스는 한걸음 더 나아가 개체화의 원리가 여하한 질료가 아니라 오로지 '양으로 표시된 질료'(materia quantitate signata: *De ente et essentia,* c.2, n.7)드는 '규모가 한정된 질료'(materia dimensiones terminatae: *De natura materiae,* c.3)라고 명시한다. 여기서는 질료가 형상을 받아 한정함으로써 성립된다. 하지만 '개체' 개념은 물질적 사물들뿐만 아니라, 영적인 천사들이나 신에게도 적용된다. 따라서 토마스는 다른 존재자들에 수용되거나 다수화될 수 없는 비물질적인 본성들에 적용될 수 있는 다른 개체화의 원리가 요구되는데, 천사(angelus)들의 경우에는 그 영적 본질이 존재 현실에 대해 가능태의 역할을 하기에 우의적으로 '질료'라 할 수 있고, 그 본질 자체가 존재인 하느님(Deus)의 경우에는 자신의 존재가 개체화의 근거를 구성한다고 가르친다(*In De causis,* prop.9).[1]

본서는 조지 그라시아가 1994년에 편집 출간하여 철학계의 주목을 받았고 우리나라에서도 엮은이와 연세대학교 이재경 교수가 공동 번역하여 '문화총서'로 출간한 『스콜라철학에서의 개체화』(가톨릭출판사, 2003)의 자매편인 셈이다. 그라시아의 작품은 보에티우스에서 시작된 개체화의 원리에 관한 논쟁이 12세기에서 15세기에 이르는 스콜라학 내에서 어떻게 확산되고 전개되었는지를 역사의 선후 관계를 따라 추적하고 있다. 이와는 대조적으로, 우리가 엮어내는 이 책은 성 토마스에 초점을 맞추어 이 주제에 관한 토마스 자신의 입장을 현대의 주요 토미스트들이 어떻게 이해하고 있는지 다각도로 살펴보고, 그에 대한 찬반 논리들을 검토함으로써, 주제가 차지하고 있는 철학 및 신학 내에서의 중요성과 까다

---

1. 바티스타 몬딘, CMX, 『성 토마스 개념사전』, 이재룡 · 안소근 · 윤주현 옮김, 한국성토마스연구소, 2020, 58-59쪽 참조.

로움을 동시에 확인할 수 있을 것이다.

성 토마스의 입장을 개관하는 논문(본서 제1장)을 쓴 지도 어느새 20년이 훌쩍 지났다. 나 자신이 이 주제를 계속 심화시키지는 못했지만, 다른 뛰어난 연구자들의 논문이 나의 게으름을 보완해줄 것이다. 출전에서도 잘 드러나는 것처럼, '개체화의 원리' 문제를 전반적으로 개관하는 나의 논문을 뺀다면, 세 편은 『가톨릭 신학과 사상』 학술지에 이미 발표되었던 논문들이고, 나머지 세 편은 새로 번역하여 소개하는 논문들이다. 이 책을 통해 성 토마스의 이론이 충분히 해명되었다고 보기는 어렵겠지만, 관심 있는 독자들이 좀 더 문제의 깊이를 파고들어 자신의 의문점을 해소하기 위한 전진 기지로 삼는 데는 크게 부족하지 않으리라고 믿는다.

이번에도 묵은 원고들의 서로 다른 형식을 통일하고 오탈자는 물론 거친 문장들을 매끄럽게 다듬어준 제자 손윤정 마리아에게 감사를 전한다.

2025년 10월 15일 아빌라의 성녀 데레사 축일에
정금산 자락 연구소에서 엮은이 이재룡

| 출전 |

1. 이재룡, 「토마스 아퀴나스의 개체화 원리」, 『가톨릭 신학과 사상』 45 (2003/가을), 102-140쪽.
2. Kevin White, "Individuation in Aquinas's *Super de Trinitate*, q.4", *American Catholic Philosophical Quarterly* 69(1995), 543-556.
3. Joseph Owens, CSsR, "Thomas Aquinas: Dimensive Quantity as Individuating Principle", *Medieval Studies* 50(1988), 279-310[=국역본: 「토마스 아퀴나스: 개체화 원리인 규모적 양」(졸역), 『가톨릭 신학과 사상』 48(2004/여름), 235-279쪽].
4. Lawrence Dewan, OP, "The Individual as a Mode of Being According to Thomas Aquinas", *The Thomist* 63(1999), 403-424[=국역본: 「성 토마스에 따른 존재방식으로서의 개체」(졸역), 『가톨릭 신학과 사상』 51 (2005/봄), 330-355쪽].
5. Timothy Noone, "Individuation in Scotus", *American Catholic Philosophical Quarterly* 69(1995), 527-542.
6. Jorge J. Gracia, "Suárez's Criticism of the Thomistic Principle of Individuation", in *Atti del Congresso di Tommaso d'Aquino nel suo VII Centenario*, Roma, 1977, pp.563-568.
7. Andrew Payne, "Gracia and Aquinas on the Principle of Individuation", *The Thomist* 68(2004), 545-575[=국역본: 「그라시아와 아퀴나스: 개체화의 원리」(졸역), 『가톨릭 신학과 사상』 58(2006/겨울), 184-219쪽].

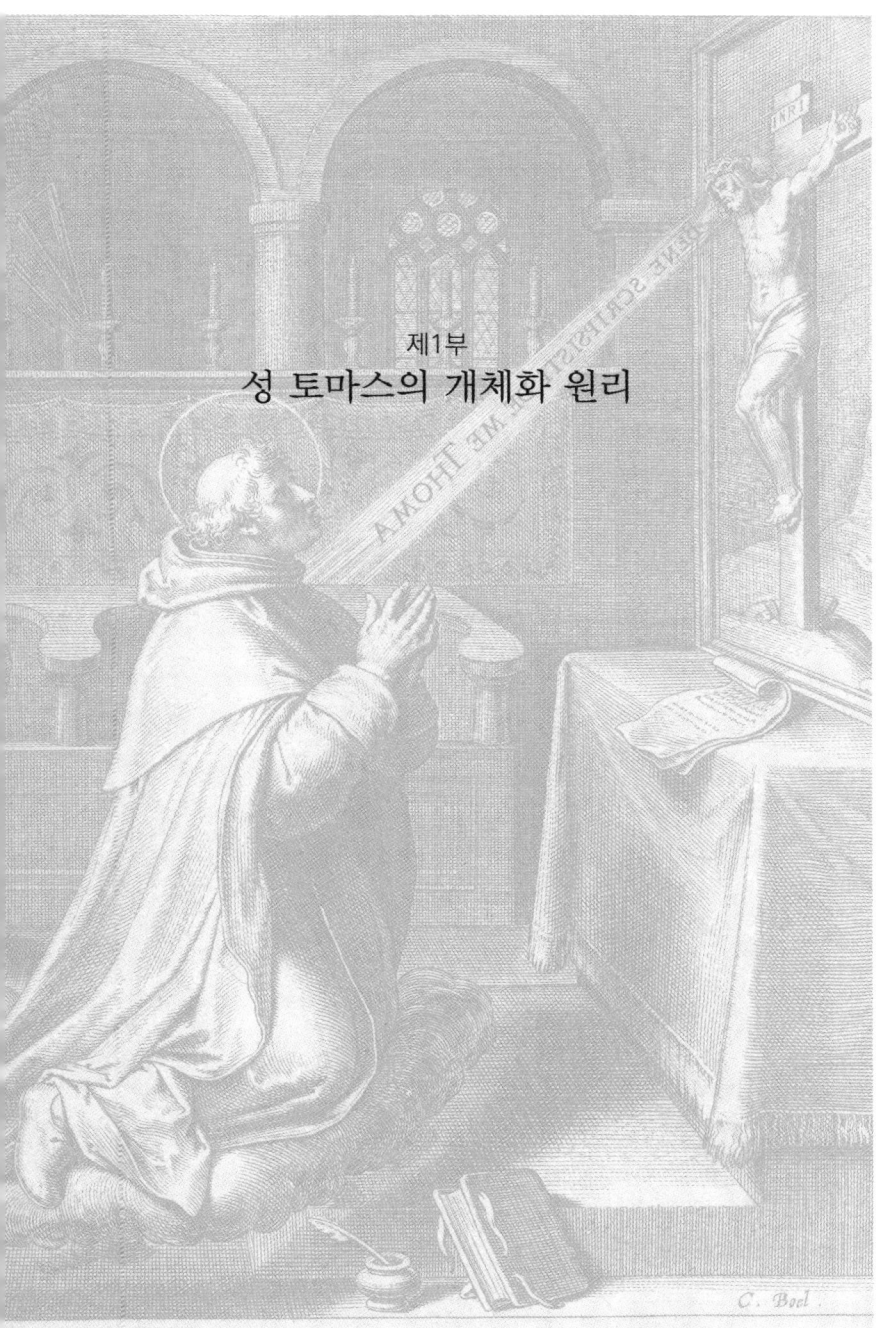

제1부
성 토마스의 개체화 원리

1. 토마스 아퀴나스의 개체화 원리

이재룡

1. 머리말

20세기 후반에 들어오면서 뉴욕주립대학의 조지 그라시아 교수를 중심으로 중세 및 반종교개혁기 스콜라학자들의 개체화 원리에 관련된 논의가 활발하게 연구되었다. 우리나라에서는 한국과학기술원의 박우석 교수가 1992년에 「개체화 문제: 중세인의 가슴앓이」라는 논문을 발표하면서 이 문제의 중요성이 알려지기 시작하였다.[1]

  사상사적으로 개체의 중요성에 대한 강조와 개체화의 원리에 대한 까다로운 논의는 중세 그리스도교 덕분에 가능하게 되었다. 정치공동체인 폴리스(polis)를 중심으로 살아가던 고대 그리스인들은 개별적인 것들에 대해서는 별로 관심을 기울이지 않았고, 오히려 보편자, 즉 도덕성과 인식을 정초할 원리들을 탐구하는 데 관심을 집중시켰다. 그라시아에 따르면, 중세철학사는 그리스 사상의 유입이 있을 적마다 개체화 논의가 쇠퇴하였다는 것을 증언하고 있

---

1. 박우석, 「개체화 문제: 중세인의 가슴앓이」, 『철학과 현실』 12(1992), 148-168쪽. 이 논문은 같은 저자의 『중세철학의 유혹』, 철학과 현실사, 1997, 95-125쪽에 재수록되어 있다.

다. 오직 그리스 사상이 완전히 소화되어 각 시기의 그리스도교적 필요에 적용된 다음에야 비로소 개체화에 관한 관심이 되살아나곤 했다. 바로 이것이 번역의 시기이던 12세기 말에 일어났고, 또한 플라톤 사상이 강하게 지배하고 있던 14세기 중반 이후에 일어났다.[2]

'보편자' 문제와 더불어 중세인들의 '가슴앓이'가 되었던 '개체화' 문제는 보에티우스(Boethius, 480?-524?)에 의해서 처음으로 분명하게 제기된 이래 12세기에는 "표준 이론"이라고 불리는 기본틀이 형성되었다. 활발한 논의를 통해 스콜라학자들은 그 문제의 복잡성과 까다로움을 점점 더 자각하게 되었고, 13-14세기에 이르러서는 철학의 핵심적 쟁점으로 부각되었다. 오컴을 비롯하여 그 문제를 가짜-문제쯤으로 간주하는 명목주의적 성향으로 인해 쇠퇴했다가, 바로크 시대에 이르러 다시 한번 더 활발한 논쟁기를 맞이하게 된다. 그 뒤 이성주의 또는 관념주의적 성향의 철학이 지배하는 근현대 철학 시기 동안 또다시 긴 잠복기를 거쳐, 20세기 후반에 그라시아를 비롯한 여러 중세 연구가의 노력으로 다시 철학의 전면에 부각되었다.[3]

그라시아가 "형이상학의 토대"(The Foundation of Metaphysics)라고 내세울 정도로 중요한 주제인 '개체화' 문제가[4] 오랜 사상사를 통해 이처럼 간헐적으로밖에 논의되지 못한 주된 이유는 그 문제

---

2. Jorge J. Gracia, "Epilogue: Individuation in Scholasticism", in ID.(ed.), *Individuation in Scholasticism. The Later Middle Ages and the Counter-Information, 1150-1650*, New York, State University of New York Press, 1994, p.549.
3. Cf. Gracia, "Epilogue: Individuation in Scholasticism", art. cit., pp.543-550; ID., *Introduction to the Problem of Individuation in the Early Middle Ages*, München, Philosophia Verlag, 1984, p.259; 박우석, 『중세철학의 유혹』, 119쪽.
4. Gracia, *Individuality: An Essay on the Foundations of Metaphysics*, New York, State University of New York Press, 1988.

가 안고 있는 어려움 때문으로 보인다. 델린노첸티는 이것을 "어두움"(obscuritas)이라 지적하고,[5] 그라시아는 "빠져나올 길 없는 수렁"(a quagmire out of which there is no way)과 같다고 표현하고 있으며,[6] 린다 피터슨은 "고르디우스의 매듭"(Gordian knot)이라고 부르고 있다.[7]

토마스는 개체화 문제를 체계적으로 전개할 기회를 충분히 갖지 못했지만, 대부분의 작품 속에 광범위하게 흩어져 있는 그의 통찰들은 그가 이 문제에 대한 분명한 이론을 가지고 있었다는 것을 알려준다.[8] 따라서 토마스의 입장은 이 주제에 대한 후대의 토론에서 한결같이 기본 출발점이 되고 있다.

우리는 이 논문을 통해서 선배 학자들의 안내를 받으며 토마스의 사상 가운데 아마도 가장 논란이 심한 이 개체화의 원리에 관한 입장을 확인하기 위해 그의 주요 본문들을 검토하고(제3절), 토마스의 기본 통찰을 요약한 다음(제4절), 토미스트와 비토미스트들의 후속 논쟁을 검토할 것이다(제5절). 그러나 그에 앞서 개체화를 둘러싼 문제들이 얼마나 까다로운지를 검토할 것이다(제2절).

2. 개체화의 원리 문제

'개체'(individuum)는 그리스어 atomon, 즉 '더 이상 구분될 수 없는

---

5. U. Degl'Innocenti, *Il principio d'individuazione nella scuola tomistica*, Roma, Pontificia Universita Lateranense, 1971, p.5.
6. Gracia, *Individuality*, op. cit., p.166.
7. L. 피터슨, 「카예타누스의 개체화 이론」(이재룡 옮김), 『가톨릭 신학과 사상』 39 (2002/봄), 144쪽.
8. F. Suárez, *Disputationes metaphysicae*, V, s.3, 3: "Est ergo sententia, affirmans principium individuationis esse materiam signatam. Haec est sententia D. Thomae…. Et extimatur haec sententia Aristotelis…." Cf. Gracia, *Suárez on Individuation*, Milwaukee, Marquette University Press, 1982, pp.76-77.

것'에 대한 라틴어 번역어이다. 엄격한 의미에서 개체란 "그 자체로는 구분되지 않으면서 다른 모든 것으로부터는 구분되는 존재자"를 의미한다.[9] 개체는 구체적이고 실체적인 존재자이다. 색깔이나 소리 같은 우유적인 것들은 개체라고 부를 수 없다. 그러나 한 사람, 이 하얀 고양이, 저 예쁜 꽃 등 스스로의 힘으로 자립하고 있는 존재자들은 개체들이다. 개체는 여럿 가운데 하나 또는 종 내에 있는 하나의 단수적 존재자를 가리킨다. 그것은 종(species)이 아니라, 어떤 종이 개체화에 의해서 어떤 단수적 형상 아래 충만하게 실현되어 있는 존재자이다.

아리스토텔레스에 따르면 모든 학문은 해당 주제의 원인과 원리들을 해명해야 한다.[10] 원인(causa) 또는 원리(principium)는 흔히 호환되기도 하였으나, '원인'은 주로 변화를 책임지는 네 가지 형이상학적 원인들(능동인, 형상인, 질료인, 목적인)을 가리켰고, '원리'는 좀 더 넓은 의미로 네 가지 원인뿐만 아니라 본질, 존재, 실체, 우유 같은 형이상학의 기본 개념들과 동일률이나 모순율 같은 논리적 원리들도 가리켰다.[11] 이와 같은 유연성 때문에 스콜라학자들

---

9. *ST*, III, q.77, a.2. Cf. I, q.29, a.4.
10. Aristoteles, *Metaphysica*, I, 982a1-982b10; Thomas Aquinas, *In Metaph.*, I, lect.2, nn.36-51.
11. Cf. *De princ. nat.*, c.3(이재룡 옮김, 「자연의 원리들」, 『가톨릭 신학과 사상』 17 (1996/봄), 226-230쪽): "아리스토텔레스는 『자연학』 제1권에서 원리들을 내밀한 원인들의 자리에 두고 있지만(I, c.6, 189b16; c.7, 191a14-23), 『형이상학』 제11권에서는 참되고 고유한 의미에서의 원리는 오직 외부적 원인들에만 해당된다고 말하고 있다(XI, c.4, 1070b22-30). 사물 구조의 구성적 부분을 이루는 원인들, 즉 내밀한 원인들은 요소들이라고 불린다. 그리고 원리도 또 요소도 (가끔은 나란히 놓이기도 하지만) 다 같이 원인이라고 불린다.
  실상 모든 원인은 원리라고 불릴 수 있고, 반대로 모든 원리도 원인이라고 불릴 수 있다. 그렇지만 원인이라는 관념은 흔히 이해되고 있는 원리의 관념에 비해 더 이상의 어떤 것을 의미하는 것 같다. 왜냐하면 원리는 그것으로부터 결과의 존재가 유래되는지 여부와는 상관없이 [무조건] 첫째인 것에 대해 말해질 수 있기 때문이다. … 대신, 그것으로부터 결과의 존재가 흘러나오게 되는 첫 번째 것만이 원인이라고 불린다. 그렇기 때문에 그것의 존재로부터 다른 존재가 유래되는 것을 두고 원인이라고 부른다. 생성이 시작되는 그 첫 번째 것은 원리라고 불리기는 하지만, 그 자체로

은 개체화 문제를 논의할 때 원인보다는 원리라는 용어를 더 선호하였다.[12]

왜 어떤 특정 물체는 개체적인가라는 질문에 대해서 여러 방식으로 대답할 수 있다. 예를 들면, 1) 그것이 그것을 여하한 다른 물체나 존재자로부터 구별짓는 유일한 존재를 가지고 있기 때문이라거나 2) 질료 때문이라거나 3) 형상 때문이라거나 4) 이 질료와 이 형상으로 합성되었기 때문이라거나 5) 그것을 다른 것들로부터 구별하는 특성들(형상, 모습, 위치 등)의 복합체를 소유하기 때문이라고 대답할 수 있을 것이다.

아리스토텔레스는 개체화의 원리가 질료라고 가르쳤다.[13] 그는 스승 플라톤의 유산에 따라 학문적 지식이 불변적이고 영원히 타당한 지식이어야 하며, 따라서 그런 지식의 대상 역시 불변적이고 영원해야 한다는 원리를 받아들인다. 학문적 지식이 사물들의 본질에 관한 지식이고 사물들은 그들의 본질을 그들의 형상들로부터 받는다고 보았기 때문에, 아리스토텔레스는 사물들의 형상이 개체와 연결되어 있는 다수성과 변화의 기초일 수 없다는 결론에 이르렀다. 형상의 모든 차이는 종적 차이를 내기 때문이다.[14] 그렇

있는 원인이라고 불릴 수는 없다. …이상의 고찰로부터 결과되는 것은, 원리는 어떤 의미에서 원인 이상이라는 것이고, 또 반대로 원인은 어떤 의미에서는 원리 이상이라는 것이다"(228-230쪽).

12. Gracia, "The Legacy of the Early Middle Ages", in ID.(ed.), *Individuation in Scholasticism*, op. cit., p.2.
13. Aristoteles, *Metaph.*, VII, 8, 1034a5-8; XII, 8, 1074a33. Cf. G.E.M. Anscomb, "Aristotle", in Anscomb-P. Geach, *Three Philosophers*, Oxford, Blackwell, 1961, pp.55-58; J. Owens, *The Doctrine of Being in the Aristotelian Metaphysics*, Toronto, PIMS, 3rd ed., 1978, pp.394-395; D. Devereux, "Particular and Universal in Aristotle's Conception of Practical Knowledge", *The Review of Metaphysics* 39(19886), 483-504; T. Scaltsas, *Substances and Universals in Aristotle's Metaphysics*, Ithaca-London, Cornell University Press, 1994, pp.4-5, 79-80; J. Barnes, "Metaphysics", in ID.(ed.), *Cambridge Companion to Aristotle*, Cambridge-New York, Cambridge University Press, 1995, pp.89-99.
14. *Metaph.*, X, 9, 1058b1-2.

지만 그 개체가 그 형상에 덧붙여서 포함하고 있는 질료는 다수성과 변화의 기초 역할을 하기에 적합하다. 왜냐하면 질료는 가능적이고 불확정적이기 때문이다.

보에티우스는 "수적 차이는 우유들의 다양성의 결과이다"라고 주장하였다.[15] 이리하여 어떤 본질의 개체화를 완전히 불확정적인 질료에 의한 것으로 설명하는 대신에, 보에티우스는 어떤 본질이 그 장소, 시간 및 다른 우유들에 의하여 규정됨 덕분에 개체화된다고 가르쳤다.[16] 그리고 알파라비(Alfarabi), 아비첸나(Avicenna), 아베로에스(Averroes) 같은 아랍 철학자들은 대체로 보편적인 형상들이 질료를 통하여 개체화된다는 아리스토텔레스적 가르침을 따르면서도, 특히 아비첸나는 '존재'를, 그리고 아베로에스는 '실체적 형상'을 개체화의 원리로 내세우려는 경향을 보였다.[17]

이렇게 해서 12세기까지는 안셀무스(Anselmus d'Aosta), 기욤 드 샹포(Guillaume de Champeaux), 티에리(Thiery de Chartre), 질베르(Gilbert de Poitier), 요한 살리스베리(Johannes de Salisbury) 등에 의하여 개체화의 "표준 이론"(The Standard Theory of Inividuality)이라 불리는 입장이 형성되었다. 그들은 대체로 1) 개별성을 차이 또는 구별로 이해하고, 2) 개체의 외연을 아리스토텔레스적인 제일실체들로 한정하며, 3) 개체화 문제와 개체들의 식별 가능성 문제를 구별하지 않았고, 4) 개체화의 원리를 어느 특정 우유 또는 특성들의

---

15. Boethius, *De Trinitate*, 1. 참조: 이재룡 옮김, 「포르피리우스의 '이사고게'와 보에티우스의 '두 번째 주해'」,『가톨릭 신학과 사상』 26(1998/겨울), 198-207쪽. Cf. R. McInerny, *Boethius and Aquinas*, Washington, The Catholic University of America Press, 1990, pp.61-82.
16. Cf. Gracia, *Introduction to the Problem of Individuation in the Early Middle Ages*, op. cit., pp.65-121.
17. 박우석, 『중세철학의 유혹』, 118쪽. Cf. A. Baeck, "The Islamic Background: Avicenna(b.980; d.1037) and Averroes(b.1126; d.1198)", in Gracia(ed.), *Individuation in Scholasticism*, op. cit., pp.39-67.

집합으로 보고 있었다.[18]

특히 13세기에 이르러 개체화 문제에 대한 대단한 관심이 일어났다. 실상 이 문제에 관한 해결책들이 여러 학파의 특징적 구상들로 발전되었고, 따라서 진지한 논쟁을 불러일으켰다. 로저 베이컨(Roger Bacon)은 개체의 중요성과 품위를 강조하였다. 그는 초창기에는 아리스토텔레스의 영향을 받아 개체화가 질료로부터 온다고 제언했으나, 후대에 가서는 보편자를 어떤 개체로 만드는 데 아무것도 덧붙여지는 것이 없기 때문에 개체화의 내밀한 원리란 없다는 입장을 취했다. 개체의 원인이 분명 신이기 때문에, 개체화의 궁극적 원인 역시 신이라고 주장하였다. 헨리쿠스 드 강(Henricus de Ghent)은 개별성이 실존하는 종적 본질에 아무런 실재적 요소도 덧붙이지 않는다고 주장하였다. 그것은 개별 사물들이 현실적으로 정신 바깥에 실존하며, 따라서 서로서로 다르기 때문이다. 그러므로 헨리쿠스는 개체화가 부정, 즉 내밀한 구분과 다른 존재자와의 동일시에 대한 부정으로 설명된다는 입장을 취하였다.[19]

기욤 들라 마레(Guillaume de la Mare), 요한 페캄(Johannes Peckham), 에티엔 텅피에(Étienne Tempier), 리카르두스 데 미들톤(Richardus de Middleton), 보나벤투라(Bonaventura), 그리고 둔스 스코투스(Johannes Duns Scotus) 등 13세기와 14세기의 대부분의 프란치스코회 사상가들은, 때로는 매우 강하게, 질료가 개체화의 원리라는 이론을 배격하였다. 이에 반해 알베르투스 마뉴스(Albertus Magnus), 시제 브라방(Siger de Brabant), 에지디우스 로마누스(Aegidius Romanus), 토마스 아퀴나스 같은 사상가들은 아리스토텔레스의 이

---

18. Gracia, "The Legacy of the Early Middle Ages", art.cit., pp.26-28; ID., *Introduction to the Problem of Individuation in the Early Middle Ages*, op. cit., pp.124-129.
19. J.R. Rosenberg, "Individuation", in *New Catholic Encyclopedia*, vol.7, pp.476-477.

론을 옹호하였다. 한편 두란두스(Durandus de St. Pourcain), 페트루스 아우레올리(Petrus Aureoli), 헨리쿠스 데 하클레이(Henricus de Harclay), 윌리엄 오컴(William Ockham) 같은 다른 중세 사상가들은 개체화가 아무런 문제도 제기하지 않으며, 각각의 존재자는 바로 그 현실적 실존 덕분에 개체적이라고 주장하였다. 따라서 정신 바깥의 어떤 대상이 개별적이 되게 되는 어떤 다른 원리를 추구하는 것은 아무런 의미도 없다는 것이다.[20]

개체화는 세 가지 방식으로, 즉 형이상학적으로, 자연학적으로, 논리학적으로 고찰될 수 있다. 개체화를 보는 이 세 가지 방식은 요한 데 산토 토마(Johannes de Sancto Thoma)에 의해서 다음과 같은 방식으로 구별된다. 첫째, 형이상학적으로 고찰될 때, 개체화는 '최고류'가 첫 번째 등급을 의미하는 것과 똑같이 모든 빈술(賓述) 또는 범주 계열의 마지막 등급을 의미한다. 이 가장 낮은 등급은, 그로써 어떤 종이 어떤 개체로 수축하게 되는 궁극적 차이에 기인한다. 둘째, 자연학적으로 고찰될 때, 개체화는 그것에 의해서 어떤 것이 하나가 되어 그 자체로는 불가분적이면서 다른 모든 것으로부터는 구분되게 되는 수적 단일성을 의미한다. 셋째, 논리적으로 고찰될 때, 개체화는 모든 상급 빈사들에 예속될 수 있고, 오직 단 하나, 즉 자기 자신에 대해서만 빈술될 수 있음을 의미한다.[21]

중세인들이 풀려고 애쓴 개체화 문제에는 적어도 다음과 같은 여섯 가지 문제가 긴밀히 연관돼 있다는 것이 그라시아의 판단이다: 1) 개별성의 내포 문제, 2) 개별성의 외연 문제, 3) 개체화의 존

---

20. Rosenberg, "Individuation", art. cit., p.477.
21. Johannes de Sancto Thoma, *Cursus philosophicus*, vol.2, q.9, a.3; J.J. Gracia/J. Kronen, "John of Saint Thomas(b.1589; d.1644)", in Gracia(ed.), *Individuation in Scholasticism*, op. cit., p.517.

재론적 지위 문제, 4) 개체화의 원리 문제, 5) 개체 식별 가능성 문제, 6) 개체에 대한 지칭 문제. 스콜라학자들은 이 각각의 문제에 대해 참으로 다양한 해결책들을 제언하고 있다.[22]

첫째, 개별성의 내포 문제란 하나의 개체가 된다는 것의 정확한 의미가 무엇인지에 관한 물음이다. 전통적으로 불가분성(indivisibilitas), 구별(distinctio), 구분(divisio), 동일성(identitas), 빈술불가능성(impraedicabilitas), 통교불가능성(incommunicabilitas) 등이 지적되었다.

둘째, 개별성의 외연 문제란 어떤 것들이 개체에 해당되는지를 묻는 물음이다. 소크라테스가 한 개체라면, 소크라테스의 팔도 개체인가? 물체가 아닌 분리된 실체들 또는 영적 실체들이나 신도 개체인가? 토마스는 개체의 외연과 관련해서 각 존재자의 수준에 맞는 단일성이 상이하다는 입장을 취한다. 그 본질이 존재하는 것이고 따라서 유일한 신은 개별적 단일성을 지니고 있지 않다. 그분의 단일성은 그분의 존재에 뒤따르는 것이고, 따라서 '실존적'이다. 오직 형상과 존재만으로 구성된 천사들의 단일성은 그 본질인 형상에 뒤따르고, 따라서 '본질적'이다. 형상, 질료, 존재로 구성된 물질적 존재자들은 엄밀한 의미에서의 '수적 단일성'을 지니고 있는데, 이것은 '표시된 질료'의 결과로서, 어느 한 종 내에 많은 분리된 개체들의 실존을 가능하게 만들어준다.

셋째, 개체화의 존재론적 지위 문제는 개체의 본성을 개체화시키는 개별성이 그 본성에 무엇인가를 덧붙이는지를 묻는 물음이

---

22. Gracia, "Introduction: The Problem of Individuation", in ID.(ed.), *Individuation in Scholasticism*, op. cit., pp.1-17. 박우석 교수는 상기 논문에서 중세 스콜라학자들이 개체화 문제에 대해서 현대 학자들보다 훨씬 더 심층적으로 철저하게 연구하고 토론하였다는 사실을 강조하고 있다(「개체화 문제: 중세인의 가슴앓이」, 95-99쪽).

다. 어떤 부가가 과연 있는가? 부가되는 것은 실재적인 것인가, 아니면 개념적인 것인가? 부가되는 것은 공통 본성으로부터 실재적으로 구별되는가, 아니면 개념적으로만 구별되는가? 토마스의 입장은 다음과 같다. 비물질적 존재자는 '그 자체로' 개별적이고, 공통 본성에 아무것도 덧붙이는 것이 없는데, 물질적 사물의 경우에는 사정이 다르다. 물질적 사물들 속에서 개체는 '표시된 질료'를 덧붙이기 때문이다. 즉 개체는 공통 본성에 어떤 실재적인 것을 덧붙이는 것이다. 질료와 양은 둘 다 공통 본성으로부터 실재적으로 구별되는 범주적 실재들이다. 그것들은 서로 결합하여 어떤 개별 사물을 구성한다.[23]

넷째, 개체화의 원리 문제는 개체를 개체이도록 만드는 원리 또는 원인이 과연 무엇인지를 묻는 형이상학적 물음으로서, 개체화 문제의 핵심이다.

다섯째, 개체의 식별 가능성 문제는 우리로 하여금 개체를 식별할 수 있게 해주는 것이 무엇인지를 묻는 인식론적 물음이다.

마지막으로, 개체의 지칭 문제는 개체를 지칭하는 고유명사나 지시사들이 어떤 본성과 기능을 가지는지를 묻는 언어학적 물음이다.

이 가운데 첫째 문제는 논리적 문제이고, 다섯째 문제는 인식론적 문제이며, 여섯째 문제는 문법 또는 언어학적 문제이고, 둘째, 셋째, 넷째 문제는 형이상학적 문제다.

그런데 형이상학적 의미의 개체화 원리를 논한다는 것은 종적

---

23. Cf. Joseph Owens, "Common Nature: A Point of Comparison between Thomistic and Scotistic Metaphysics", in J. Ross(ed.), *Inquiries in Medieval Philosophy*, Westport (Conneticut), Greenwood, 1967, pp.185-209; 박우석, 「공통 본성의 귀환: 아리스토텔레스를 원용한 스코투스의 현묘한 논변들」, 『중세철학의 유혹』, 149-180쪽.

개체화가 아니라 수적 개체화에 대해서 말한다는 것을 의미한다. 다시 말해, 동일한 종에 속하는 여러 개체의 실존을 가능하게 만드는 원리, 즉 소크라테스가 플라톤, 즉 같은 종에 속하는 다른 개체로부터 구별되게 해주는 원리를 찾는 것이다. 이것은 소크라테스가 다른 종에 속하는 개체들(이 고양이나 이 개 등)로부터 구별되거나, 다른 모든 존재자로부터 구별되는 원리를 추구하는 것이 아니다. 이 마지막의 경우에 구별의 원리는, 바로 그것 때문에 그 존재자가 하나가 되는 존재 현실력 자체가 될 것이다.[24] 두 번째 경우에는 질료가 아니라 형상이 그 원리가 될 것이다. 그러나 순전히 수적인 구별을 위해서는, 성 토마스에 따르면, 형상이 아니라 질료가 그 원인이 될 것이다. 그 이유는 아리스토텔레스-토마스적인 현실태 제한의 원리 속에 있다. 형상은 질료를 통해서가 아니라면 그 종 내에서 한정되고 다수화될 수 없는 것이다. 이미 아리스토텔레스가 "질료를 가지고 있는 것들은 '수에 따라' 다수적이다"라고 말한 바 있고,[25] 따라서 천구들을 움직이는 지성체들은 종에 있어서 유일한 것들이고, 그것들 안에서 개체화는 형상과 일치된다.[26]

아퀴나스의 관심은 물질적 실체들의 개체화 문제에 집중하고 있다. 왜냐하면 그의 형이상학적 기본틀에 의하면, 우유들의 개별화는 실체들의 개체화에 의존하고 있기 때문이다. 또 개체화의 외연 문제에서도 순수 존재 현실인 신의 경우에는 존재 자체에 따라 개체화하고, 영적 피조물들의 경우에는 그들의 본질인 형상 자체에

---

24. 다우허티는 아퀴나스가 언제나 개체화의 원리 문제와 '개별성'(individualitas) 또는 '자립성'(subsistentia) 문제를 구별하길 원했다고 말하고 있다. J. Dougherty, "Maritain as an Interpretation of Aquinas on the Problem of Individuation", *The Thomist* 60(1996), 19.
25. Aristoteles, *Metaph.*, XII, 8.
26. A. Gazzana, "Individuazione", in *Enciclopedia Filosofica*, Firenze, Sansoni, 1967, vol.3, coll.871-872.

따라서 개체화된다고 보기 때문이다. 따라서 우리 논의도 물질적 실체들에 있어서 개체화의 원리만을 집중적으로 추적할 것이다.

3. 토마스 아퀴나스의 본문 검토

성 토마스는 진본성이 의심되고, 따라서 후대의 익명 제자 작품으로 간주되는 두 편의 논술, 즉 『개체화의 원리』(*De principio individuationis*)와 『질료의 본성』(*De natura materiae*)을 제외하고는, 개체화의 원리에 관해 따로 독립적인 논술을 집필한 적이 없다.[27] 이 의심스러운 작품들에서는 아퀴나스의 여러 진본 작품에서 발견되는 산발적인 통찰들을 종합하고자 시도하고 있다.

개체화에 대한 그의 언급들은 삼위일체(Trinitas), 인간 영혼(anima humana), 부활한 육신(corpus resortum), 그리스도의 육화(Incarnatio Christi), 무덤에 묻힌 그리스도의 육신(corpus Christi in tomba), 성체성사에서의 우유들(accidentia in Eucharistia) 등 신학적 주제들을 논하는 가운데 필요한 만큼씩만 부수적으로 언급되고 있다.[28]

대다수의 학자들은 개체화 문제에 관한 성 토마스의 가르침을 제대로 이해하기 위해서 논란의 여지가 없는 그의 진본 작품들을 연대기적 순서에 따라 검토할 것을 권하고 있다.[29] 우리는 개체화의 원리 문제가 비교적 빈번히 거론되고 있는 초창기 작품들, 즉 『명제집 주해』, 『존재자와 본질』, 『삼위일체론 주해』를 집중적으로

---

27. Cf. Owens, "Thomas Aquinas: Dimensive Quantity as Individuating Principle", Mediaeval Studies 50(1988), 281 & 305-309.
28. Owens, "Thomas Aquinas: Dimensive Quantity as Individuating Principle", art. cit., 281; 박우석, 『중세철학의 유혹』, 124쪽.
29. Rosenberg, "Individuation", art. cit., p.477; Degl'Innocenti, *Il principio d'individuazione nella scuola tomistica*, op. cit., p.11; Owens, "Thomas Aquinas: Dimensive Quantity as Individuating Principle", art. cit., p.282.

살펴보고, 그 밖의 작품과 후기 작품들은 간략히 훑어볼 것이다.

3.1. 『명제집 주해』

토마스가 '명제집 강사'(sententiarius) 시절(1252-1256)에 집필한 『명제집 주해』(*Scriptum super libros Sententiarum*) 속에는 개체화에 관한 언급이 광범위하게 들어 있다.

개체화 원리에 관한 그의 초기 논의에서 제일 질료(materia prima)는 매우 중요한 역할을 하고 있다. 『명제집 주해』 제1권에서는 먼저 동일한 종에 속하는 것은 어느 것이든지 질료 또는 어떤 가능성의 구분에 따르지 않고서는 수적으로 구분되지 않는다는 점을 지적한다(I.2.1.1). 그런데 제일 질료는 형상과 무관하게 그 자체로만 고찰된다면 어떠한 다름도 허용하지 않는다. 그렇다고 실체적 형상이 오기 전에 어떤 우유들에 의해서 다르게 되는 것도 아니다. 왜냐하면 어떤 특정 실체에 있어서 우유적 존재는 실체적 존재보다 우선할 수 없기 때문이다(I.8.5.2). 여기서 토마스는 하나의 완전성은 완성될 수 있는 것에 상응한다고 지적하면서, 질료 안에 수용되는 최초의 형상은 물체성(corporeitas)이기 때문에, 물체성이 질료 전체를 활성화한다(informare)고 주장한다.[30]

어떤 합성체의 본질은 단순히 그것의 형상만이 아니라 질료와 형상을 둘 다 포함하고 있다. 그러나 본질 또는 본성이 이렇게 이해될 때, 비록 그것이 질료-형상 합성체를 가리킴에도 불구하고, 그것은 아직 규정된(determinatis) 우유들 아래에 놓여 있는 이 "특

---

30 Cf. J. Wippel, *The Metaphysical Thought of Thomas Aquinas*, Washington, DC., The Catholic University of America Press, 2000, pp.352-353; Owens, "Thomas Aquinas: Dimensive quantity as Individuating Principle", art. cit., pp.283-285. 오웬스는 여기서 토마스가 '숙고'의 문제를 논하고 있다고 주장한다.

정"(demonstrata) 질료의 합성체를 함축하는 것은 아니다. 말하자면 공통 본성을 수용하는 것은 바로 이 특정 질료이다. 여기서 토마스는 아비첸나적 배경 위에서 공통 본성이 마치 어떤 특정 질료 조각 안에 수용되는 것처럼 생각하고 있다(I.23.1.1).[31] 여기서 주목할 것은 토마스가 질료를 1) 지정된 것으로, 즉 가리킬 수 있는 것으로 보고, 2) 규정된 우유들 아래 놓여 있어서, 질료가 말하자면 공통 본성을 수용하고 개별화하는 것으로 언급하고 있다는 점이다. 반론1에 대한 응답에서는 개체란 어떤 특정 질료와 형상의 합성체를 의미하는데, 합성체들의 경우에 보편자란 분명히 특정 질료와 형상을 의미하는 것이 아니라, 일반적인 질료와 형상의 합성체를 의미하며, 따라서 보편적으로 본 '인간'은 '이 살'과 '이 뼈'의 합성체가 아니라, 영혼과 육체 그리고 존재 현실력의 합성체를 의미한다고 명시하고 있다(Cf. I.25.1.1.3답).

합성체 안에서 실현되는 개체화의 두 가지 특성은 (그가 여기서 질료라고 규정하고 있는) '개체화의 원인'과 (하나의 사물이 여럿으로 구분되지 않고 여럿에게 빈술되지 않으며 더 나아가 여럿으로 구분될 수도 없다는 의미에서의) '통교불가능성'(incommunicabilitas)이다(I.25.1.1.6답).

제2권의 한 중요 본문에서 토마스는 다음과 같이 관찰하고 있다. 질료 자체 안에는 다름이란 없다. 그러므로 다름이 질료 안에 현존하거나 이해되기에 앞서서, 어떤 형상이 그 질료 전체를 활성화해야 한다. 그런데 물체성은 그것이 질료 안에 현존하기 전에는 그 안에서 어떠한 다름도 이해될 수 없기 때문에, 바로 그러한 형

---

31. Cf. Wippel, *The Metaphysical Thought of Thomas Aquinas*, op. cit., pp.353-354; Owens, "Thomas Aquinas: Dimensive Quantity as Individuating Principle", art. cit., 287.

상이다. 왜냐하면 다름은 부분들을 전제하고, 부분들은 구분 가능성이 전제되지 않고서는 현존할 수 없기 때문이다. 그리고 구분 가능성은 양을 전제하고, 그 양에 수반된다. 양 자체는 물체성을 전제한다. 그러므로 물체성의 형상이 질료 전체를 '활성화'해야 한다. 또다시, 여기에 사용되고 있는 물체성의 형상은 실체적 형상을 의미한다(II.3.1.1).[32] 이 본문에 따르면 우리는 다음 순서를 따라야 한다. 질료는 그 자체로는 구분되지 않는다. 질료 안에서의 다름은 부분들을 전제로 한다. 질료 내의 부분의 현존은 구분 가능성을 전제한다. 구분 가능성은 양을 전제한다. 양은 물체성을, 즉 물체성이라는 3차원을 수교하는 실체적 형상을 전제한다. 따라서 질료 내 다름은 이 모든 것을 전제하고 있고, 질료에 의한 형상화 역시 마찬가지다. 그러나 여기서 지적되는 우선성은 시간적 우선성이 아니라 본성적 질서의 우위성이다. 그리고 위펠에 따르면 여기에는 "인과적" 노선들이 작용하고 있다.[33] 한 가지 노선은 질료적인 것과 관련되고, 일단 달라지면 형상에 대해서 질료가 수행하는 인과성을 받는다. 다른 것은 형상적인 것으로서, 질료와 그로부터 수반되는 우유들, 특히 양에 대하여 형상이 수행하는 인과성을 받는다.

이미 제1권(I.8.5.2)에서 토마스는 규모(dimensio)라는 관념을 도입했다. 양적 규모가 현실적으로 실현된 그만큼 그것들은 물체성, 즉 물체성의 형상에 수반되고, 그것을 전제하고 있다. 이 관념은 『명제집 주해』 제2권, 『존재자와 본질』, 그리고 다른 작품들의 개

---

32. Cf. Owens, "Thomas Aquinas: Dimensive Quantity as Individuating Principle", art. cit., pp.287-288; Wippel, *Metaphysical Thought of Thomas Aquinas*, op. cit., pp.352-353.
33. Wippel, *Metaphysical Thought of Thomas Aquinas*, op. cit., p.356.

체화 논의와 연관되어 좀 더 충분히 전개되고 있다. 동시에 토마스가 때로는 이 규모를 '확정적'(terminatae)이라고 말하기도 하고 또 때로는 '규정적'(determinatae)이라고도 말하며, 또는 '불확정적'(interminatae)이라고 말하기도 하기 때문에 문헌학적 문제가 제기된다.

그러나 제2권에서는 우리가 그러한 질료 안에 규모적 양, 또는 적어도 불확정적 규모적 양이 현존한다고 전제하지 않고서는 질료 내 상이한 부분들을 생각한다는 것이 불가능하다는 점을 지적한다. 만일 어떤 실체로부터 양이 제거된다면, 그 질료는 구분될 수 없는 채로 남아있을 것이다(II.3.1.4). 그리고 조금 뒤에 가서도 (II.30.2.1) 구분이, 오직 질료 자체가 규모에 또는 '적어도 불확정적 규모에'(saltem interminatis) 예속되는 것으로 고찰될 때만 질료 안에 발생하는 것이라고 말하고 있다. 그는 질료가 중요한 역할을 한다는 점을 재확인하고 있다. 그러나 다만 그것이 부분들로 구분되는 한에서만 그러하다. 그리고 이제 그는 질료가 오직 규모에 또는 적어도 '불확정적'인 규모에 예속되는 한에서만 그렇게 구분될 수 있다고 말했다.

다른 한편 제3권에서 토마스는 그리스도의 '위격적 결합'(unio hypostatica) 문제를 논하면서 명시적으로 "개체화의 원리는 어떤 식으로든 '확정적'(terminatae) 규모 아래에서 고찰되는 질료"라고 못박고 있다(III.1.2.5.1답).

그러나 또다시 제4권에서는 질료가 개체화의 제일원리이고, 양은 2차적 원리라고 밝히면서(IV.12.1.1.3.3답), "불확정적 규모가 실체적 형상의 수용 이전에, 생성소멸될 수 있는 사물들의 질료 속에 있는 것으로 이해해야 한다. 따라서 이 규모에 따른 구분은 고유하게 질료에 속하지만, 완결되고 확정적인 양은 실체적 형상 이후에 그 질료에 오게 된다"고 명시적으로 말하고 있다(IV.44.1.2.3답).

3.2. 『존재자와 본질』

역시 '명제집 강사' 시절의 작품인 『존재자와 본질』(*De ente et essentia*)에서 토마스의 논의는 적어도 용어와 관련해서 어려움을 증폭시키고 있다. 제2장에서 그는 개체화의 원리가 여하한 방식으로 이해되어도 상관없는 질료가 아니라, 오직 "표시된 질료"(materia signata)일 뿐이라고 말하고 있다. 그리고 이어서 그는 '표시된 질료'로써 "규정된 규모 아래에서 고찰되는 질료"(dico materiam signatam quae sub determinatis dimensionibus consideratur)를 의도하고 있다고 설명한다.[34]

아퀴나스의 해석자들은 너무도 자주 'determinatae'(규정된)라는 표현이 규모에 적용될 때 'terminatae'(확정적)와 동일하다고 가정한다.[35] 바로 이 문맥에서 토마스는 표시된(signata) 질료와 표시되지 않은(non signata) 질료의 차이를 구별하고 있다. 표시되지 않은 질료는 보편적으로 본 인간의 정의 속에 포함된다. 왜냐하면 '이 살과 이 뼈'가 아니라 '살과 뼈'가 그 안에 포함되기 때문이다. 다른 한편, 만일 우리가 소크라테스 같은 한 개인을 정의할 수 있다면, '이 살과 이 뼈'가 그 정의에 포함될 것이다. 이것이 바로 토마스가 '표시된 질료'로써 의미하고 있는 그것이다. 그리고 이제 그는 여기서 그것을 또한 규정적 규모 아래에서 고찰되는 질료라고 규정하고 있다. 표시된 질료는 손가락으로 지적될 수 있고 외부 감

---

34. Cf. Owens, "Thomas Aquinas: Dimensive Quantity as Individuating Principle", art. cit., pp.297-298.
35. 이 용어들의 해석 문제에 대해서는: Cf. Owens, "Thomas Aquinas: Dimensive Quantity as Individuating Principle", art. cit., p.295, n.29.

각들을 통해서 포착될 수 있는 그런 질료, 다시 말해 현실적으로 실존하는 개체들 안에 실현된 그런 질료이다.[36]

3.3. 『삼위일체론 주해』

개체화에 관한 토마스의 입장이 가장 넉넉하게 개진되고 있는 곳은 미완작품으로 남아있는 그의 『보에티우스의 삼위일체론에 대한 주해』(*Expositio super librum Boethii De Trinitate*)이다. 최근 이 작품은 1257년과 1258년 사이 또는 1259년 초의 작품, 즉 『존재자와 본질』및 『명제집 주해』 이후의 작품으로 간주되고 있다.[37]

제4문 제2절에서 토마스는 "우유들에 있어서의 차이가 주체들의 수적 다름과 다수성을 산출하는지"라는 보다 광범위한 문제를 취급하고 있다. 그는 먼저 어떤 합성 실체 안에 질료, 형상, 그리고 합성체라는 세 가지 요인이 현존하고 있다는 것을 지적한다. 그리고 이어, 유(類)에 있어서의 다름과 질료에 있어서의 다름, 종에 있어서의 다름과 형상에 있어서의 다름을 연결시키고, 수적 다름을 부분적으로는 질료의 다름과 그리고 부분적으로는 우유들의 다름과 연결시키고 있다.

같은 종 내에서의 개체들에 관해서는 다음과 같이 설명한다. 만일 어떤 유와 종의 부분들이 질료와 형상이라면, 어떤 개체의 부분들은 '이' 질료와 '이' 형상이다. 이리하여 종 내에서의 수적 다름을 설명해주는 것은 바로 '이 질료와 이 형상'이다. 그러나 어떤 형상도 그것이 하나의 형상인 한 그 자체로 이 형상(또는 이 개체)이

---

36. 토마스 아퀴나스, 『有와 本質에 대하여』, 정의채 옮김, 서광사, 1995, 29쪽. Cf. J. Bobik, *Aquinas on Being and Essence*, Notre Dame, University of Notre Dame Press, 1965, pp.75-80; 231-235.
37. A. Maurer, "Introduction", in ID.(ed.), *Thomas Aquinas: The Division and Methods of the Sciences*, Toronto, PIMS, 4th ed., 1987, p.vii.

아니다. 그리고 그는 우리의 지성이 질료 또는 어떤 주체 안에 받아들여질 수 있는 어떤 형상을 사물들에게 배정할 수 있다고 지적한다. 그러나 여럿에게 빈술될 수 있는 이 능력은 한 개체의 본성에 반대된다. 그러므로 형상은 질료 안에 수용됨으로써 이 형상 또는 이 개체가 된다. 따라서 그것은 그것이 구분될 수 있게 되지 않고서는 그것이 수용하는 형상을 개체화할 수 없다. 형상은 그것이 질료 안에 수용된다는 단순한 이유 때문에 개체화되는 것이 아니기 때문이다. 그것은 오직 여기 그리고 지금 구분되고 규정되는 '이' 질료 안에 수용되는 한에서만 비로소 개체화된다. 그리고 질료는 오직 양을 통해서만 개체화된다. 다시 말하면, 질료가 부분들로 구분되고 여기 그리고 지금에 예속되는 것은 오직 양 때문이다. 그러므로 질료는 그것이 규모에 예속되는 한에서만 '이것'이 되고 표시되게 된다.

토마스는 만일 어떤 것이 '여기 그리고 지금'에, 즉 이 장소와 이 시간에 규정된다면, 그것은 반드시 개별적이라는 것을 자명한 것으로 받아들이고 있다. 뜻밖의 가정은 양이, 여기 그리고 지금에 규정되는 한에서, 자기-개별화된다는 점이다. 그것은 바로 그러한 한에서 질료를 개별화하고, 질료로 하여금 형상을 개별화할 수 있게 만든다.

그러나 우리는 아직도 양을 '여기 그리고 지금'에 규정된 것으로 만드는 것이 무엇이냐고 물을 수 있다. 토마스는 바로 이 지점에서 규모(dimensiones)를 논의에 끌어들인다. 이 규모는 두 가지로 생각될 수 있다. 첫째, 규모는 종결과 연관 지어, 즉 규정된(determinatum) 크기와 모습에 따라 생각될 수 있다. 이때 그것은 완전한 또는 완성된 존재(그러나 실체적이라기보다는 우유적인 존재)를 누리는 것으로서의 양의 유에 들게 된다. 그러나 이때 규모는 개체화의 원리 역할을 할 수 없다. 어떤 특정 개체의 특수한 규모는 그 실존 시기 동안에 현저하게 달라질 수 있는데, 만일 이런 식으로 이해된 규모가 개체화 역할을 한다면, 어떤 물질적 실체의 규모가 변했을 때, 그것은 수적으로는 하나일 뿐이지만 더이상 동일한 개체는 아닐 것이기 때문이다. 둘째, 규모는 그러한 규정 없이 다만 그것을 규모로서만 이해할 수도 있다. 그런데 그것은 또한 어떤 특정 규정, 즉 어떤 특정 크기와 모습을 누림이 없이는 결코 사실상 실존할 수 없다. 그럼에도 불구하고 그것은 그런 규정 없이도 생각될 수 있는데, 이렇게 이해되었을 때도 그것은 역시 양이라는 유에 들기는 하지만 다만 불완전하고 미완성적인 어떤 것으로서만 그러하다. 질료를 "이것" 또는 개별적이고 표시된 것으로 만들며, 그것의 형상을 개별화할 수 있고 또 같은 종 내의 수적 다름의 원인이 될 수 있게 만드는 것은 바로 이런 불확정적(interminatae) 규모이다.[38]

3.4. 그 밖의 초기 작품들

1256년부터 1259년 사이의 작품인 『진리론』에서는 추상의 대상에는 감각적 질료와 가지적 질료의 두 가지가 있는데, 이 두 유형이 표시된 것으로 간주될 수도 있고 또 표시되지 않은 것으로 간주될 수도 있다고 말한다(2.6.1답). 여기서 표시된 질료란 그 규모의 규정과 더불어, 즉 이 또는 저 특정 규모들과 더불어 고찰되는 한에서의 질료를 의미한다. 이 표시된 질료가 우리의 지성이 그것으로부터 추상하는 개체화의 원리다.[39]

---

38. Cf. Maurer, "Introduction", in Thomas Aquinas, *Faith, Reason and Theology*, ed. by A. Maurer, Toronto, PIMS, 1987, pp.xxii–xxxv; Wippel, *The Metaphysical Thought of Thomas Aquinas*, op. cit., pp.361-362; K. White, "Individuation in Aquinas's Super de Trinitate, Q.4", art. cit., 543-556.
39. Cf. Owens, "Thomas Aquinas: Dimensive Quantity as Individuating Principle", art.

표시된 질료 또는 그 규모의 어떤 규정에 예속되어 있는 한에서의 질료가 개체화의 원리라는 이 언명은 토마스가 『존재자와 본질』 제2장과 『명제집 주해』 제3권에서 표명했던 관점과 일치된다. 그러나 이 구절을 확정적 규모가 아니라 불확정적 규모를, 질료의 구분과 어떤 실체적 형상을 개체화할 수 있는 능력에 대한 설명으로 제시하고 있는 본문들과 조화시키기는 어렵다.

『자유토론』 제7토론 제4문 제3절(1256년 부활절)에서는 성체성사의 실체적 변화를 논하면서, 양은 (다른 우유들처럼) 그 주체에 의해서뿐만 아니라 또한 규모적 양이라는 관념 속에 포함되어 있는 그 위치로부터도 개별화된다고 말하고 있다. 제9토론 제6문 제1답(1257년 성탄절)에서는 사랑의 증대에 관해서 논하는 가운데, 육체적 성장의 경우에는 불확정적 양이 고스란히 남아있기 때문에 양의 본질은 변하지 않지만, 그 양이 상이한 제한들(terminationes)을 수용하는 한에서 작은 것에서 큰 것으로 변한다고 지적하면서, 사랑의 덕은 본질은 변하지 않은 채 한계나 등급이 변하는 것이라고 결론짓고 있다.

3.5. 후기의 언급들

후기의 본문들에서 토마스는 개체화 문제를 지나치며 언급하고 있다. 그리고 흔히는 확정적이냐 아니면 불확정적이냐에 대해서 어느 편으로도 기울어짐이 없이 중도적인 입장을 취하고 있다.[40]

『대이교도대전』 제4권 제65장(1264년부터 1265년 사이)에서는 성체성사를 논의하는 가운데, 스스로 개별화되는 것은 모든 우유들

---

cit., pp.299-300.
40. Wippel, *The Metaphysical Thought of Thomas Aquinas*, op. cit., p.369.

가운데 오직 양에게만 독특하다고 말한다. 그 이유는 규모적 양이 가지적 내용의 테두리 안에 위치를, 즉 전체 안에서의 부분들의 질서화를 포함하고 있기 때문이다. 규모적 양만이 자기-개별화적이기 때문에, 수적 다수화의 궁극적 토대는 규모로부터 솟아나는 것으로 나타난다. 따라서 실체라는 유 안에서 다수화는 질료의 구분에 따라 발생하고, 이 구분은 오직 질료가 규모 아래에서 고찰되는 한에서만 설명될 수 있다.

『신학대전』 제1부 제75문 제4절에서도 표시된 질료가 개체화의 원리라고 말하고 있고,[41] 제119문 제1절에서는 개별적으로 표시된 질료를 언급하며, 형상이 이런 유의 질료를 통하여 개별화되는 것으로 설명하고 있다.

『영혼에 관한 토론문제』 제9문(1266년과 1267년 사이)의 반론17은 이 물체가 '이' 물체인 것은 그것이 확정적(terminatae) 규모에 예속되기 때문이라고 지적하며, 따라서 영혼이 확정적 규모에 의해서 육체에 결합된다고 주장한다. 이에 응답하여 토마스는 질료가 실체적 형상에 의해서 그 실체적이고 물체적인 존재자 안에 이미 설정된 것으로 이해되지 않고서는 규모가 질료 안에 있는 것으로 생각될 수 없다고 반박한다. 그러나 이런 규모가 영혼이 있기도 전에 질료 안에 있는 것으로 전제하거나 간주할 필요가 없다는 것을 분명히 하고 있다.[42]

다른 후대의 본문들에서도 토마스는 개체화와 관련하여 규모가 확정적이냐 아니면 불확정적이냐에 대한 명시적 언급을 하지 않은 채, 규모 또는 규모적 양 또는 표시된 감각적 질료라고 언급하

---

41. *ST*, I, q.75, a.4(정의채 옮김, 『신학대전 제10권(I, 75-78): 인간』, 성바오로출판사, 2003, 83-85쪽).
42. Cf. Degl'Innocenti, *Il principio d'individuazione nella scuola tomistica*, op. cit., pp.51-52.

는 것으로 만족하고 있다.[43]

『신학요강』 제154장(1265년에서 1267년 사이)에서 부활한 육체의 수적 동일성 문제를 논하는 가운데, 부활한 인간 육체의 질료는, 그것이 그 규모 아래 실존하는 것으로 이해되는 한에서, 신적 능력에 의하여 수적으로 동일한 것으로 남아있을 것이라고 말하고 있다.

『신학대전』 제3부 제77문 제2절(1271/72)에서 토마스는 개체 관념에는 '여러 사물 안에 실존할 수 없음'이 속한다고 말한다.[44] 그러나 여기에는 두 가지 길이 있을 수 있다. 왜냐하면 첫째, 비물질적인 분리된 실체들의 경우처럼, 어떤 다른 것 안에 있다는 것이 그 사물의 본성에 속하지 않기 때문일 수도 있고, 둘째, 여럿 안에가 아니라 어느 하나의 사물 또는 주체 안에 내속하는 것이 실체적 형상 또는 우유적 형상의 본성이기 때문일 수도 있다. 여기서 첫 번째 방식으로 개체인 것과 관련해서는 질료가 그 안에 내속하고 있는 모든 형상에 대해서 개체화의 원리다. 그 자체로는 어떤 다른 것 안에 현존하고 있지 않은 질료 안에 수용됨으로써, 형상 역시 어떤 다른 것 안에 실존할 수 없게 된다. 두 번째 방식으로 개체적인 것과 관련해서는, 개체화의 원리는 규모적 양이다. 어떤 것이 그 자체로는 구분되지 않고 그 밖의 다른 것으로부터는 구분되는 한에서, 오직 한 주체 안에만 실존한다는 것이 그것에 속한다. 그러나 구분이 어떤 실체에 속하는 것은 양 때문이다. 따라서 규모적 양은, 수적으로 다른 형상들이 질료의 다른 부분들에 수용되는 한에서, 이런 유형의 형상들을 위한 확실한 개체화의 원리다. 그리고 규모적 양은 스스로 어떤 개별화를 향유한다. 즉 그것은 자기-

---

43. Wippel, *The Metaphysical Thought of Thomas Aquinas*, op. cit., p.370.
44. "Est enim de ratione individui quod non possit in pluribus esse"(*ST*, III, q.77, a.2, ed. Blackfriars, London-New York, McGraw-Hill, 1965, p.132).

개별화적인 것이다.[45] 요컨대 토마스는 표시된 질료가 물체적 존재자들의 개체화 원리로 간주되어야 하고, 2차적 방식으로 규모적 양도 이것에 기여한다는 자신의 초창기 관점에 충실한 채로 남아 있다.

4. 개체화에 관한 토마스 아퀴나스의 가르침 요약

개체화의 원리에 관한 토마스의 이론은 명료하고 일관되게 제시하기가 매우 어려운 것으로 악명이 높다. 어떤 본문에서는 질료와 규모라는 개체화의 두 원리가 있다고 말하고, 다른 본문에서는 각 사물이 그것이 가지는 존재에 따라 단일성과 개체화를 가지게 된다고 말하고 있으며, 또 다른 본문에서는 각 사물이 똑같은 것에 따라 존재와 개체화를 갖는다고 말하고, 더욱이 여러 상이한 본문들 속에서 개체화의 원리가 확정적 규모 아래 고찰된 질료라고 말하기도 하며, 또 다른 곳에서는 확정적 규모 아래에서 고찰되는 질료가 개체화의 원리일 수 없다고 말하기도 한다.[46]

실상 그는 『존재자와 본질』에서 규정된 규모 아래에서 고찰되는 표시된 질료가 개체화의 원리라고 주장하지만, 『명제집 주해』 제2권에서는 이 역할이 '적어도 불확정적인' 규모 아래에서 고찰되는 질료에 의해 수행된다는 것을 허용하고 있다. 『명제집 주해』 제4권과 특히 『삼위일체론 주해』에서 그는 망설이지 않고 이 두 번째 관점을 옹호한다. 그러나 『명제집 주해』 제3권에서는 다시 개체화의 원리가 어쨌든 확정적 규모 아래에서 고찰되는 질료라고 말한

---

45. Cf. Wippel, *The Metaphysical Thought of Thomas Aquinas*, op. cit., pp.370-371.
46. Cf. White, "Individuation in Aquinas's *Super De Trinitate*, Q.4", *American Catholic Philosophical Quarterly* 69(1995), 543.

다. 그리고 『진리론』을 비롯한 후대의 본문들에서는 규정적 또는 확정적 규모를 선택한다. 따라서 토마스가 개체화의 2차적 원리로서 규정적 규모에 호소하는 것을, 그 자신이 『삼위일체론 주해』 제4문 제2절에서 그것을 거슬러 제기한 반론과 어떻게 화해시킬 수 있는지 난감해진다. 거기서 그는 규모들이 확정된 것으로서 고찰될 때 개체화의 원리 역할을 할 수 없다고 못박았다. 그 이유는 어떤 물질적 존재자들의 특정 규모가 그 실존이 경과하는 동안 주목할 만하게 변할 것이기 때문이다. 따라서 만일 확정적 규모가 개체화의 원리라면, 물질적 사물은 규모가 변했을 때 수적 단일성을 상실하였을 것이다.[47]

그렇기 때문에 학자들은 토마스가 적어도 한 번 이상 자신의 입장을 바꾸었다고 주장하는 편과, 비록 설명하기가 매우 까다롭기는 하지만 그가 일관된 입장을 취하고 있다는 편으로 팽팽하게 갈라져 있다.[48] 이 문제를 확정 짓기 위해서는 보다 정밀한 문헌학적 연구가 필요할 것이다.

---

47. Cf. Wippel, *The Metaphysical Thought of Thomas Aquinas*, op. cit., pp.358-359; 371-372.
48. 토마스가 자신의 입장을 변경했다고 주장하는 학자들: Capreolo; Cajetanus; M.-D. Roland-Gosselin, *Le "De ente et essentia" de s. Thomas d'Aquin*, Paris, 1926; J. Rosenberg, *The Principle of Individuation: A Comparative Study of St. Thomas, Scotus, and Suárez*(Ph. D. Dissertation), Washington, The Catholic University of America, 1959; I. Klinger, *Das Prinzip der Individuation bei Thomas von Aquin*, Vier-Thuerme, 1964; L. Dewan, "The Individual as a Mode of Being According to Thomas Aquinas", *The Thomist* 63(1999), pp.403-424; Wippel, *The Metaphysical Thought of Thomas Aquinas*, op. cit..
  토마스가 입장을 변경하지 않았다고 주장하는 학자들: J. Bobik, "Dimensions in the Individuation of Bodily Substances", *Philosophical Studies*(Maynooth) 4(1954), 60-79; ID., "La doctrine de Saint Thomas sur l'individuation des substances corporelles", *Revue philosophique de Louvain* 51(1953), 5-41; Degl'Innocenti, *Il principio d'individuazione nella scuola tomistica*, op. cit.; L. Elders, *Faith and Science. An Introduction to St. Thomas' Expositio in Boethii De Trinitate*, Roma, 1974; Owens, "Thomas Aquinas: Dimensive Quantity as Individuating Principle", *Mediaeval Studies* 50(1988), pp.279-310; ID., "Thomas Aquinas(1225-1274)", in Gracia(ed.), *Individuation in Scholasticism*, op. cit., pp.173-194.

문제가 복잡하면 할수록 분석은 그만큼 절실하지만, 그것은 다른 한편 그 문제의 핵심이 되는 부분을 세세한 측면들로 나눔으로써 주의를 분산시켜 초점을 흐리게 만들 우려가 있다. 따라서 단순화의 위험을 무릅쓰고 개체화의 원리에 관한 토마스 아퀴나스의 가르침을 요약해보는 것이 좋겠다.

1. 개체의 근거는 그것이 그 자체로는 구분되지 않으면서 다른 것들로부터는 구분되어 있다는 데 있다.[49]
2. 물질적 사물의 개체화는 제일 질료와 양을 통해서 이루어진다. 개체화의 제일원리는 질료이고, 이 질료에 의해서 특정 형상을 지닌 현실태의 존재자가 생겨난다. 그리고 개체화의 2차적 원리는 규모이다. 질료는 이 규모에 의해서 구분 가능성을 얻게 된다.[50]

---

49. *In De Trinitate*, q.4, a.2, ad3: "De ratione individui est quod sit in se indivisum, et ab aliis divisum ultima divisione"("개체의 근거는 그것이 그 자체로는 구분되지 않으면서 다른 것들로부터는 궁극적 구분에 의하여 구분되어 있다는 데 있다"); *ST*, I, q.29, a.4: "Individuum est quod est in se indistinctum, ab aliis vero distinctum" ("개체는 그 자체로 구별되지 않으면서 다른 것들로부터는 구별되어 있는 그것이다") Cf. *In Sent.*, I, d.25, q.1, a.1, ad6; *ST*, III, q.77, a.2.
50. *In Sent.*, IV, d.44, q.1, a.2, ad3: "Ad tertium dicendum, quod in materia generabilium et corruptibilium dimensiones interminatas oportet intelligere ante receptionem formae substantialis: et ideo divisionem quae est secundum huiusmodi dimensiones proprie pertinet ad materiam; sed quantitas completa et terminata advenit materiae post formam substantialem; unde divisio quae fit secundum dimensiones terminatas, respicit speciem…"("세번째 논거에 대한 응답은, 불확정적 규모가 실체적 형상의 수용 이전에, 생성소멸될 수 있는 사물들의 질료 속에 있는 것으로 이해해야 한다는 것이다. 따라서 이 규모에 따른 구분은 고유하게 질료에 속하지만, 완결되고 확정적인 양은 실체적 형상 이후에 그 질료에 오게 된다"); De principio individuationis: "Sciendum est ergo quod individuum apud nos in duos consistit. Est enim individuum in sensibilibus ipsum ultimum in genere substantiae, quod de nullo alio praedicatur, immo ipsum est prima substantia, secundum Philosophum in Praedicamentis, et primum fundamentum omnium aliorum. …Illud ergo quod est primum subiectum omnium in via generationis et incompletum, quod de nullo illius generis praedicatur, materia scilicet, necessario erit primum principium esse incommunicabilis, quod est proprium individui. Aliud est in quo salvatur ratio

3. 개체화의 원리 역할을 하는 것은 종의 일부로서의 개별적 질료가 아니라, 다른 어떤 것에도 수용될 수 없는 제일 주체로서의 질료이다.[51]

---

individui apud nos, determinatio scilicet eius ad certas particulas temporis et loci, quia proprium est esse sibi hic et nunc, et haec determinatio debetur sibi ratione quantitatis determinatae. Et ideo materia sub quantitate determinata est principium individuationis"("그러므로 개체는 우리에게 있어서 두 가지 점에서 성립된다는 것을 알아야 한다. 왜냐하면 감각 세계에 있는 개체는 실체의 유에 있어서 마지막 자리를 차지하고 있고, 어떤 다른 것에 대해서도 빈술되지 않는 것으로서, 철학자가 『범주론』에서 말하는 제일실체이며, 다른 모든 것들의 토대이기 때문이다. …그러므로 저 유의 어느 것에 대해서도 빈술되지 않는, 생성 중에 있으며 불완전한 모든 것의 제일 주체, 즉 질료가 개체의 속성인 통교불가능함의 제일원리일 필요가 있다. 그러나 우리에게 있어서 개체의 근거가 보존되는 또 다른 것이 있다. 즉 지금 여기 자기 자신에게 있다는 것이 고유하기 때문에, 그것을 어떤 특정 시간과 장소에 규정하는 것이다. 이 규정화는 규정적 양 때문에 일어난다. 그러므로 규정된 양 아래에 있는 질료가 개체화의 원리이다"); In Sent., IV, d.12, q.1, a.1, sol.3, ad3: "De ratione individui duo sunt, scilicet quod sit ens actu in se vel in alio; et quod sit divisum ab aliis quae sunt vel possunt esse in eadem specie, in se indivisum existens; et ideo primum individuationis principium est materia qua acquiritur esse in actu cuilibet tali formae sive substantiali sive accidentali; et secundarium principium individuationis est dimensio, quia ex ipsa habet materia quod dividatur"("개체화의 근거는 두 가지이다. 즉 그 자체 안에 또는 다른 것.안에 있는 현실적 존재자여야 하고, 동일한 종 안에 있거나 있을 수 있는 다른 것들로부터 구분되어 있지만 자기 자신 안에서는 구분되지 않는 실존하는 것이어야 한다. 그러므로 개체화의 제일원리는 실체적이든 우유적이든 각각의 형상이 (그것에 의하여) 현실적인 존재를 취득하게 되는 '질료'이고, 개체화의 두 번째 원리는 '규모'이다. 왜냐하면 질료는 규모에 의해서 구분되기 때문이다"). Cf. ST, I, q.77, a.2.

51. *De natura materiae*, c.3: "Formae, in se acceptae, unitae sunt et non dispersae. Cum vero in materia recipiuntur et in ea immerguntur, patiuntur divisionem in ea natura. Et ideo, cum species formam sequatur, in formis separatis a materia non est diffrentia suppositorum vel multitudo in eadem specie seu ratione formali, sed quodlibet suppositum unite colligit in se totam suam speciem; in formis vero in materia receptis, una species reperitur in multis suppositis. Sed hoc non est a natura materiae qualibetercumque acceptae, cum materia sit de natura specierum in rebus materialibus; sed hoc est per receptionem formae in materia secundum quod est subiectum primum. …Primum autem subiectum est quod in alio recipi non possunt, habent rationem primi subiecti. Et ideo seipsis individuantur. …In aliis vero formis, ubi est multitudo formae, manet eadem species in diversis suppositis. Hoc autem recipiens est materia, non qualitercumque accepta, ut dictum est, sed secundum quod habet rationem primi subiecti… et solum sic; quamdiu enim manet aliquid ulterius receptibile, non invenitur ultimum quod in nullo natum est recipi"("형상들은 그 자체 안에 받아들여지고 결합되어 있지, 분산되어 있지 않다. 왜냐하면 그것들은 질료 안에 수용되고 그것에 스며들어, 자기 본성 안에 구분을 겪게 되기 때문이다. 그러므로 종들이 형상을 따를 때, 질료로부터 분리된 형상들 안에는 기체(개체)

4. 표시된 질료란 규정된 규모 아래에서 고찰되는 질료를 가리킨다.[52]
5. 규모는 확정된 규모와 불확정된 규모의 두 가지로 이해될 수 있는데, 확정된 규정 없이 오직 규모를 지니고 있는 것의 관점에서만 이해되는 불확정된 규모를 지닐 때 질료는 표시된

들의 차이나 같은 종 내의(또는 형상적 이유에서의) 다수성이 없다. 여하한 기체도 결합되어서는 그 자체 안에 자기의 종 전체를 끌어모은다. 그러나 질료 안에 수용된 형상들 안에서는 하나의 종이 여러 기체들 안에 있다. 하지만 이것은 어떤 모양으로든지 받아들여진 질료의 본성으로부터 오는 것이 아니다. 왜냐하면 질료는 종들의 본성으로부터 물질적 사물들 안에 있는 것이기 때문이다. 오히려 이것은 형상이 제일 주체에 따라 질료 내에 수용됨 때문에 오는 것이다. …제일 주체는 다른 것 안에 수용될 수 없는 것이다. 그러므로 분리된 형상들은, 그 자체로 다른 것 안에 수용될 수 없고, 따라서 제일 주체들의 이유를 지니며, 그들 자체적으로 개체화된다. …그러나 (형상의 이유에 따라서는 아니지만) 제일 주체의 이유를 가지고 있는 다른 것 안에 수용됨 때문에 형상의 다수성이 있는 다른 형상들 안에는, 다양한 기체들 안에 동일한 종이 남아있다. 이 수용자가 바로 질료이다. 그러나 이미 말한 것처럼 여하한 질료가 아니라, 제일 주체들의 이유를 가지고 있는 질료이다. …더 이상 수용 가능한 것이 남아있는 한, 어떤 것 안에도 수용될 수 없도록 되어 있는 궁극적인 것은 만나지 못하기 때문이다"). Cf. *De principio individuationis*.

52. *De ente et essentia*, c.2: "Sciendum est quod materia, non quolibet modo accepta, est individuationis principium, sed solum materia signata. Et dico materiam signatam quae sub determinatis dimensionibus consideratur"("여하한 질료가 아니라 오직 표시된 질료만이 개체화의 원리라는 것을 알아야 한다. 그래서 나는 확정된 규모 아래에서 고찰되는 것을 표시된 질료라고 부른다"); *De natura materiae*, c.3: "Et signatio eius[materiae] est esse sub certis dimensionibus quae faciunt esse hic et nunc ad sensum demonstrabile"("그리고 그것[질료]의 표시화는, 지금 여기 감각에 드러날 수 있도록 만드는 특정 규모 아래에 있는 것이다"); *In De Trin.*, q.4, a.2: "Materia efficitur haec et signata secundum quod est sub dimensionibus …Et ex his dimensionibus interminatis efficitur haec materia signata; et sic individuat formam, et sic ex materia causatur diversitas secundum numerum in eadem specie… prout subest dimensionibus interminatis"("질료는 규모 아래 있는 한에서 이것이며 표시된 것이 된다. …그리고 이 불확정적 규모로부터 이 표시된 질료가 된다. 또한 이렇게 해서 형상을 개체화하고, 또 이렇게 불확정적 규모 아래 예속되어 있는… 질료로부터 동일한 종 안에서의 수에 따른 다름이 기인된다"); *In De Trin.*, q.4, a.2, ad1: "Cum dicit Philosophus quod numero sunt unum quorum est materia una, intelligendum est de materia signata quae subest dimensionibus; alias oportet dicere quod omnia generabilia et corruptibilia sunt unum numero, cum eorum sit materia una"("아리스토텔레스가 질료가 하나인 실재들은 수에 있어서 하나라고 주장할 때, 이것은 규모의 주체인 '표시된 질료'에 관한 것으로 이해해야 한다. 그렇지 않으면, 생성되고 소멸될 수 있는 모든 실재들이, 그 질료가 하나라는 이유로, 수에 있어서 하나라고 말해야 했을 것이다").

질료가 되며, 따라서 형상을 개체화할 수 있다.[53]

6. 결국 개체화에 있어서 양의 역할은 1) 질료의 부분들을 구분하여 동일한 종에 속하는 어떤 물체를 다른 것으로부터 수적으로 구별하고, 2) 물체적 실체를 '가리켜질 수 있는' 것으로 만들며, 3) 그것을 '지금 여기'에 규정되도록 만든다.[54]

---

53. *In de Trin.*, q.4, a.2: "Dimensiones autem istae possunt dupliciter considerari. Uno modo secundum earum terminationem; et dico eas terminari secundum terminatam mensuram et figuram; et sic ut entia perfecta collocantur in genere quantitatis, et sic non possunt esse principium individuationis; quia, cum talis dimensionum terminatio varietur frequenter circa individuum, sequeretur quod individuum non remaneret idem numero semper. Alio modo possunt considerari sine ista determinatione in natura dimensionis tantum, quamvis nunquam sine aliqua determinatione esse possint, sicut nec natura coloris sine determinatione albi et nigri; et sic collocantur in genere quantitatis ut imperfectum. Et ex his dimensionibus interminatis efficitur haec materia signata"("이런 규모는 두 가지 방식으로 고찰될 수 있다. 첫째는 그것들의 '끝'에 따라 고찰될 수 있다. 나는 그것들이 어떤 확정된 크기와 모습에 따라 어떤 끝을 가지는 것으로 이해한다. 이렇게 해서 완성된 존재자들로서 양의 유 안에 자리 잡게 된다. 이 방식에 따르면 규모는 개체화의 원리일 수 없다. 만일 그랬더라면 개체 안에 있는 규모의 끝이 자주 달라지기 때문에 개체가 수에 있어서 언제나 동일하지 않다고 결론지어야 할 것이다. 그러나 규모는 다른 방식으로도, 즉 (물론 색깔의 본성이 희고 검은 규정 없이는 존재할 수 없는 것과 마찬가지로 규모도 그런 규정이 없이는 결코 존재할 수 없지만) 그런 규정 없이 오직 규모의 본성 속에서만 고찰될 수도 있다. 이런 방식으로 그것은 불완전한 실재로서의 양의 유에 들게 된다. 이런 불확정적 규모로부터 '이 표시된 질료'가 되며, 그러한 것으로서 그것은 형상을 개체화한다").
54. *De natura materiae*, c.3: "Sed non fit [individuum] hic et nunc demonstrabile sine dimensionibus determinatis et certis. …Et ideo dicitur quod materia sub certis dimensionibus est causa individuationis; non quod dimensiones causent individuum, cum accidens non causet suum subiectum; sed quia per dimensiones certas demonstratur individuum hic et nunc, sicut per signum proprium individui et inseparabile"("그러나 규정된 특정 규모 없이는 [개체는] 지금 여기 가리켜질 수 있는 것이 되지 못한다. …그러므로 특정 규모 아래 있는 질료가 개체의 원인이다. 왜냐하면 우유는 자기 주체의 원인일 수 없기 때문이다. 그러나 개체는 개체의 고유하고 불가분적인 표지인 특정 규모를 통해서 지금 여기 손으로 가리켜질 수 있게 되기 때문이다"); *De principio individuationis*: "Et ideo quantitas determinata dicitur principium individuationis, non quod aliquo modo causet subiectum suum quod est prima substantia, sed concomitatur eam inseparabiliter et determinat eam ad hic et nunc. Illud ergo quod cadit sub ratione particulari[i.d. cogitativa] est hoc aliquid per naturam materiae; quod autem cadat sub sensu exteriori est per quantitatem"("그러므로 규정된 양이 개체화의 원리라고 말해지는데, 그것은 제일실체인 자기 주체의 어떤 원인이어서가 아니라, 제일실체에 동시에 불가분적으로 수반되며 그것을 지금 여기로 규정하기 때문이다. 그러므로 '특수 이성'(cogitativa) 아래 떨어지는 것은 질료의 본성 때문에 '이 어떤 것'이다. 외부 감각 아래 떨어지는 것은 양을 통해서이기 때문이다"); *In De Trin.*, q.4, a.2: "Nulla autem forma, in quantum huismodi, est

7. 우유들 가운데에서 오직 양만이 개체화에 참여할 수 있다. 왜 냐하면 양은 그 자체로 개별적이기 때문이다.[55]

haec ex se ipsa… unde forma fit haec per hoc quod recipitur in materia. Sed cum materia in se considerata sit indistincta, non potest esse quod formam in se receptam individuet nisi secundum quod est distinguibilis. Non enim forma individuatur… nisi quatenus recipitur in hac vel illa materia, distincta et determinata ad hic et nunc. Materia autem non est divisibilis nisi per quantitatem"("어떤 형상도 그것이 형상인 한에서 스스로 '이 형상'이 아니다. …그러므로 형상은 질료 안에 받아들여질 때 '이 형상'이 된다. 그러나 질료는 그 자체로는 구분되지 않기에, 수용되는 형상을 규정한다는 것은 질료 자체의 구분될 수 있음에 따라서가 아니라면 불가능하다. 실상 형상은 공간과 시간 속에서 구분되고 규정된 이 질료 안에 수용되지 않는 한, 질료 속에 수용되었다는 사실만 가지고는 개체화되지 않는다. 그런데 질료는 오직 양 때문에만 구분될 수 있을 뿐이다"); *In De Trin*., q.4, a.2, ad2: "Dimensiones, cum sint accidentia, per se non possunt esse principium unitatis individuae substantiae; sed materia prout talibus dimensionibus subest, intelligitur esse principium talis unitatis et multitudinis"("규모는 우유이기 때문에 그 자체만으로는 개별적 실체의 단일성의 원리일 수 없다. 오히려 그런 단일성과 다수성의 원리가 이 규모의 주체인 한에 있어서의 질료라고 이해되어야 한다"); *In De Trin*., q.4, a.2, ad4: "Illa quae differunt numero in genere substantiae, non solum differunt accidentibus sed etiam forma et materia. Sed si quaeratur quare haec forma differt ab illa, non erit alia ratio nisi quia est in alia materia signata. Nec invenitur alia materia quare haec materia sit diversa ab illa, nisi propter quantitatem. Et ideo materia subiecta dimensioni intelligitur esse principium huius diversitatis"("실체의 유 내에서 수적으로 차이가 나는 실재들은 우유들 때문에 다를 뿐만 아니라, 형상과 질료 때문에도 다르다. 그렇지만 그것들의 형상이 무엇 때문에 다르냐고 묻게 되면, 그 형상이 어떤 차이를 드러내는 '표시된 질료' 안에 있다는 것 이외에는 다른 이유를 발견할 수 없다. 그리고 '이' 질료가 '저' 질료로부터 구분되는 이유는 양 이외에는 다른 이유가 없다. 따라서 이런 다름의 원리는 '양의 주체인 질료'라는 것을 알 수 있다"). Cf. *In Sent*., II, d.30, q.2, a.1.

55. *In De Trin*., q.4, a.2, ad3: "De ratione individui est quod sit in se indivisum et ab aliis divisum ultima divisione. Nullum autem accidens habet in se propriam rationem divisionis, nisi quantitas. Unde dimensiones ex seipsis habent quamdam rationem individuationis secundum determinatum situm, prout situs est differentia quantitatis. Et sic habet duplicem rationem individuationis: unam ex subiecto sicut et quodlibet aliud accidens; aliam ex seipsa in quantum habet situm; ratione cuius, in abstrahendo a materia sensibili, imaginamur hanc lineam et hunc circulum. Et ideo materiae convenit individuare omnes alias formas ex hoc quod subditur illi formae ex seipsa habet individuationis rationem; ita quod etiam ipsae dimensiones terminatae quae fundantur in subiecto completo, individuantur quodammodo ex materia individuata per dimensiones interminatas, praeintellectas in materia"("개체는 정의상 그 자체로 구분되지 않고 궁극적 구분으로 다른 것들로부터 구분된다. 그런데 양 이외에는 다른 어떤 우유도 스스로 구분의 고유 동기를 가지고 있지 않다. 따라서 규모는 어떤 위치를 가지고 있고 또 그 위치가 양의 차이를 구성하는 한에서 개체화의 근거를 스스로 지니고 있다. 이런 식으로 규모는 이중의 개체화의 이유를 가지고 있다. 첫째, 다른 우유들과 마찬가지로 주체의 일부로서 그 이유를 가지고 있고, 둘째, 어떤 위치를 가지고 있는 한에서 스스로 그 이유를 가지고 있다. 그리고 이 때문에 우리

8. 불확정적 규모는 물체성의 등급에 관한 한 실체적 형상에 앞설 수 없지만, (그 성품 역할을 하게 되는) 그 이후의 등급들에 대해서는 선행한다.[56]

는 감각적 질료로부터 추상하면서도 '이 선'과 '이 원'을 상상할 수 있는 것이다. 그러므로 이것이 바로 다른 모든 형상들을 개체화하는 일이 질료에 속하는 진정한 이유이다. 왜냐하면 스스로 개체화의 원리를 지니고 있는 형상에 예속되기 때문이다. 그래서 이미 완성된 주체에 토대를 두고 있는 확정된 규모도 어떤 식으로든 (질료 속에서 미리 이해된) 불확정적 규모 덕분에 개체화된 질료에 의해서 개체화되는 것이다"); *ScG*, IV, c.65, n.4019: "Habet autem et hoc proprium quantitas dimensiva inter accidentia reliqua, quod ipsa secundum se individuatur. Quod ideo est quia positio, quae est ordo partium in toto, in eius ratione includitur: est enim, quantitas, positionem habens. ···Et quia sola quantitas dimensiva de sui ratione habet unde multiplicatio individuorum in eadem specie possit accidere, prima radix huiusmodi multiplicationis ex dimensione esse videtur"("또한 규모적 양은 그 자체에서 개별화된다는 점에서 다른 우유들과 다르다. 그것은 그 관념 안에 '전체 속에서의 부분들의 질서'인 위치를 포함하고 있기 때문이다. 실상 그것은 규정된 '입지를 가지고 있다'. ···그러나 동일한 종의 부분들의 다름이 포함되어 있는 곳에는 필시 개체화가 함축되어 있게 마련이다. 왜냐하면 동일한 종에 속하는 사물들은 개체들의 다수성 속에서가 아니라면 다수화될 수 없기 때문이다. 그래서 다양한 주체들 안에 있을 때가 아니라면 여러 흰색들이 개념될 수 없는 것이다. 그러나 선(線)들은 그 자체로 고찰된다고 하더라도 다수의 선들이 개념될 수 있다. 왜냐하면 선 속에 함축되어 있는 그것들의 다른 입지가 선들의 다수성을 위해 충분하기 때문이다"). Cf. *Quodlib.*, VII, a.10.

56. *In Sent.*, I, d.8, q.5, a.2: "Materia prima, prout consideratur nuda ab omni forma, non habet aliquam diversitatem, nec efficitur diversa per aliqua accidentia ante adventum formae substantialis, cum esse accidentale non praecedat substantiale. ··· Ex quidditate substantiae materia non habet divisionem, sed ex corporeitate quam consequuntur dimensiones quantitatis in actu"("제일 질료는, 온갖 형상이 없는 채로 고찰될 때는 아무런 다름도 지니고 있지 않고, 실체적 형상이 도래하기 전까지는 어떠한 우유에 의해서도 달라지지 않는다. 왜냐하면 우유적 존재는 실체적 존재보다 앞에 올 수 없기 때문이다. ···만일 실체의 무엇임이 질료 속에 수용된 첫 번째 형상이라고 말한다면, 실체의 무엇임으로부터는 구분이 초래될 수 없고, 오직 '현실태로 있는 양의 규모들을 수반하는' 물체성으로부터만 구분이 초래될 수 있기에, 이제껏 동일한 채로 남아있었을 것이기 때문이다"). *De natura materiae*, c.4: "Averroes erravit in libro De Substantia Orbis ponendo dimensiones interminatas praeesse in materia. ···Oportet igitur tales dimensiones sequi inductionem alicuius formae substantialis in materia. ···Necessario ergo praeexistit forma substantialis quibuscumque dimensionibus. ···Non ergo erunt dimensiones interminatae in materia ante formam substantialem. ···Ex dictis ergo manifestum est quod dimensiones interminatas in materia ponere, et praecedere omnem formam substantialem, est impossibile, nisi intellectu tantum, sicut ponunt mathematici"("아베로에스가 『천구실체론』에서 불확정적 규모가 질료 안에 미리 존재한다고 주장한 것은 잘못이었다. ···그러므로 그런 규모가 질료 안에 있는 어떤 실체적 형상의 안내를 따를 필요가 있다. ···따라서 실체적 형상이 여하한 규모 이전에 미리 존재할 필요가 있다. ···그러므로 실체적 형상

요컨대 물체들의 개체화에는 첫째, 수용될 수 없는 제일 주체로서의 질료, 둘째, 질료에 물체성의 등급을 수교하는, 즉 그것과 더불어 물체를 구성하고 그 물체의 고유 우유들이 되게 만드는 실체적 형상,[57] 셋째, 불확정적 규모(동일한 종 내의 어떤 물체가 다른 것으로부터 수적으로 구별될 수 있고, 가리켜질 수 있고, '여기 지금'으로 규정되는 데 있어서, 이 조건은 불가결하다)라는 세 가지 요소가 기여한다. 이 최종적인 요약적 결론은 토마스의 작품들을 연대기적 순서에 따라 자세히 검토하고 난 다음에 내릴 수 있는, 개체화에 관한 토마스 사상의 핵심적 요체이다. 이것을 한마디로 표현하면: "개체화의 원리는 양으로 표시된 질료이다. 그런데 질료는 물체성과 불확정적 규모에 예속됨으로써 표시되게 된다"(Principium individuationis est materia signata quantitate; signatur autem materia per

---

이전에 불확정적 규모가 질료 안에 있었던 것이 아니다. …위에서 말한 것들로부터, 수학자들처럼 질료 안에 불확정적 규모를 설정하고 그것으로 하여금 모든 실체적 형상 이전의 것으로 설정하는 것은 (오직 지성 안에서만이라면 모를까) 불가능하다는 것이 분명하다"). Cf. *De natura materiae*, c.6; *In Sent.*, II, d.3, q.1, a.1; *ST*, I, q.76, a.6, ad1 & ad2; *Q.D.De anima*, a.9, ad17; *De spirit. creat.*, a.3, ad18.

57. Cf. *ScG*, IV, c.81, n.4152: "Corporeitas autem dupliciter accipi potest. Uno modo, secundum quod est forma substantialis corporis, prout in genere substantiae collocatur. Et sic corporeitas cuiuscumque corporis nihil est aliud quam forma substantialis eius, secundum quam in genere et specie collocatur, ex qua debetur rei corporali quod habeat tres dimensiones. Non enim sunt diversae formae substantiales in uno est eodem. …Quia si prima forma faceret esse substantiam, sequentes formae iam adveniret ei quod est hoc aliquid in actu et subsistents in natura; et sic posteriores formaee non facerent hoc aliquid, sed essent in subiecto quod est hoc aliquid sicut formae accidentales."("물체성은 두 가지로 알아들을 수 있다. 하나는 그것을 실체의 유 안에 놓이는 것으로서의 그 물체의 실체적 형상으로 이해하는 것이다. 그리고 이런 의미에서 물체들의 물체성이란, 각 존재자에게 3차원을 교부함으로써 그것을 그 유와 그 종에 속하도록 만드는 그것의 실체적 형상과 다른 것이 아니다. 실상 하나의 동일한 존재자 안에는 다양한 실체적 형상이 있는 것이 아니다. …만일 그 최초의 형상이 그것을 이미 하나의 실체로 만든다면 이어지는 형상들은 구체적으로 실재하는 어떤 것과 어떤 자립적인 본성에 덧붙여지는 셈이 될 것이고, 따라서 이어지는 형상들은 어떤 구체적인 것을 구성하는 것이 아니라, 그 안에 우유적 형상들로서 있을 것이기 때문이다"). Cf. Wippel, *The Metaphysical Thought of Thomas Aquinas*, op. cit., p.353, n.4.

hoc quod subest corporeitati et dimensionibus interminatis).[58] 고전적 토미즘의 모든 주요 대변자가 이 정식에 동의하고 있다. 의견의 차이를 보이는 곳은 오직 '물질적 표시화'를 정확히 이해하는 방식에 대해서이다. 그러나 이 '표시화'는 어쨌든 적어도 양에 대한 지적을 함축하고 있다.[59]

5. 후속 논쟁

토마스 아퀴나스의 형이상학에서 순수 가능성으로 개념된 질료는 다만 다수화의 원리일 뿐이다. 그것이 사실상 개체들의 수적 구분의 원인이 될 수 있기 위해서는 양 또는 연장과의 관련 속에서 개념되어야 한다. 이 양 또는 연장의 구분으로부터 바로 수가 기원된다. 그런데 어떤 연장된 질료 속에서는 여러 부분이 구별되고 지적될 수 있다. 즉 표시될(signare) 수 있는 것이다. 그래서 성 토마스에게 있어서 개체화의 원리는 "표시된 질료", 즉 양 때문에 연장되고, 그 자체로 연장된 부분들을 갖추고 있으며, 혼동될 수 없고 표시되며, 따라서 바깥으로부터 지적되고 가리켜질 수 있는 질료이다.

토마스의 제자들은 스승의 가르침에서 애매한 채로 남아있는 "표시된 질료"를 해석하는 방식, 즉 그것이 '확정된 규모'를 의미하느냐 아니면 '불확정적 규모'를 가리키느냐에 대하여 관심을 집중하였다. 사실상 우리가 확인한 것처럼 토마스 자신의 작품들에서는 두 가지 해석이 모두 가능하였기 때문이다.

먼저 성 토마스의 가르침에 가장 충실한 해석자는 요한 카프레

---

58. *De ente et essentia*, c.2; *In De Trin.*, q.4, a.2; *ST*, I, q.76, a.6, ad2.
59. Degl'Innocenti, *Il principio d'individuazione nella scuola tomistica*, op. cit., pp.70-71.

올루스(Johannes Capreolus)이다. 그는 "특정 규모들 아래에 있는 질료가 개체화의 원인"(materia sub certis dimensionibus est causa individuationis)이라고 명시적으로 말하고, 보다 정확하게는 이렇게 말한다. "규모는 자연적 형상들이 오기 이전에 완결된 현실태로서가 아니라 불확정적[interminatae] 현실태로서 질료 안에서 미리 이해되고, 따라서 생성 과정 이전에 자리 잡고 있다."[60]

카예타누스(Cajetanus)와 페라렌시스(Ferrarensis)는 이와는 다른 견해들을 가지고 있었다. 그들은 각기 양과 질료의 관계를 다르게 설명하면서, 둘 다 토마스의 "불확정적" 규모에 호소하지 않았다. 카예타누스는 정당하게도 '표시된 질료'가 질료와 '확정적'인 현실적 양과의 결합일 수 없다고 주장하였다. 왜냐하면 이 양은 실체적 형상의 개체화 이후에 오는 것이고, 따라서 개체화 자체와 동시에 발생할 수 없기 때문이다. 그래서 개체화의 원리는 오직 (어떤 다른 양이 아니라 바로 그 양을 향한 특별한 질서를 가지고 있는 한에서의) 질료뿐이라고 말했다. 그렇게 되면 개체화는 오직 어떤 새로운 물체를 산출하는 능동적 원인으로부터, 그보다 앞선 물체의 질료 속에 저 양이 아니라 특정 양을 가질 성품이 주입된다는 사실에만 좌우될 것이다.[61]

페라렌시스는 카예타누스의 이 해석을 언급하면서, 질료를 어떤 규정된 양으로 배정하는 것은 오직 어떤 형상을 통해서가 아니면 발생할 수 없다고 지적한다. 그러므로 개체화의 원리는 오직 질료

---

60. Cf. Degl'Innocenti, "Il principio d'individuazione e Giovanni Capreolo, OP", in ID., *Il principio d'individuazione nella scuola tomistica*, op. cit., pp.72-93.
61. 참조: L. 피터슨, 「카예타누스의 개체화 이론」(이재룡 옮김), 『가톨릭 신학과 사상』 39(2002/봄), 137-166쪽; Degl'Innocenti, "La dottrina del Gaetano sull'individuazione", in ID., *Il principio d'individuazione nella scuola tomistica*, op. cit., pp. 94-129.

만이 아닐 것이고, 따라서 규정된 현실적 양도 질료와 함께 개체화의 원리다. 질료는 개별적 형상으로부터 보편자의 특성이 될 통교 가능성을 제거하고, 양은 한 개체를 다른 개체로부터 구별한다. 통교불가능성과 구분은 개체의 특성들이다.[62]

카예타누스의 견해에 대한 페라렌시스의 관찰은 정당하였다. 즉 질료만이 개체화의 원리일 수는 없고, 양도 필요한 것이다. 그러나 만일 설사 옳더라도 새로운 물체에 다른 양이 아니라 어느 특정 양을 적용하기 위해서 능동인에 의해서 산출된 '성품'(dispositio)에 호소하는 것은 아무 소용도 없다고 말했더라면, 카예타누스의 설명 자체를 더 잘 비판할 수 있었을 것이다. 왜냐하면 이 성품은 양의 특성들의 원인에 관한 문제에 속하기 때문이다(이것은 마치 새로운 물체들의 다른 모든 우유의 특성이 그에 상응하는 다른 성품들로써 설명되는 것과 마찬가지다). 어떤 물체가 왜 저런 모습, 저런 크기, 저런 강도의 양을 가지는지를 설명하기 위해서는, 저 성품에 호소할 필요가 있다. 그 성품은 보다 정확하게는 질료가 아니라 질료와 형상의 합성체, 즉 물체 전체를 그 기체로 가지고 있다(그렇지만 이것은 물체들 속에 질료가 현존하고 있기 때문이다. 그러나 다른 질적 성품들은 물체들 속에서 그것들 안에 있는 형상의 현존 때문이다). 그러나 저 성품은 실체적 형상의 개체화는 조금도 설명하지 못한다. 다른 한편, 페라렌시스가 주장하던 것은 지탱될 수 없었다. 완결된 양, 즉 모습, 크기, 강도의 규정화들과 함께 있는 양, 질료에게 개체화하는 데 도움을 주었던 저 양이 그 원리라는 주장 말이다. 왜냐하면 이

---

62 Degl'Innocenti, "Il Ferrarese e l'individuazione dei corpi", in ID., *Il principio d'individuazione nella scuola tomistica*, op. cit., pp.130-151; M. Beuchot, "Chrysostom Javellus(b.1472; d.1548) and Francis Sylvester Ferrara(b.1474; d.1526)", in Gracia(ed.), *Individuation in Scholasticism*, op. cit., pp.457-473.

양은 카예타누스가 잘 관찰하고 있는 것처럼, 개체화 이후에 오기 때문이다.[63]

요한 데 산토 토마는 표시된 질료의 의미와 관련하여 카예타누스와 비슷한 견해를 가지고 있었다. 그는 질료의 표시화가 그것에 영향을 미치는 질료 안에 내속하는 한 형상으로서의 양에 의해 성취되는 것이 아니라, 구분하고 분리하는 형상으로서의 양으로 향하는 질료의 내밀한 경향에 의하여 성취된다고 말한다(*Curs. phil.: Phil. nat.*, 2.9.4). 질료가, 그것에 의하여 질료의 가능성이 저 형상이 아니라 이 형상으로 규정되게 되는 성품들로서의 우유를 향한 경향을 함축하고 있는 것과 마찬가지로, 질료는 그 성품들 가운데 하나로서의 양을 향한 경향을 함축하고 있다. 그렇지만 양은 그것이 의존하고 있는 주체를 형상화하여 연장의 형상적 효과를 부여하는 기능만을 가지고 있는 것이 아니다. 양은 또한 질료의 한 부분을 다른 부분으로부터 구분하는 것으로서 그 주체와 연관을 맺고 있기도 하다. 그럼에도 불구하고 수교불가능성과 실체적 구분의 원인은 양이 아니라 질료이다.[64]

스코투스, 오컴,[65] 그리고 수아레스 같은 비토미스트적 스콜라 학자들은 '양으로 표시된 질료'를 개체화의 원리로 내세우는 토마스의 이론 자체를 비판하고 각자 나름대로 해결책들을 제시하려고 노력하였다.

---

63. Cf. A. Gazzana, "Individuazione", in *Enciclopedia Filosofica*, vol.3, col.873.
64. Cf. Degl'Innocenti, "Il principio d'individuazione dei corpi e Giovanni di S. Tommaso", op. cit., pp.164-169; J. Gracia & J. Kronen, "John of Saint Thomas(b.1589; d.1644)", in Gracia(ed.), *Individuation in Scholasticism*, op. cit., pp.511-533.
65. 오컴은 정신 바깥에 있는 것은 모두 각각의 '이것'(hoc)이며 그것의 개별성은 다른 어떤 것에 의존하고 있는 것이 아니라 그 자체에 의존한다는 점을 강조하며, 보편자의 존재를 강력하게 부인하고, 개체화 문제가 진정한 철학적 문제가 아니라고 주장하고 있기 때문에 우리 논의에서는 제외하기로 한다. 참조: A. 마우러, 「오컴의 개체화 이론」(이재룡 옮김), 『가톨릭 신학과 사상』 38(2001/겨울), 152-184쪽.

먼저 토마스 아퀴나스의 개체화 이론에 대한 스코투스 비판의 요점은 결국 개체화의 원리가 어떤 우유에 좌우될 수 없다는 것이다. 첫째, 제일실체라는 의미에서의 실체는 일차적이고 진정한 의미에서 '그 자체 존재자'(ens per se)로서 활동의 원천이며 빈술의 궁극적 주체이다. 그렇다면 실체와 우유의 어떠한 결합은 '그 자체 존재자'라기보다는 '우유적으로' 하나의 존재자인 셈이고, 따라서 실체의 개체화를 설명할 수 없다. 둘째, 실체는 우유보다 우위를 차지하는데, 존재론적으로 뒤따르는 우유가 존재론적으로 선행하는 실체를 '이것'이 되게 만든다는 것은 부조리하다. 셋째, 만일 어떤 단수적 개별 존재성이 실체이고 수교불가능하다면, 어떠한 우유적 변형을 겪는다고 하더라도 실체적 변화만 겪지 않는다면 '이것'으로 남아있지 '비-이것'이 되지는 않는다. 넷째, 토미스트들의 설명에 따르면 개체화는 '사람'으로부터 '이 사람'을 산출하는 실체의 질서 바깥에 있는 어떤 것이기 때문에, 결국 개체화는 설명되지 않는다.[66] 스코투스 자신이 제안하는 개체화의 원리는 '이것성'(haecceitas)이다. 소크라테스를 플라톤이 아니라 소크라테스로 만드는 것은 형상이나 질료, 또는 양과 같은 어떤 우유가 아니라 '소크라테스성'(Socreitas)이라고 하는 독특한 형상이라는 것이다.[67]

프란시스코 수아레스(Francisco Suárez)의 비판의 요점은, 첫째, 그것이 개체의 구별 또는 산출의 후험적인 표지 또는 기회를 지적하고 있다는 것이고, 둘째, 따라서 비물질적 존재자들 안에는 개체

---

66. Cf. T. Noone, "Individuation in Scotus", *American Catholic Philosophical Quarterly* 69 (1995), 532-533.
67. 참조: 박우석, 「스코투스의 개체화 이론」, 『중세철학의 유혹』, 121-148쪽; 「공통 본성의 귀환: 아리스토텔레스를 원용한 현묘한 논변들」, 같은 책, 149-180쪽; A. 볼터, 「스코투스의 개체화 이론」(이재룡 옮김), 『가톨릭 신학과 사상』 36(2001/여름), 137-175쪽; T. Noone, "Individuation in Scotus", art. cit., 527-542.

화가 발생하지 않는다는 결론이다. 첫 번째 문제에 대해서 수아레스는 질료가 그 자체로 공통적이기 때문에 개체화의 원리 역할을 수행할 수 없다는 점을 지적한다. 그는 질료가, 첫째, 공통적이기 때문만이 아니라, 둘째, 동시적으로 그리고 연속적으로 공통적일 수 있기 때문에도 개체화의 원리일 수 없다고 배격한다.[68]

그리고 바로 이런 난점 때문에 토마스와 그 추종자들은 여하한 질료가 아니라 오직 '양으로 표시된 질료'만이 개체화의 원리라고 주장하였다. 그러나 수아레스는 이 표현이 너무 모호해서 옹호자들이 설명하려고 할수록 더욱 충돌하게 되었다고 설명하고 있다.[69]

수아레스는 개체화의 원리가 질료도 아니고, 표시된 질료도 아니며, 사물들이 '그 자체로' 또는 '그 존재성에 의해서' 개별적이라고 주장한다. "각 개별 실체는 그 자체로, 즉 그 존재성에 의해서 단수적인 것 같고, 그 존재성에 덧붙여서, 또는 그 존재성을 구성하는 내밀한 원리에 덧붙여서 또 다른 개체화의 원리를 필요로 하지 않는다."[70]

이후 토미스트 학파 바깥에서는, 특히 점점 더 온건실재주의(이것에 따르면, 보편자와 단수자가 그 적절한 가치 속에 놓이게 되고 보편적 본성들이 그들의 개체 속에서 실현된다)에 근접해 가고 있던 명목주의적 경향의 영향 때문에, 그리고 또한 질료와 형상이라는 물체

---

68. Gracia, "Suárez's Criticism of the Thomistic Principle of Individuation", in AA.VV., *Tommaso d'Aquino nel suo settimo centenario*, Napoli, Ed. Domenicane Italiane, 1978, vol.9, pp.327-328.
69. Ibid., p.329, n.13. 참조: J. 그라시아, 「수아레즈의 개체화 이론」(이재룡 옮김), 『가톨릭 신학과 사상』 37(2001/가을), 132-180쪽.
70. F. Suárez, *Disputationes metaphysicae*, V, s.6, 1: "Videtur quasi a sufficienti partium enumeratione, relinqui, omnem substantiam singularem (se ipsa, seu per entitatem suam, esse singularem), necque alio indigere individuationis principio praeter suam entitatem, vel praeter principia intrinseca quibus eius entitas constat."

적 원리들이라는 개념의 변형 때문에(이 때문에 물체적 개체들에서의 개체화의 내밀한 제일원리가 평가절하되고, 따라서 존재자 안에 단수성 이외에는 다른 실재를 인정하지 않게 된다), 개별성의 토대로서의 "표시된 질료"의 참된 의미가 상실된다. 이렇게 해서 근대 철학 사상에서 왜 상기 원리에 대한 스콜라학적 논쟁에 많은 주의를 기울일 필요를 느끼지 못하게 되었는지가 설명된다. 유일한 예외는 젊은 시절의 라이프니츠(W.G. Leibniz)였다. 그는 자신의 「개체화 원리론」이라는 논술에서 아리스토텔레스적-토미스트적 견해를 이교도적이라는 이유로("질료의 영원성을 가정하고 있었기" 때문에) 무시하고, 또 스코투스의 '이것성'이라는 견해도 비판하면서, 명목즈의적이고 오컴적인 가르침을 옹호하였다. "모든 개체는 자신의 전 존재성에 의해서 개체화된다"(omne individuum sua tota entitate individuatur).[71] 또한 로스미니(A. Rosmini)는 개체화 문제를 부각시키려는 의도를 가지고 있었음에도 불구하고, 그 존재자의 같은 실재 안에서 어떤 종이나 여하한 본성 안에서 개체화가 거기서부터 출발한 어떤 내밀한 원리가 재발견되어야 하는지 여부(이것은 '일[一]과 다[多]'라는 보편적이고 근본적인 문제이며, 인간 이성의 활동 속에서 언제까지나 남아있는 문제이다)를 염려하지 않은 채, 개체화의 원리가 '존재 현실력'(actus essendi) 그 자체라고 주장하였다.[72]

---

[71] G.W. Leibniz, *Saemt. Schriften und Briefe*, serie II, vol.I, Darmstadt, 1930, p.6. Cf. B. Mates, *The Philosophy of Leibniz: Metaphysics & Language*, New York-Oxford, Oxford University Press, 1986, pp.251-253.

[72] A. Rosmini, *Antropologia in servizio della scienza morale*(Opere 24), Roma, Citta Nuova, 1981, pp.434-435, n.785. 이후, 20세기 학자들의 개체화 문제에 관한 논의를 보기 위해서는: 박우석, 『중세철학의 유혹』, 181-207(「제7장 스코투스, 프레게, 그리고 버그만: 개체화의 올바른 이해를 위한 예비적 고찰」) 참조. Cf. Gracia, *Individuality: An Essay on the Foundation of Metaphysics*, New York, SUNY Press, 1988, pp.141-178.

6. 결론

성 토마스는 비록 개체화에 관한 자신의 입장을 체계적으로 제시할 기회를 갖지 못했고, 그래서 초창기 문헌들과 후대의 문헌들 속에서 세부적인 문제점, 즉 '표시된 질료' 또는 '규모화된 양에 의해서 표시된 질료'가 '확정된'(terminatae) 규모를 가지고 있느냐 아니면 '확정되지 않은'(interminatae) 규모를 가지고 있느냐는 문제에 대해서 어떤 '망설임'(haesitatio) 또는 '입장 변경'의 인상을 남겨두기는 했지만, 우리가 검토한 광범위한 본문을 통해서 드러나는 바에 따르면, 해당 주제에 대한 매우 심층적인 이해와 분명한 통찰을 지니고 있었음에 틀림이 없다.

후대의 토미스트들은 성 토마스의 "불확정적"(interminata) 양 또는 "불확정적 규모"(dimensiones interminatae)에 호소할 필요가 있었다. 이 규모는 (토마스가, 그전에는 그것들을 인정했던 아베로에스에 반대하고 있는 아비첸나를 따라 지적하는 것처럼) 비록 순수 가능성인 질료의 본질에 속하지 않음에도 불구하고, 언제나 질료 안에서 발견된다. 왜냐하면 물체적인 한에서 형상에 그 규모가 주어지면, 그리고 개체화하기에 충분한 위치적 규정화가 질료에 주어지면, 개체화 자체로부터 전제되는 추가 규정화가 주어지지 않기 때문이다. 순수 위치적 연장에 대해서 논할 때, 모든 물체적 형상은 그러한 한에 있어서 질료에게 동일한 "불확정적" 양을 전해주고, 그래서 질료는 이것 때문에 3차원의 규모에 따라 연장된다. "불확정적" 규모는 위치적으로 언제나 동일하기 때문에, 앞선 물체의 어떤 것이 새로운 물체 안에서 형상 이전에 그것을 개체화하기 위해서 발견될 수 있는지를 설명하기는 더 이상 어렵지 않다. 이것은 다만 물체들 안에 발생하는 온갖 변화들에도 불구하고, 질료가 위치적으로 언제나 연장된 채로 남아있다는 주장일 뿐이다. 그리고 '불확정적' 규모가 모습, 크기, 강도의 규정으로부터 실재적으로 구별된 채로 실존하지 않는다는 사실 때문에, 그것이 단순한 추상물들이라는 결론이 따라오지 않는다. 이것은 인간에게서 실재적으로는 결코 이성성과 구별되어 실존하지 않는 동물성이 단순한 추상물이 아닌 것과 같다.[73]

요컨대 소크라테스를 '존재하게' 만드는 원리는 무엇인가? 그것은 존재(esse)이다. 소크라테스를 고양이와 개와는 달리 '인간으로' 만드는 것은 무엇인가? 그것은 그가 지니고 있는 인간 본성 또는 인간성이다. 소크라테스를 파르메니데스나 헤라클레이토스와는 다른 소크라테스로 만드는 것은 무엇인가? 그것은 '양으로 표시된 질료'(materia quantitate signata)이다. 질료는 그 자체만으로는 어떤 차별화의 원리도 제공하지 못한다. 차별화되기 위해서는 질료가 어떤 불확정적인 규모(dimensiones interminatae), 전적으로 가능적인 규모를 지녀야 할 필요가 있다. 다시 말해 질료가 개체화의 원리 역할을 하기 위해서는 실체적 형상이 오기 이전에 가능적으로 규모를 가지고 있는 것으로 이해되어야 한다. 그것은 질료가 규모를 가질 수 있는 수용력이다. 그것은 현실적 규모는 아니지만, 질료와 결합되는 형상이 하나의 '이것'이 될 것을 요청하기에는 충분하다. 그것은 형상의 수용 이후에 현실적이 되고 확정적이 된다.[74]

그런데 오웬스는 최근 연구 논문들을 통해서 아퀴나스의 개체화 이론에 '존재의 질서'와 '숙고의 질서'라는 두 가지 관점으로부터 접근할 수 있다고 말하면서, 숙고의 질서에서는 양과 질료가 우선

---

73. Cf. A. Gazzana, "Individuazione", in *Enciclopedia Filosofica*, vol.3, col.873.
74. Cf. Owens, "Thomas Aquinas: Dimensive Quantity as Individuating Principle", art. cit., 293-294.

하지만, 존재의 질서에서는 개체화의 궁극적 원리가 존재라고 주장한다.[75] 만일 그렇다면 토마스는 스코투스의 '이것성'(haecceitas) 또는 수아레스의 '존재성'(entitas)과 크게 다르지 않은 개체화 이론을 주장했던 셈이다. 그러나 그의 주장은 새로운 시도이기는 하지만, 위펠과 드완이 비판하고 있듯이,[76] 토마스의 작품들 속에서 전거를 인증할 수 없다. 토마스의 형이상학 및 신학 체계 전체가 '존재'(esse)에 토대를 두고 있을 정도로 존재는 초창기부터 후기까지 일관되게 토마스가 관심을 가장 많이 기울인 분야이고, 또 가장 정성을 많이 들인 분야이다. 그러한 그가 개체화 문제를 언급할 때만큼은 존재를 그 원리로 끌어들이지 않았다는 엄연한 사실은 우리로 하여금 오웬스의 주장에 선뜻 동의하지 못하게 만든다.

그라시아는 토마스와 보나벤투라가 활동하던 1225-1275년의 시기를 개체화 논의의 '강화기'라고 부르고 있지만, 토마스의 통찰은 그의 노선을 따르는 추종자(카프레올루스, 카예타누스, 페라렌시스, 요한 데 산토 토마 등)든 아니면 길을 달리하는 다른 계열의 사상가(스코투스, 오컴, 수아레스 등)든 후대의 모든 사상가들이 해당 주제에 접근하는 논의의 기본 출발점이 되었다. 이런 점에서 토마스

---

75. Cf. Owens, "Thomas Aquinas(b.ca.1225; d.1274)", in Gracia(ed.), *Individuation in Scholasticism*, op. cit., pp.173-175, 186-188.
76. Cf. Wippel, *The Metaphysical Thought of Thomas Aquinas*, op. cit., pp.373-375; L. Dewan, "The Individual as a Mode of Being According to Thomas Aquinas", *The Thomist* 63(1999), 403-424.
77. 본 논문은 '2000년 성신학술진흥기금의 지원에 의해 작성된 논문'으로서, 2002년 11월 1일 경상대학교(진주)에서 개최되었던 '제15회 한국철학자대회'에서 같은 제목으로 발표된 바 있다. 그때 부족한 논문에 대해 부드러우면서도 날카로운 논평을 해주신 한국과학기술원의 박우석 교수님께 감사드린다.
　제15회 한국철학자대회에서 논평자인 박우석 교수는 본 논문에 대해서 대체로 다음과 같은 네 가지 문제점을 날카롭게 지적하였다: ① 토마스 아퀴나스의 광범위한 텍스트들 가운데 어느 하나를 택해 집중적으로 파고들었어야 하는 것이 아닌가? ② 아퀴나스의 개체화 이론의 독특한 특성이라는 것이 '천사론'(angelologia)이라고 할 수 있을 터인데, 물질적 개체화로 논의를 한정한 것은 독자에게 실망을 안겨줄 수 있다. ③ 아퀴나스 자신은 물론 후대 토미스트들의 논의에서도 '확정적 규모'와 '불

가 제안하는 '표시된 질료'라는 개체화의 원리는 다른 형이상학적 및 윤리적 이론들과 더불어 서구 사상사의 흐름 안에서 한 뚜렷한 이정표가 되었다고 말할 수 있을 것이다.[77]

확정적 규모'가 논쟁의 핵심인데, 보다 명료한 해명이 아쉽다. ④ '질료 안에 수용되는 최초의 형상은 물체성'이라는 사상은 13세기 아우구스티누스주의자들이 아비체브론(Avicebron)으로부터 물려받은 '실체적 형상의 다수성' 주장과 긴밀히 연관되어 있는 것 같은데 어떻게 실체적 형상의 단일성을 주장하는 아퀴나스가 채용할 수 있는 것인가?

사실 필자 자신도 논문을 탈고할 때부터 토마스 아퀴나스의 개체화 원리론의 핵심을 관통하지 못하고 주변만을 맴돌았다는 인상을 떨쳐버리지 못했다. 따라서 논평자의 지적들은 정당하고, 그 점에서 박우석 교수님께 다시 한번 감사드린다. 학술대회가 끝나고 다시 한번 체계적으로 재점검하리라 마음먹었는데, 여러 사정으로 결국 손을 대지 못한 채 세월만 흘려보냈다. 다른 기회에 어떻게든 이 주제를 재론해볼 수 있기를 희망해 본다.

2. 아퀴나스의 『삼위일체론 주해』에 나타나는 개체화

케빈 화이트

개체에 관한 토마스 아퀴나스의 정의는 더할 수 없이 명료하다. 그는 '개체' 관념(ratio)에 두 가지 요소가 들어 있다고 말한다. 하나는 개체란 현실태로 있는 어떤 존재자라는 점이고, 다른 하나는 그것이 그 자체로는 구분되지 않으면서 그 밖의 다른 모든 것들로부터는 구분된다는 점이다.[1] 다른 한편, 개체화의 원인에 관한 아퀴나스의 이해는 포괄적으로 그리고 일관되게 제시하기가 매우 어려운 것으로 악명이 높다. 그는 한 본문에서 질료와 규모라는 개체화의 두 원리가 있다고 말하고,[2] 다른 본문에서는 각 사물이 그것이 가지는 존재에 따라 단일성과 개체화를 갖게 된다고 말하고 있

---

1. "de ratione individui duo sunt: scilicet quod sit ens actu vel in se vel in alio; et quod sit divisum ab aliis quae sunt vel possunt esse in eadem speciei, in se indivisum existens"(*In Sent.*, IV, 12, 1, 1, 3, ad3). "de ratione individui est quod sit in se indivisum et ab aliis ultima divisione divisum"(*In De Trin.*, 4, 2, ad3). "Individuum autem est in se indistinctum, ab aliis vero distinctum"(*ST*, I, 29, 4).
2. "primum individuationis principium est materiam, qua acquiritur esse in actu cuilibet tali formae sive substantiali sive accidentali. Et secundarium principium individuationis est dimensio, quia ex ipsa habet materia quod dividatur"(*In Sent.*, IV, 12, 1, 1, 3, ad3). Cf. "Et ideo, cum hee dimensiones sint de genere accidentium, quandoque diversitas secundum numerum reducitur in diversitatem materiae, quandoque in diversitatem accidentis, et hoc ratione dimensionum praedictarum"(*In De Trin.*, 4, 2).

으며,³ 또 다른 본문에서는 각 사물이 똑같은 것에 따라 존재와 개체화를 갖는다고 말하고 있다.⁴ 더욱이 여러 상이한 본문들 속에서 그는 개체화의 원리가 규정적 규모 하에서 고찰된 질료라고도 말하고,⁵ 또 규정적 규모 아래서 고찰된 질료가 개체화의 원리일 수 없다고도 말하고 있다.⁶

아퀴나스의 개체화 원리 이론에 대한 스코투스부터 수아레스에 이르는 해석의 역사는 그 주제에 관한 토마스의 본문 전체에 내재된 난점과 복잡함을 반영하고 있다.

조셉 오웬스(Joseph Owens)의 최근 두 논문은⁷ 이 난점들과 복잡함이 얼마나 큰지를 보여주는 데 일조하고 있다. 오웬스는 해당 주

---

3. "unumquodque enim secundum quod habet esse, habet unitatem et individuationem" (*Resp. ad Fr. Johannem Vercellensem de articuliis XLII*, 108).
4. "unumquodque secundum idem habet esse et individuationem"(*Qaest. de anima*, 1, ad2).
5. "Unde cum principium individuationis sit materia aliquo modo sub dimensionibus terminatis consoderata, ex eius divisione natura humana dividitur et multiplicatur"(*In Sent.*, III, 1, 2, 5, ad1).
6. "Dimensiones autem istae possunt dupliciter considerari. Uno modo secundum earum terminationem…; et sic non possunt esse principium individuationis… Alio modo possunt considerari sine ista determinatione…"(*In De Trin.*, 4, 2).
7. Joseph Owens, "Thomas Aquinas: Dimensive Quantity as Individuating Principle", in *Mediaeval Studies* 50(1988), pp.279-310; ID., "Thomas Aquinas(b.ca. 1225; d.1274)", in *Individuation in Scholasticism: The Later Middle Ages and Counter-Reformation, 1150-1650*, ed. Jorge J. Gracia(Albany, NY, 1994), pp.173-194[=국역본:『스콜라철학에서의 개체화』, 이재룡·이재경 옮김, 가톨릭출판사, 2003, 303-340쪽]. 그 이전의 주요 연구들은 다음과 같다. M.-D. Roland-Gosselin, ed., *"De ente et essentia" des s. Thomas d'Aquin*, Paris, 1925, 1948, pp.104-134; J. Assenmacher, *Die Geschichte des Individuationsprinzips in der Scholastik*, Leipzig, 1926; U. Degl'Innocenti, "Il pensiero di San Tommaso sul principio d'individuazione", in *Divus Thomas*(Piacenza) 45(1942), 35-81; J. R. Rosenberg, *The Principle of Individuation. A Comparative Study of St. Thomas, Scotus, and Suárez*, Diss. The Catholic University of America, 1950; J. Bobik, "La doctrine de saint Thomas sur l'individuation des substances corporelles", in *Revue philosopjhique de Louvain* 51(1953), pp.5-41; I. Klinger, *Das Prinzip der Individuation bei Thomas von Aquin*, Muensterschwarzach, 1964; U. Degl'Innocenti, *Il principio d'individuazione nella scuola tomistica*, Roma, P. U. Lateranense, 1971; L. Elders, *Faith and Science. An Introduction to St. Thomas' Expositio in Boethii De Trinitate*, Roma, 1974; O. J. Brown, "Individuation and Actual Existence in Scotistic Metaphysics: A Thomistic Assesment", *The New Scholasticsm* 53(1979), 347-361.

제에 관한 아퀴나스의 다양한 본문들 속에 두 개의 관점 또는 "질서"(sequences)가 작동하고 있다는 것을 인정한다.

첫 번째는 존재의 질서이다. 먼저 그 사물의 가장 기본적인 현실인 존재가 온다. 다음에 물질적 사물 속에 있는 형상과 질료라는 구성 요소들과 함께 실체가 온다. 물론 이 두 가지 가운데 형상이 우위를 차지한다. 그다음에 물질적 사물의 우유들이 온다. 이 우유들 가운데 첫째가 양(量)이다. 실존은 그 사물 안에 있는 모든 것을 (본질적인 차원에서든 우유적인 차원에서든) 한 단일한 단위로 종합함으로써 그것에게 철저한 개체화를 준다….
다른 한편, 개체화 관념에 관한 우리의 이해에서는 정반대의 질서가 유지된다. 이 이해는 그 자체로 홀로 개별성을 드러내는 것의 관념으로부터 출발해야만 한다. …오직 양만이 그 고유의 본성 속에서 부분 바깥의 부분을 의미한다. 그것은 부분들의 구분을 드러내고, 따라서 그것들을 분리된 단위들로 쪼갤 수 있는 실재적 구별의 가능성을 보여준다. 그것은 그 관념이 관련되는 한, 그런 식으로 개별성의 "뿌리"이다.[8]

오웬스는 아퀴나스에 의해서 규정되는 존재, 형상, 질료, 그리고 양이라는 일련의 네 가지 개체화의 원리를 진술한다. 개체화가 궁극적으로는 존재 그 자체에 의해 원인 지어지는 존재의 질서에서, 오직 존재의 종류가 요구하는 한에서, 그 계열을 통해 전개할 필요가 있다. 즉 존재만이 신을 개체화시키는 그것이고, 존재가 형상과 결부되면 천사의 본성과 인간 영혼을 개체화한다. 존재, 형상, 질

---

8. Owens, "Thomas Aquinas(b.ca. 1225; d.1274)", pp.186-187[=국역본, 334-348쪽].

료, 그리고 양이라는 계열 전체는 다만 물체적 본성의 개체화를 위해서만 요구된다. 역으로, 직접적으로는 물체적 본성들에만 도달할 수 있는 우리 이해의 질서에서는 양이 개체화의 원리로서 가장 먼저 분별되고, 그다음에 질료, 형상이 뒤따르며, 마지막으로는 존재가 뒤따르게 된다.[9] 비록 그가 노골적으로 말하고 있지는 않지만, 오웬스의 논의들은 아퀴나스가 존재의 관점에서보다는 좀 더 자주 우리 이해의 관점으로부터 개체화에 대해서 말하고 있다는 것을 분명하게 해주고 있다.

개체화에 관한 아퀴나스의 본문들을 읽고 비교하기 위한 안내로서의 오웬스의 2중질서 규칙은 조명적이기도 하고, 또 아퀴나스 사상의 일관성을 입증하는 한에서 고무적이기도 하다. 이하의 논의들은 오웬스의 질서를 아퀴나스의 『삼위일체론 주해』 제4문에 기초해서 양방향으로 확장하려는 시도이다. 오웬스는 자신이 아퀴나스의 의심할 수 없는 진본 작품들 속에서 유일하게 개체화 논의를 제공하고 있다고 말하는, 이 문의 제2절을 조심스럽게 논하고 있다.[10] 그렇지만 이 문의 네 개 항 모두가 적어도 함축적으로는 개체화에 관련되며, 제1절과 제4절은 오웬스의 논의에서 누락되고 있는 그 주제에 대한 아퀴나스 이해의 실마리를 제공하기 때문에, 그 문 전체에 대한 짧은 검토가 이 논의들을 효과적으로 도와줄 수 있을 것이다.

제4문은 보에티우스의 작품 제1장 후반부를 호의적으로 명료화하려는 의도를 가지고 있다. 거기서 삼위일체의 단일성에 대한 가톨릭 신앙을 해명하고, 또 이 단일성의 근거로서 '차이의 결핍'

---

9. Ibid., pp.174; 178; 182; 186-187[[=국역본; 306-348쪽].
10. Ibid., 173[=국역본, 305-306쪽]. Cf. Owens, "Thomas Aquinas: Dimensive Quantity as Individuating Principle", pp.301-303.

(ir.differentia)을 제시하고 나서, 보에티우스는 (아퀴나스의 '본문 구분'에 따르면) 계속해서 이 근거의 적절성을 보여준다. '다름'이 다수성의 원리라는 보에티우스의 핵심적 요점은 다음과 같이 확정된다. 여러 사물들의 다름(다양성)은 유, 종, 또는 수에서 성립된다. 왜냐하면 '다르다'는 것은 '같다'와 마찬가지로 자주 사용되는데, 사물들은 유나 종이나 수와 관련해서 같다고 말해지기 때문이다. 수적 차이의 원인은 우유들의 다양성이다. 세 명의 사람은 유나 종에 있어서는 다르지 않고, 그 우유들에 있어서 다르다. 왜냐하면 우리 정신 속에서 그들로부터 다른 우유들을 모두 제거한다고 하더라도, 아직도 각자의 위치가 다르며, 두 물체가 한 장소를 차지할 수 없기 때문에, 우리는 그 장소들을 결코 하나로 상상할 수 없기 때문이다. 이리하여 장소는 한 우유이므로 그 사람들은 수에 있어서 다수적 또는 여럿이다. 그들이 그들의 우유에 있어서 다수적 또는 여럿이기 때문이다.[11] 여기서 제시되고 있는 보에티우스의 관점을 "복잡하지 않고, 상식에 기초하고 있는" 것으로 묘사하고 있는[12] 조지 그라시아는, 이 구절을 보에티우스의 논리적 작품들 안에 있는 개체화에 관한 논의들과 대조시키며 보에티우스가

---

11. "Principium enim pluralitatis alteritas est; praeter alteritatem enim nec pluralitas quid sit intelligi potest. Trium namque rerum vel quodlibet tum genere tum specie tum numero diversitas constat. Quotiens enim idem dicitur, totiens diversum etiam praedicatur. Idem vero dicitur tribus modis: aut genere ut idem homo quod equus, quia his idem genus ut animal: vel species ut idem Cato quod Cicero, quia eadem species ut homo: vel numero ut Tullius et Cicero, quia unus est numero. Quare diversum etiam vel genere vel specie vel numero dicitur. Sed numero differentiam accidentium varietas facit. Nam tres homines neque genere neque specie sed suis accidentibus distant; nam vel si animo cuncta ab his accidentia separaremus, tamen locus cunctis diversus est quem unum fingere nullo modo possumus. Duo enim corpora unum locum non obtinebunt, qui est accidens atque ideo sunt numero plures, quoniam accidentibus plures fiunt."(Owens, Thomae Aquinatis, *Opera Omnia*, ed. Leonina, t.L[Roma, 1992], p.69, ll.46-64로부터 인용).
12. J. Gracia, *Introduction to the Problem of Individuation in the Early Middle Ages*, Washington, 1984, p.102.

개체화에 관한 후대의(특히 20세기의) 사상에 미친 중요한 영향을 추적하였다.[13] 여기서는 다만 『삼위일체론』의 구절들 속에서 "수적으로 구분되는 실체들의 식별 가능성의 원천은 수적 차이의 원천과 동일한 것으로 보인다"는[14] 그라시아의 언급에만 주목하기로 하자. 이 차이와 식별 가능성의 구분은 오웬스의 존재의 질서와 이해의 질서 사이의 구분에 상응하는 것으로 보인다.

아퀴나스는 보에티우스의 단락에 관하여 네 개의 문제를 제기하였는데, 그것들은 모두 그 본문으로부터 직접적으로 제기되는 것들이었다. 1) 다름은 다수성의 원인인가? 2) 우유들의 다름(다양성)은 수적 차이의 원인인가? 3) 두 개의 물체는 동일한 장소에 있을 수 있거나 그렇다고 개념될 수 있는가? 4) 장소의 다름은 수적 차이들 안에서 작동하는가? 이 문제들에 대한 아퀴나스의 답변들은 보에티우스의 본문 속에 있는 어떤 주장에 대한 옹호를 담고 있다. 그 답변들로 넘어가기 전에, 아퀴나스의 논의의 복잡한 어휘에 관하여 한마디 하는 것이 순서일 것이다. '개별자'라는 용어는 제2절과 제4절에만 나타나는 데 반해, '개체화'와 '개체화의 원리'는 제2절에서만 나타난다. 다른 한편, 여기서 아퀴나스는 '개체화'라는 용어를 (정확히 동의어는 아니라 하더라도) '수적 다름', '수적 다수성', 그리고 '개별 실체의 단일성' 등의 표현들과 호환될 수 있는 것으로 간주하는 것 같다.[15]

제1절은 다름(또는 아퀴나스 자신이 선호하듯이, 구분)이 다수성의 원인이라는 보에티우스의 주장을 옹호한다. 아리스토텔레스의

---

13. Ibid., chs.II-IV.
14. Ibid., p.104.
15. "Illud quod est principium individuationis est principium diversitatis secundum numerum"(a.2, sc 1, ed. Leonina, ll.47-49). "videtur quod varietas accidentium non possit esse causa pluralitatis secundum numerum… Ergo diversitatem in nu-

『형이상학』에 기초해서 아퀴나스는, 하나의 사물은 그것이 구분 가능한 또는 구분되었다는 사실로부터 다수적이기 때문에 다수성의 원인이 또한 구분의 원인이어야 한다는 점을 지적하는 것으로 시작하고 있다. 그는 이렇게 덧붙인다. 구분의 원인은 뒤에 오고 복합적인 경우와, 앞에 오고 단순한 경우에 각기 달리 이해되어야 한다. 왜냐하면 전자의 경우 구분의 형상적 원인은 단순하고 앞서 있는 것 안에서의 다름이기 때문이다.[16]

아퀴나스는 이 마지막의 요점을 구분의 두 가지 예를 통하여 조명한다. 하나는 양이라는 우유 안에서의 구분이고, 다른 하나는 실체 안에서의 구분이다. 교육학적으로 쉽게 접근하도록 안내하려는 의도가 분명한 첫 번째 경우는 또한 제4절의 결론, 즉 선의 서로 다른 부분들은 그것들이 다른 장소들을 가지고 있기 때문에 구분되고, 장소는 말하자면 위치를 점하고 있는 지속적 양의 형상적 차이라는 점을 미리 앞당겨 보여주고 있다. 두 번째 예에 따르면, 둘이 다른 구성적 차이들을 가지고 있다는 사실에 의해서 "사람"은 "당나귀"와 구분된다. (그것에 의해서 뒤에 오고 복합적인 것이 구분되는) "다름"은 앞에 있고 단순한 것 가운데 어떤 '복수성'을 전제로 하고 있다. 그것은 예를 들면, '이성적'과 '비이성적'이 하나가 아니고 여러 차이들인 것과 같다. 그렇지만 후자의 종류의 복수성의 원인이 앞에 있고 단순한 것 내에 있는 어떤 더 이상의 다름

---

mero non facit varietas accidentium…"(a.2, obj.1, ll.1-7); "dimensiones cum sint accidentia, per se non possunt se non possunt esse principium unitatis individuae substantiae"(a.2, ad2, ll.253-255).
16. "Dicendum, quod sicut dicit Philosophus in X Metaphysicae, plurale dicitur aliquid ex hoc quod est divisibile vel divisum; unde omne illud quod est causa divisionis oportet ponere causam pluralitatis. Causa autem divisionis aliter est accipienda in posterioribus et compositis et in primis simplicibus.
　　In posteribus namque et compositis causa divisionis quasi formalis, id est ratione cuius fit divisio, [est] diversitas simplicium et primorum"(a.1, c., ll.68-77).

이라고 말해서는 안 된다. 왜냐하면 그렇게 되면 무한 소급해 올라가야 할 것이기 때문이다. 앞에 있고 단순한 것 내에서의 복수성 또는 구분의 어떤 다른 원인은 그것들이 그 자체로 구분된다는 사실에 돌려져야만 한다.[17]

여기서 아퀴나스는 "첫 번째 용어들"과 '존재자인 한에서의 존재자'에 관한 고찰로 넘어간다. 그는 존재자로서의 존재자가 존재자로부터 구분되지 않으며, 또 비존재자가 아니고서는 그 어느 것도 존재자로부터 구분되지 않는다고 말한다. 따라서 하나의 존재자는 오직 그것에 대한 "부정"이 다른 것 안에 포함된다는 사실에 의해서만 다른 것으로부터 구분된다. 그러므로 부정적 명제들은 첫 번째 용어들 가운데 직접적으로 현존하고 있어서, 말하자면 한 용어에 대한 부정이 다른 것에 대한 이해 속에 현존하게 된다.[18]

아퀴나스는 이 "용어들"의 논의로부터, 모든 것들의 창조에 관한 짧은 일탈로 나아간다. 그는 최초의 피조물이 그 원인과 함께 복수성을 구성한다고 방금 말한 것으로부터 곧 그것이 원인에 미치지 못한다는 사실이 뒤따른다고 지적한다. 이 때문에 "어떤 사람들"

---

17. "Quod patet in divisione quantitatis: dividitur enim una pars lineae ab alia per hoc quod habet diversum situm, qui est quasi formalis differentia quantitatis continuae positionem hanebtis; patet etiam in divisione substantiarum: dividitur enim homo ab asino per hoc quod habent diversas differentias constitutivas. Sed diversitas qua dividuntur posteriora composita secundum priora et simplicia praesupponit pluralitatem primorum simplicium: ex hoc enim homo et asinus habent diversas differentias, quod rationale et irrationale non sunt una sed plures differentiae. Nec potest semper dici quod illius pluralitatis sit aliqua diversitas aliquorum primorum et simpliciorum causa, quia sic esset abire in infinitum.
    Et ideo Pluralitatis vel divisionis primorum et simplicium opportet alio modo causam assignare: sunt enim huiusmodi secundum se ipsa divisa"(Ibid., ll.78-92).
18. "Non potest autem hoc esse, quod non ens dividatur ab ente in quantum ens; nihil autem dividitur ab ente nisi non ens, unde et ab hoc ente non dividitur hoc ens [nisi] per hoc quod in hoc includitur negatio illius; unde in primis terminis propositiones negativae sunt immediatae, quasi negatio unius sit in intellectu alterius"(Ibid., ll.96-103).

은(아퀴나스는 아비첸나와 알가잘리를 생각하고 있었던 것 같다) 복수성이 최초의 원인으로부터 직접적으로 전개되는 것이 아니라, 다만 그 최초 피조물의 중개를 통해서만 전개된다고 주장하였다. 아퀴나스는 다음과 같은 논거를 펼친다. 그렇게 말할 필요가 없다. 왜냐하면 어떤 사물은 다른 것이 그것에 미치지 못하는 방식으로 유일한 제일원인을 모방할 수 있고, 그 사물은 다른 사물이 그것을 모방하는 방식에서 그것에 미치지 못할 수 있기 때문이다. 그래서 제일원인의 결과는 여럿일 수 있는데, 그 각각은 (동일한 것에 따라서든지, 아니면 제일원인으로부터 보다 "먼" 거리에 따라서든지) 제일원인과 어떤 다른 결과의 양측에 대한 부정을 포함하고 있다.[19]

이 일탈에 대해서 어떤 주해가 요구되는 것 같다. 무엇보다 먼저, 그것은 『대이교도대전』 제2권에서 사물들 사이의 구별에 대한 아퀴나스의 훨씬 더 긴 설명을 반향하거나 선취하고 있다. 그는 다음과 같이 요약하고 있다. 피조된 사물들 사이에서의 다름과 부등성은 우연으로부터 오는 것이 아니고, 질료의 다름으로부터 오는 것도 아니며, 다른 원인들이나 공로들의 개입 때문인 것도 아니다. 그것은 바로 피조물들에게 그것들이 받아들일 만한 종류의 완전성을 주고자 하는 신의 의도로부터 오는 것이다.[20] 『삼위일체론 주

---

19. "Primum etiam creatum in hoc facit pluralitatem cum sua causa, quod non attingit ad eam; et secundum hoc quidam posuerunt quodam ordine pluralitatem ab uno primo causari, ut ab uno primo procedat primo unum, quod cum causa pluralitatem constituat; et ex eo iam possunt duo procedere: unum secundum se ipsum, aliud secundum coniunctionem ipsius ad causam. Quod dicere non cogimur, cum unum primum possit aliquid imitari in quo alterum ab eo deficit., et deficere in quo alterum imitatur; et sic possunt inveniri plures primi effectus, in quorum quolibet est negatio et causae et effectus alterius secundum idem, vel secundum remotiorem distantiam etiam in uno et eodem"(Ibid., ll.103-117). 여기서 레오판의 편집자들은 '어떤'(quidam)에 대해서 Avicenna, *Metaph*., IX, c.4(ed. Van Riet, pp.476ff.)와 Algazel, *Metaph*., tr.5(ed.Muckle, pp.119-121)를 참조하라고 권고하고 있다.
20. "Est igitur diversitas et inaequalitas in rebus creatis non a casu; non ex materiae diversitate; non propter interventum aliquarum causarum, vel meritorum; sed ex

해』와 마찬가지로 『대이교도대전』도 신의 창조 행위에 있어서의 어떤 모방에 대해 말하면서, 신은 그의 창조 행위에서 사물들 사이의 구분을 요구하는, 자기 자신에 대한 완전한 모방을 의도한다고 논하고 있다.[21] 결과되는 다수성이 개별적일 뿐만 아니라 종적이라는 것은 제45장에서의 이중성을 가리키는 다양한 표현에 의해서('다중성과 다양성', '복수성과 부등성', '다름과 부등성') 그리고 그 장의 제5논거의 결론(즉 많은 개체가 있다는 것뿐만 아니라 사물들의 다양한 종이 있다는 것도 우주의 완전성에 속한다는 결론)에 의해서도 분명해진다.[22]

개별적 복수성과 종적 복수성 사이의 구별은, 제일원리의 한 결과가 제일원리로부터의 동일한 거리에서와 더 먼 거리에서의 다른 것에 대한 부정을 포함하고 있다는 『삼위일체론 주해』의 언급에 의해서 암시되고 있는 바로 그것인 것 같다. 존재의 원천으로부터의 "거리"라는 신플라톤주의적 비유가 어떤 특별한 본성을 의미하기 때문에,[23] 그 은유의 적용은 분명 두 개의 피조물이 제일원인을 (그것들이 종적으로 다르든[다른 "거리"에서], 아니면 같은 종에 속하는 개체들[같은 "거리"에서]이든지 간에) 다르게 모방한다는 것을 의미한다. 아퀴나스는 이렇게 창조에 있어서의 복수성, 개별자들, 그리고 개체화의 궁극적 능동인이 하느님의 의지이고, 개체화의 범형인은 말하자면 신의 다겹의 모방 가능성임을 시사하고 있다. 이

---

propria Dei intentione perfectionem creaturae dare volentis qualem possibilem erat eam habere"(*Summa contra Gentiles* II, 46).
21. "Oprtuit igitur, ad hoc quod in creaturis esset perfecta Dei imitatio, quod diversi gradus in creaturis invenirentur"(Ibid.).
22. "Est igitur ad perfectionem universi pertinens non solum quod multa sint individua, sed quod sint etiam diversae rerum species…"(Ibid.).
23. Cf. Edward P. Mahoney, "Metaphysical Foundations of Hierarchy of Being According to Some Later-Medieval and Renaissance Philosophers", in *Philosophies of Existence Ancient and Medieval*, ed. Parviz Morewedge(New York, 1982), pp.164-257, esp., pp.169-172; 206-212.

마지막 요점에 대한 확인이, 신적 본질이 개별적 사물들의 고유한 근거 또는 본이라고 주장하는 『대이교도대전』 제1권 제54장과, 개별자들에 대한 신적 관념들이 있다는 것을 허용하는 듯 보이는 『신학대전』 제1부(15, 3, ad4)에서 제공되고 있다.[24]

나는 '거리'의 은유를 강조하는 축자적 의미가 그 자체로 위치라는 범주에 토대를 두고 있다는 점을 지적하였다. 이 범주를 제1절에서는 위치를 지닌 지속적 양의 형상적 차이라고 불렀고, 제4절은 "개체화의 원리"라는 제목을 조건부로 허용하게 될 것이다.

아퀴나스는 창조에 관한 일탈을 마감하고 제1절의 중심 논거로 돌아온다. 복수성 또는 구분의 제일 근거 또는 원리는 부정과 긍정에서부터 오고, 최초의 구분과 복수성은 존재자와 비존재자의 구분과 복수성이다. '하나'(unum)가 즉각적으로, 구분되지 않은 것으로서의 존재자에 부수되듯이, 복수성도 즉각적으로 존재자와 비존재자 사이의 구분에 수반되며, 다름의 근거는 이 복수성으로부터 귀결된다. 이리하여 논거는 다름의 기원에서 구분(최초의 원인), 복수성(매개적 원인), 그 결과(즉 다름 그 자체)로 구성되는 3중 질서로 묘사되고 있다. 매개자로서 복수성은 구분의 힘(vis 또는 virtus)을 구분에게 전해준다. 이 논거와 더불어 아퀴나스는 (제1절에서는 이것 대신 일관되게 "구분"이라고 사용한 용어인) "다름"(alteritas)이 복수성의 원인이라는 보에티우스의 언급을 구제하고, 또 그 언급을

---

24. Cf. John F. Wippel, *Thomas Aquinas on the Divine Ideas*(The Étienne Gilson Series 16), (Toronto, 1993), pp.40-42. 방금 전에 언급한 『대이교도대전』 인용구의 역사적이고 이론적인 맥락을 보기 위해서는: Cf. E. M. Macierowski, *The Thomistic Critique of Avicennian Emanationism from the Viewpoint of the Divine Simplicity, with Special Reference th the "Summa contra Gentiles"*(Diss. University of Toronto, 1979), ch.5: "The Cause for the Distinctness of Things(*ScG*, II, 39-45)", pp.174-262. 또한 "omni-imitable essence"(p.275)와 "omni-imitable act of existence"(p.276)라는 표현들에도 주목하라.

확장하여 구분과 복수성이 둘 다 다름의 원인이라고 덧붙이는 것으로 마무리 짓고 있다. 더욱이 최초의 단순한 것들의 다양성이 2차적이고 합성적인 것들의 복수성의 원인이다.[25] 이 확장은 명시적으로 개체화의 원리와 연결되어 있는 수적 다름의 원리를 탐구하는 제2절의 배경을 설정한다. 이 연결을 미리 말함으로써 우리는 구분으로부터 다름(다양성)에 이르는 이 원인들의 전개과정이, 각각의 피조물이 다른 모든 것들에 대한 부정을 포함한다는 앞에서 논의한 과정처럼, 개체화에 관한 명시적인 숙고를 갑자기 멈추게 된다.

요컨대 제1절은 개체화에 대한 설명을 위해서, 존재자를 비존재자로부터 구분하는 급진적 구분과 제일원인에 대한 각 피조물의 반복될 수 없는 단편적 모방이라는 두 가지 요소를 제언하고 있다. 토론의 기초가 존재자를 수반하는 단일성과 존재자와 비존재자 사이의 구분에 수반되는 복수성인 한에서, 제1절은 개체화라는 주제를 위한 형이상학적 맥락을 함축하고 있다. 이와는 대조적으로,

---

25. "Sic ergo patet quod prima pluralitatis vel divisionis ratio sive principium est ex negatione et affirmatione, ut talis ordo originis pluralitatis intelligatur, quod primo sit intelligenda ens et non ens, ex quibus ipsa prima divisa constituuntur, ac per hoc plura; unde sicut post ens in quantum est indivisum statim invenitur unum, ita post divisionem entis et non entis statim invenitur pluralitas primorum simplicium. Hanc autem pluralitatem consequitur ratio diversitatis, secundum quod manet in ea sua causae virtus, scilicet oppositionis entis et non entis; ideo enim unum plurium diversum dicitur alteri comparatum, quia non est illud; et quia causa secunda non producit effectum nisi per virtutem causae primae, ideo pluralitas primorum non facit divisionem et pluralitatem in secundis compositis nisi in quantum manet in ea vis oppositionis primae, quae est inter ens et non ens, ex qua habet rationem diversitatis. Et sic diversitas primorum facit pluralitatem secundorum. Et secundum hoc verum est quod Boetius dicit, quod alteritas est principium pluralitatis: ex hoc enim alteritas in aliquibus invenitur, quod eis diversa insunt; quamvis autem divisio praecedat pluralitatem primorum, non tamen diversitas, quia divisio non requirit utrumque condivisorum esse ens, cum sit divisio per affirmationem et negationem, sed diversitas requirit utrumque esse ens, unde praesupponit puralitatem; unde nullo modo potest esse quod pluralitatis primorum causa sit diversitas, nisi diversitas pro divisione sumitur"(ll.118-149).

나머지 세 개의 항은 쟁점에 관한 명시적 논의를 자연철학의 원리라는 맥락에서 제공하고 있다.

제2절은 우유들의 다양성이 수적인 다름의 원인이라고 논하고 있다. 유적(類的) 다름(다양성)이 질료로 환원되고, 종적 다름이 형상으로 환원된다는 것을 확정한 다음에, 이 항은 어떤 단일 종에 속하는 개체들 가운데서의 다름으로 향한다. 그렇지만 하나의 형상은 오직 질료(그렇지만 무차별적인 질료 그 자체가 아니라, 구분되고 양을 통해 '지금 당장'으로 고정되며 규모 하에서 지시되는 질료) 속에 수용될 때라야만, "이것"(hoc)이 될 수 있다.[26] 지금까지의 논거는 오웬스가 아퀴나스의 『명제집 주해』 네 권 전체를 통해서 추적하는 개체화에 관한 가르침에 합치된다. 오웬스는 이 가르침을 다음과 같이 해석하고 있다.

> 아퀴나스에게 이것은 '숙고'의 문제다. 그것은 실체가 필연적으로 우유들에 대해서 가지는 존재상의 우위를 편견을 갖는 것으로 간주하지 않는다. …질료는 먼저 모든 형상을 결하고 있는 것으

---

26. "Inter individua vero unius speciei hoc modo consideranda est diversitas. Secundum Philosophum enim in VII Metaphysicae, sicut partes generis et speciei sunt materia et forma, ita partes individui sunt haec materia et haec forma; unde sicut diversitatem in genere vel speciei facit diversitas materiae vel formae absolute, ita diversitatem in numero facit haec forma et haec materia.

Nulla autem forma in quantum huiusmodi est haec ex se ipsa; —dico autem in quantum huiusmodi propter animam rationalem, quae quodammodo ex se ipsa est hoc aliquid, sed non in quantum forma; intellectus enim quamlibet formam quam possibile est recipi in aliquo sicut in materia vel in subiecto natus est attribuere pluribus, quod est contra rationem eius quod est hoc aliquid—; unde forma fit haec per quod recipitur in materia. Sed cum materia in se sit indistincta, non potest esse quod formam receptam individuet nisi secundum quod est distinguibilis: non enim forma individuatur per hoc quod recipitur in materia nisi quatenus recipitur in hac materia distincta et determinata ad hic et nunc. Materia autem non est divisibilis nisi per quantitatem; unde Philosophus dicit in I Physicorum quod subtracta quantitate remanebit substantia indivisibilis: et ideo materia efficitur haec et signata secundum quod subest dimensionibus"(a.2, c, ll.186-213).

로 '고찰된다.' 하지만 그것은 실재에 있어서는 결코 '그럴' 수 없다. 그렇지만 그런 식으로 고찰될 때, 그것은 다름을 드러내지 않고, 아리스토텔레스의 본문에 의해 요구되는 개체화의 원인 역할을 할 수 없다. 그것은 3차원적 양에 의해서 다르게 된 것으로 고찰되어야 한다. 그때야 비로소 그것은 개체화의 한 원리로 간주될 수 있다…."[27]

제2절은 계속해서, 주해자들 사이에 상당한 놀라움을 야기했던 논지를 설명하고 있다. 아퀴나스는 이렇게 말한다. 질료를 지시하는 규모는 어떤 결정적 측량과 모습에 규정된 것으로 고찰될 수도 있고, 또 그렇지 않은 것으로 고찰될 수도 있다. 그런 규정과 더불어 고찰될 때, 그것들은 개체화의 원리일 수 없다. 왜냐하면 그런 규정은 때때로 동일한 개별자 안에서도 달라지기 때문이다. 그리하여 질료를 "이" 표시된 질료로 만들고 그것으로 하여금 형상을 개체화하도록 허용하는 것은 오직 규정 없이 고찰된 것으로서의 규모들뿐이다.[28] 아퀴나스의 해석자들이 겪게 되는 어려움은 이 주장이 언뜻 보기에 "개체화의 원리는 '어떤 식으로든'(aliquo modo) 규정된 규모 아래에서 고찰되는 질료이다"라는 『명제집 주

---

27. Owens, "Thomas Aquinas: Dimensive Quantity as Individuating Principle", pp.284-285.
28. "Dimensionem autem istae possunt dupliciter considerari. Uno modo secundum earum terminationem; — et dico eas terminari secundum determinatam mensuram et figuram, et sic ut entia perfecta collocantur in genere quantitatis — ; et sic non possunt esse principium individuationis, quia cum talis terminatio dimensionum varietur grequenter circa individuum, sequeretur quod individuum non remaneret semper idem numero. Alio modo possunt considerari sine ista determinatione, in natura dimensionis tantum, quamvis nunquam sine aliqua determinatione esse possint, sicut nec natura coloris sine determinatione albi et nigri; et sic collocantur in genere quantitatis ut imperfectum, et ex his dimensionibus interminatis materia efficitur haec materia signata, et sic individuat formam"(ll.214-230).

해』의 언급과 모순되는 듯이 보인다는 점이다.[29] 그렇지만 오웬스가 보여주고 있듯이, 이 언급 안에서의 성격규정은, 규모가 "결코 어떤 규정 없이 있을 수 없다"는 『삼위일체론 주해』에서의 양보와 더불어, 일관된 가르침을 가리킨다. 두 본문 속에서 아퀴나스는 한 동일한 생명체의 크기와 모양의 변화를 암시하고 있다. 즉 일반적으로는 사물의 규모가 그것들이 그런 변화를 참작하는 한에서 비규정적이고, 특수하게는, 그것들이 어떤 순간에든 특정 크기와 모양으로 규정된다.[30]

제2절의 논거는 수적 다름이 때로는 질료의 다름으로 환원되고 또 때로는 규모 때문에 어떤 우유의 다름으로 환원되기도 한다는 것이다. 아퀴나스는 이렇게 덧붙인다. 다른 우유들은 개체화의 원리들이 아니고, 오히려 개별자들의 구분을 아는 원리이며, 이 점에서 개체화는 그것들에게 돌려질 수 있다.[31] 이 다른 우유들 가운데에서 보에티우스는 장소의 원리를 강조하며, 그것은 다른 우유들이 제거되었을 때 개체들에 관한 숙고 속에 남아있다고 제안하고 있다. 제4문의 마지막 두 항은 이 주장을 옹호하려는 것들이다.

제3절은 아비첸나와 함께, 각 물체의 한 원리인, 규모 아래 있는

---

29. 위의 각주 5번 참조.
30. Owens, "Thomas Aquinas: Dimensive Quantity as Individuating Principle", pp.288-292; 301-303.
31. "Et sic ex materia causatur diversitas secundum numerum in eadem specie. Unde patet quod materia secundum se accepta nec est principium diversitatis secundum speciem nec secundum numerum; sed sicut est principium diversitatis secundum genus prout subest formae communi, ita est principium diversitatis secundum numerum prout subest dimensionibus interminatis.

    Et ideo, cum hee dimensiones sint de genere accidentium, quandoque diversitas secundum numerum reducitur in diversitatem materiae, quandoque in diversitatem accidentis, et hoc ratione dimensionum praedictarum. Alia vero accidentia non sunt principium individuationis, sed sunt principium cognoscendi distinctionem individuorum. Et per hunc modum etiam aliis accidentibus individuatio attribuitur"(ll.230-246).

질료의 본성이 같은 장소에 하나 이상의 물체가 있다는 것을 불가능하게 만든다고 논증함으로써 예비적 요점을 설정하고 있다. 그 근거는 다음과 같다. 우리는 (그것들 가운데 물체성의 형상이 구분되고 따라서 다수화되는) 많은 물체가 있다고 말해야 한다. 그러나 이 형상은 오직 질료의 구분에 따라서만 구분될 수 있다. 질료의 구분이 규모를 통해서 이루어지고, 규모의 근거(ratio)는 장소를 포함하므로, 질료의 어떤 부분은 그것이 장소에 따라 구별될 때만 다른 것으로부터 구별된다. 그런데 이것은 두 물체가 동일한 장소를 차지했다면 일어날 수 없었을 것이다.[32]

자연철학으로부터의 이 결론으로 무장하고, 아퀴나스는 제4절에서 장소의 다름이 수적 다름 또는 개체들의 다름에 기여한다(aliquid operetur ad)는 인식론적 논거로 나아간다. 그는 앞의 두 절에서의 결론들을 재진술하는 것으로 시작하고 있다. 즉 수적인 다름은 규모 하에 있는 질료의 구분이 그 원인이고, 규모 아래 있는 질료를 장소에 의해서 구분하는 것은 두 개의 물체가 동일한 장소

---

32. "Et ideo accipienda est via Avicennae, qua utitur in sua Sufficientia, in tractatu de loco, per quam assignat causam prohibitionis praedictae ex ipsa natura corporeitatis per principia naturalia: dicit enim quod non potest esse causa huius prohibitionis nisi illud cui primo et per se competit esse in loco, hoc est enim quod natum est replere locum; formae autem non competit esse in loco nisi per accidens, quamvis aliquae formae sint principium quo corpus determinatur ad hunc vel illum locum; similiter nec materia secundum se considerata, quia sic intelligitur praeter omnia alia genera, ut dicitur in VII Metaphysicae. Unde opportet subest et per quod habet primam comparationem ad locum hoc prohibeat; comparatur autem ad locum [prout] subest dimensionibus. Et ideo ex natura materiae subiectae dimensionibus prohibentur corpora esse in eodem loco plura. Opportet enim esse plura corpora in quibus forma corporeitatis invenitur divisa; quae non dividitur nisi secundum divisionem materiae; cuius divisio cum sit solum per dimensiones, de quarum rationem est situs, impossibile est esse hanc materiam distinctam ab illa nisi quando est distincta secundum situm, quod non est quando duo corpora ponuntur esse in eodem loco; unde sequitur illa duo corpora esse unum corpus. Quod est impossibile.
 Cum ergo materia dimensionibus subiecta inveniatur in quibuslibet corporibus, opportet quaelibet duo corpora prohiberi ex ipsa natura corporeitatis ne sint in eodem loco"(a.3, c, ll.176-207).

에 있지 못하게 만든다. 그는 이렇게 말한다. 이 결론에 비추어볼 때 수적 다름과, 다양한 물체들에 대한 장소 상의 다름의 필요성이 같은 원인을 갖는다는 것은 분명하다. 장소의 다름은 두 가지로 고찰될 수 있다. 그 자체로 고찰될 때, 그것은 다른 우유들처럼 수적 다름의 '한 표지'이다. 그렇지만 그 고유의 원인에 따라서 고찰될 때, 장소의 다름은 수적 다름의 '원인'이다. 바로 그렇기 때문에 보에티우스는 우유들의 다름, 또는 적어도 장소의 다름이 수적 다름의 원인이라고 주장하는 것이다. 아퀴나스는 이렇게 덧붙이고 있다. 왜냐하면 외부적으로 나타나는 우유들 가운데 그 어느 것도 장소의 다름만큼 수적 다름의 원인에 밀접한(propinquium) 것이 없기 때문이다.[33] 이처럼 아퀴나스는 다른 우유들 가운데에서 장소라는 우유 자체를 구별하기 위해 위치를 암시하는 밀접함이라는 은유를 사용하고 있다. 이 은유는 한 반론에 대한 응답에서도 다시 사용된다. 즉 미결의 규모와는 다른, 우유들의 다름은 수적 다름에 대해서 하나의 원인이 아니라 지시하는 표지(signum demonstrans)를 이루는 데 반해, 장소의 다름은 다른 어떤 우유보다도 수적 다름의 원인에 밀접한 표지인 한에서, 가장 수적 다름에 이바지한다는 것

---

[33]. "Dicendum, quod sicut ex supra dictis patet, diversitas secudnum numerum causatur ex divisione materiae sub dimensionibus existentis, ipsa enim materia secundum quod sub dimensionibus existit prohibet duo corpora esse in eodem loco, in quantum opportet duorum corporum distinctas secundum situm esse materias; et sic patet quod ex eodem causatur diversitas secundum numerum ex quo causatur necessitas diversitatis locorum in diversis corporibus. Et ideo ipsa diversitas locorum in se considerata est signum diversitatis secundum numerum, sicut et de aliis accidentibus praeter dimensiones primas interminatas supra dictum est; sed si diversitas loci consideratur secundum suam causam, sic planum est quod diversitas loci est causa diversitatis secundum numerum. Et ideo Boetius, quod varietas accidentiu facit diversitatem secudnum numerum, omnibus aliis remotis, in locorum diversitate hoc inevitabiliter verificari constituit; quia scilicet nullum aliud accidentium quae exterius apparent completa est ita propinquium an causam diversitatis secundum numerum sicut diversitas locorum"(a,4, c, ll.54-77).

이다.[34]

개체화에 있어서 장소의 역할에 관한 이 결론은 오웬스가 "숙고"의 질서라고 부르고 그라시아가 "식별 가능성"이라고 부른 것에 해당된다. 아퀴나스는 장소가 바로 규모의 근거(ratio)에 깊이 관여한다고 말함으로써,[35] 그것이 규모보다 더 단순하다는 것을 암시하고, 따라서 제1절의 논거에 따라 장소의 구분이 어쨌든 규모의 다름의 원인이 된다고 말하려는 것 같다. 인간 인식의 관점에서 볼 때, 적어도 장소는 양과 개체 식별 그리고 바로 개체화 관념 자체의 궁극적 뿌리로서의 패권을 다투는 것으로 보인다. 제4절은 아퀴나스가 이 점을 인정한다고 암시하고 있고, 장소가 오웬스의 개체화 원리들 '목록'에 추가되어야 한다고 암시한다. 우리 관점에서 볼 때 이것은 개체화의 가장 중요한 결과이며 동시에 그 관념의 토대인 것 같다.

『삼위일체론 주해』 제4문의 계속되는 고찰은, 오웬스가 제시하는 아퀴나스의 개체화 원리들 "목록"(sequence)이 한편으로는 신적

---

34. "…dicendum, quod varietas aliorum accidentium praeter dimensiones interminatas non facit diversitatem in numero sicut causa, sed dicitur facere sicut signum demonstrans; et sic maxime diversitas loci facit, in quantum est propinquius signum"(ad1 in contrarium, ll.97-102).

35. "Opportet enim esse plura corpora in quibus forma corporeitatis invenitur divisa; quae quidem non dividitur nisi secundum divisionem materiae; cuius divisio cum sit solum per dimensiones, de quarum ratione est situs…"(a.3, ll.194-199). Cf. "dimensiones ex se ipsis habent quandam rationem individuationis secundum interminatum situm, prout situs est differentia quantitatis"(a.2, ad3, ll.262-265); "dividitur enim una pars lineae ab alia per hoc quod hanet diversum situm, qui est quasi formalis differentia quantitatis continue positionem habentis"(a.1, c, ll.78-81). 개별화와 장소의 개념적 불가분리성은 대명사로서 그리고 부사로서의 역할을 하는 'hic'의 이중적 기능에 의해서 확인되는 것 같다. 흥미로운 언어적 복잡화가 장소의 척도로서의 화자(話者)의 역할로부터 솟아난다. 이 척도는 개체들과 개체화를 언어적으로 동일시하는 적어도 두 가지 방식을 허용한다. '이것성'(haecceitas)은 '저것성'(illeitas 또는 isteitas)의 '저기 저것성'으로부터 구별되는 것으로서 "여기 이것성"에 가깝다. 이와는 대조적으로 예를 들어, 하이데거의 '현존재'(Dasein)는 화자로부터의 엄청난 거리(와 따라서 엄청난 이격)를 가리키고 있다.

본성과 의지의 방향으로, 그리고 다른 한편으로는 장소의 범주 방향으로 확장됨을 암시하고 있다. 혹자는 개체화에 관한 아퀴나스 관점의 한 표본으로서 이 본문이 야심적이라고 말할 수 있을지 모르겠다. 즉 한편으로 그것은 그 주제에 관한 그의 유일한 확장된 논의이며, 다른 한편으로는 아퀴나스가 주해자로서 압박을 받던 비교적 초기 작품이라는 것이다. 보에티우스의 본문은 아퀴나스의 주의를 여러 갈래로 이끌어서, 우리가 보기에는, 그 문제에 대한 그 자신의 논의와 한 세기 뒤의 스코투스의 혁명적 가르침 사이의 차이를 더욱 악화시키는 것처럼 보인다. 한편으로 그는 (비록 보에티우스보다는 철학적으로 좀 더 정교하기는 하지만) 『삼위일체론 주해』에 있는 단순하고 상식적인 개체화 관점에 관심을 기울이고 그것을 옹호하도록 강요받고 있었고, 같은 이유로 형상과 "공통 본성"을 비교적 무시하고, 다름, 질료, 규모, 장소 같은 원리들에 관심을 집중하도록 본문에 의해서 이끌리고 있었다. 개체화에 관한 후기의 다소 간접적으로 다뤄진 주해들이 (내용상이라기보다는 그 분위기상) 스코투스의 논의에 좀 더 근접하는 듯이 보이기는 하지만, 그는 결코 그의 초기 논술을 부정한 적이 없다. 『삼위일체론 주해』 제4문은 적어도, 비록 개체화에 관한 그 자신의 접근법이 보에티우스의 낡은 접근법에 의해 조건화되어 있더라도, 그것은 또한 장소라고 하는 낮은 친숙한 범주로부터 보다 고양된 주제에까지 이르는 놀라운 전망을 지니고 있었음을 보여주고 있다.[36]

---

36. 이 글의 초고를 읽고 값진 조언을 아끼지 않은 윌리엄 프랭크(William A. Frank), 조지 그라시아, 에드워드 마치에로프스키(Edward Macierowski), 티모시 눈에게 깊은 감사의 마음을 전한다.

3. 토마스 아퀴나스: 개체화 원리인 규모적 양

조셉 오웬스

1. 머리말

스콜라학의 전통은 논쟁이 심했던 개체화 원리에 대해 토마스 아퀴나스가 뚜렷한 입장을 가지고 있다고 믿었다.[1] 그들은 그의 특성을 다음과 같은 아리스토텔레스의 어휘들을 간결하게 표현하고 있는 가르침의 지맥으로 간주한다. "이 사람은 칼리아스 또는 소크라테스이다. 그들은 그들의 질료 덕분에 서로 다르지만, 형상에 있어서는 동일하다. 왜냐하면 그들의 형상은 불가분적이기 때문이다"(『형이상학』, VII, 8, 1034a6-8). 또는 "그러나 수에 있어서 여럿인 것들은 모두 질료를 가지고 있다. 왜냐하면 예컨대 인간과 같은

---

1. "Est ergo celebris sententia, affirmans principium individuationis esse materiam signatam. Haec est sententia D. Thomae. ⋯Et existimatur haec sententia Aristotelis.⋯"(Suárez, *Disp. metaph.*, V, 3, 3[5.162b]). '양으로 표시된 질료'라는 통상적 정식에 대해서는: Cf. J. Bobik, "La doctrine de saint Thomas sur l'individuation des substances corporelles", in *Revue philosophique de Louvain* 51(1953), p.40, n.54. 스콜라 철학사 안에서의 그 가르침의 위치에 대해서는: Cf. J. Assenmacher, *Die Geschichte des Individuationsprinzips in der Scholastik*, Leipzig, 1926, pp.40-58; M.-D. Roland-Gosselin(ed.), *Le "De ente et essentia" de s. Thomas d'Aquin*, Paris, 1948, pp.104-134; J.R. Rosenberg, *The Principle of Individuation: A Comparative Study of St. Thomas, Scotus, and Suárez*, Dissert. The Catholic University of America, 1950, pp.16-58. 신-토미스트들의 견해를 보기 위해서는: Cf. I. Klinger, *Das Prinzip der Individuation bei Thomas von Aquin*, Muensterschwarzach, 1964, pp.2-10.

하나이며 동일한 정식이 '여러' 사물에 적용되기 때문이다"(XII, 8, 1074a33-35). 그러나 아퀴나스와 더불어 그 전통은 (그 자체로 공통적인 어떤 것으로서 구별되는 흔적을 가지고 있지 않은) 질료가 개별적 구분의 원리 역할을 할 수 있는 방식을 두드러지게 강조한다. "그리고 만일 왜 그들의 형상들이 다르냐고 묻는다면, 그것이 다른 표시된 질료 안에 있다는 이유 이외에는 다른 이유가 있을 수 없다. 또한 이 질료가 왜 저 질료와 다른지에 대해서는 양 이외에는 다른 설명을 찾을 수 없다. 따라서 규모의 주체인 질료는 이 다름의 원리로 이해해야 한다."[2] 이 문맥에서 '규모'(dimensio)는 다른 부분들과는 구분되는 양의 한 부분을 '표시'하거나 가리키는 길이, 넓이, 두께를 가리킨다. 왜냐하면 "표시된 질료는 어떤 표시된 규모들 아래 있는 한, 어떤 형상의 개별화 원리이기 때문이다."[3] 『신학대전』에서 어떤 종의 테두리 안에 있는 개체들과 관련해, 이 개념은 "개체화의 원리는 규모적 양 그 자체이다"라고 풍부하게 언급되고 있다.[4]

---

2. "Sed si quaeratur, quare differens est eorum forma, non erit alia ratio, nisi quia est in alia materia signata. Nec invenitur alia ratio, quare haec materia sit divisa ab illa, nisi propter quantitatem. Et ideo materia subiecta dimensioni intelligitur esse principium huius diversitatis"(Aquinas, *Expositio super librum Boethii De Trinitate*, ed. B. Decker, Leiden, Brill, 1955, q.4, a.2, ad4[pp.144.30-145.3]). 이 구절의 맥락은 개별적 실체들이 우유들에 의해서뿐만 아니라 그것들의 물리적 형상과 질료 안에서도 차이가 나는 방식이다. 그리고 상이한 개별적 형상은 상이한 양적 규모들에 의해서 설명된다.
3. "Materia signata, secundum quod stat sub dimensionibus signatis, est principium individuationis formae"(*In Metaph*. ed. Cathala-Spiazzi, p.236). Cf. Thomas Aquinas, *Commentary on the Metaphysics of Aristotle*, tr. J.P. Rowan, 2 vols., Chicago, 1961, 5.8.876[1.341b]). 맥락은 (그 속에서 사물들이 각각 수, 종, 유, 그리고 유비에 따라 하나인) 점증하는 논리적 순서이다. 규모는 3차원으로 특수화된다: "scilicet, secundum tres dimensiones"(p.236, n.874).
4. "Quantum igitur ad primum, materia est individuationis principium omnibus formis inhaerentibus: ⋯Quantum autem ad secundum, dicendum est quod individuationis principium est quantitas dimensiva"(*Summa Theologiae* III, 77, 2.: Ed. Blackfriars, *Summa Theologiae: Latin Text and English Translation*, London, 1964-1981, 58.133-135). 여기서 논의의 배경은 성체성사 안에서의 우유들 문제다.

적어도 언뜻 보기에, 이것은 아퀴나스에게 있어서, 질료가 '단적으로' 종적 형상을 위한 개체화의 원리라고 아리스토텔레스식으로 간단히 말하는 것으로는 충분하지 못하다는 것을 의미한다. 주어지는 이유는, 질료가 그 자체로만 고찰된다면 어떤 것도 개별화할 수 없다는 것이다. 그것의 기능은 모든 물질적 사물을 모두 물체들로 만드는 것이다. 그것은 그 자체의 힘만으로는 어떠한 개별화하는 특성도 지니고 있지 않다. 만일 개별성이 만족스럽게 설명되려면 그것은 먼저 양에 의해서 구별되는 부분들로 조각난 것으로 간주되어야 한다. 질료는 3차원적 팽창을 촉발할 수 있지만 그 자체만으로는 그 안에 있는 것들을 서로서로 구별할 능력을 결하고 있는 가능성으로 가시화되는 것 같다.[5] 그것은 먼저 양에 의해서 각각 그 자체 안에 봉인된 부분들 또는 단위들로 구분된 것으로 개념되어야 한다. 그 각각은 그로써 고유의 권리를 지닌 개별적 대상들로 구성된다. 물질적 형상들이라는 그들의 본성 때문에 이 단위들의 형상은 질료 내 실존을 요청한다. 그러나 이 일반적 정위는 그것들의 개별화를 설명하는 데 충분하지 못하다. 형상 안에 있는 정위는 (아직도 일반적인 모습으로) 이제 양이라는 3차원의 단위로 표시된 것으로 개념되는 얼마간의 질료를 담지하고 있어야 한다.

---

5. 토마스가 규칙적으로 인용하고 있는(예컨대 *In Boeth. De Trinitate*, 4.4.[p.143]) 본문은 아리스토텔레스의 『자연학』 제1권 제2장(185b16)이다. 거기서 아리스토텔레스는 명시적으로 실체를 양에 대조시키면서 언급하고 있다(b3-5). 그러나 그 의미는 동일하다. 왜냐하면 문제의 실체는 물질적 실체이기 때문이다. 『형이상학』 제7권 제3장 (1029a20)에서 양은 그 자체로 취해진 질료의 본성에 들지 않는다고 명시적으로 언급되고 있다. 그 자체로 취해진 질료가 '수에 있어서 하나'(una numero)로 간주되는 것에 관해서는: Cf. Aquinas, *De principiis naturae*, ed. J.J. Pauson, Louvain, 1950, p.86.4-11. 비록 아퀴나스가 '표시된 질료'를 주장하기 위하여 아리스토텔레스에게 호소하지는 않지만, 그 관념은 어떤 하나에 관한 가장 '지배적인'(kuriotata: *Metaph.*, X, 1[1052b19, 1053b5]) 관념이 양적 크기를 지닌 것이라는 아리스토텔레스의 관점과 아주 잘 어울린다. 너무도 그래서 비물질적 실체의 하나임은 양적이라기보다는 오히려 질적인 것으로(XII, 7[1072a32-34]) 설명해야 할 정도다.

이것은 불가결의 요청이다. 이것이 바로 동일한 종을 상이한 계기들로 구분한다는 관념에 대한 궁극적 설명이다. 이런 전망 속에서 아퀴나스는 개체화의 원리 또는 원천이 양적 규모라고 간단히 말할 수 있었다.

이 개체화 이론은 수많은 난점에 직면하게 된다. 그것은 실체와 존재 안에 깊이 뿌리박고 있는 듯한 개체화 관념을 궁극적으로는 하나의 우유에 의존하는 것으로 만드는 것으로 보인다. 언뜻 보기에 그것은 (플라톤적 또는 데카르트적 모습으로) 종적 형상을 그 자체로 하나의 구별되는 단위로 이미 알 수 있는(그러나 그것을 개별화하기 위해서 어떤 더 이상의 추가를 기다리고 있는) 어떤 것으로 개념하고 있는 것 같다. 여기에는 또한 동일한 개체가 태아에서부터 성체로 자라날 때 규모들이 변하고 질료가 계속 바뀐다는 문제가 있다. DNA 요인과 인간의 의식이 증언할 수 있는 것처럼, 그 개체는 동일한 개체로 남아있다. 그렇다면 어떻게 '표시'가 모든 명백한 변화들에도 불구하고 동일한 채 남아있는 것으로 개념될 수 있단 말인가? 그것은 지속적으로 크기와 모습이 변하고 있는 어떤 유동적인 '표시'여야 할 것이다. 이 '표시'를 이해하는 방식에 대해서 토미스트 주해자들 사이의 날카로운 불일치가 있어 왔다. 이것에 관한 아퀴나스의 본문들은 서로 일치하지 않으며, 그의 사상 경로에 주목할 만한 관점의 변위가 있었다는 현대적 이론을 촉발하기도 했다.[6]

---

6. 예를 들면, Roland-Gosselin, *Le De ente et essentia*, pp.109-114; Rosenberg, *Principle of Individuation*, pp.25-34, 40-58, 148 등이다. 이론적 변화의 가설에 반대하는 학자들로는: Cf. U. Degl'Innocenti, "Il pensiero di San Tommaso d'Aquino sul principio d'individuazione", in *Divus Thomas*(Piacenza) 45(1942), pp.35-81; Bobik, "La doctrine de saint Thomas", pp.37-41. 로젠버그는 본문들 자체 안에 있는 결함들을 추적하고 있다: "성 토마스는 개체화 문제에 관하여 자신의 통상적인 명료성과 완벽함을 가지고 집필하지 않았다"(p.16). 그렇지만 이 점에 관하여 개방적인 태도를 지닌 것이 아직도 건전한 것 같다.

따라서 문제의 실태를 조사해보면, 아퀴나스의 철학 사상 안에서 규모적 양이 개체화 원리 역할을 하는 방식에 관하여 정밀한 검토가 요구되는 것으로 보인다. 그에게 개체화에서 형상의 역할과 존재의 역할에 관한 보다 심층적인 문제들이 있을 수 있다. 그러나 그의 본문들은 규모적 양의 역할을 명시적으로 강조하고 있다. 이것이 바로 가장 먼저 검토해야 할 문제다.

논란의 여지가 없는 아퀴나스의 작품들 가운데에는 개체화에 특별히 집중하고 있는 논술이 없다. 그는 인간 영혼, 부활한 육신, 육화(肉化), 무덤에 있는 그리스도의 몸, 성체성사에서의 우유들 같은 다른 주제들을 취급하는 기회에 그것에 관해 언급하고 있을 뿐이다. 관심은 한결같이 물질적 사물들에 관한 것이다. 신과 천사들의 개체화가 가끔 언급되기도 하지만, 상대적으로 관심이 크지 않다. 진본성이 의심스럽기는 하지만, 개체화 문제 자체를 취급하려는 목적을 제목에 담고 있는 매우 짧은 한 작품은, 의심의 여지 없는 진본 작품들에 포함돼 있는 것에 무엇도 추가하고 있지 않다.[7] 또한 집필 연대도 알려져 있지 않다. 진본성 여부가 논란이 되어온 또 하나의 작품은 여러 진본 작품에서 언급되는 듯 보이는 표시된 규모들에 대한 가르침에 모순되는 방식으로 해석되어 왔다.[8] 그러므로 아퀴나스의 사상에 있어서의 변화 문제를 피할 수 없게 되었다.

가장 그럴싸한 진행은 결국 아퀴나스의 진본 작품 가운데 개체

---

[7]. *De principio individuationis*, in *Opuscula philosophica*, ed. R.M. Spiazzi, pp.149-151. 아퀴나스 작품들의 연대기에 관해서는: Cf. J.A. Weisheipl, *Friar Thomas d'Aquino. His Life, Thought, and Works*, Garden City, NY, 1974, pp.358-405[=국역본: 이재룡 옮김, 『토마스 아퀴나스 수사: 생애, 작품, 사상』, 성바오로출판사, 1998, 537-597쪽]. 이 작품의 진본성에 관한 여러 견해에 대한 검토를 보기 위해서는: Cf. I. Klinger, *Prinzip der Individuation*, pp.103-105.

[8]. Cf. J.M. Wyss, *De natura materiae Attributed to St. Thomas Aquinas*, Louvain, 1953, pp.55-64.

화에 관련된 본문들을 연대기적 순서에 따라 연구한 다음에, 그 입장을 조금 전에 지적한 두 의심스러운 작품들이 제공하는 것과 비교하는 것으로 보인다. 『명제집 주해』 안에서의 일반적인 신학 영역이라는 아퀴나스의 초기 적용 범위는 개체화 문제를 취급할 여러 기회를 제공하였다. 이 작품은 지속적인 일반적 탐구를 통해 이 주제를 취급하는 그의 방식을 조명해줄 것이고, 그의 다른 작품들의 가르침과 비교할 수 있는 기초를 제공한다. 그러므로 역사적이고 동시에 체계적인 관점으로부터 『명제집 주해』는 그 문제 전체에 관한 탐구의 출발점이 될 것이다.

2. 『명제집 주해』

『명제집 주해』의 앞머리에 제시된 한 반론에서 아퀴나스는 동일한 종 내에서의 수적 다수성이 질료에 따른다는 아리스토텔레스의 가르침을 언급하고 있다. "동일한 종에 속하는 것은 무엇이든지 오직 질료 또는 어떤 가능성의 구분에 따라서만 수적으로 구분된다."[9] 하나이며 동일한 종 내에서 개체들의 다수성 근거를 그 형상의 종적 내용 안에서 찾으려 들어서는 안 된다. 그것은 어떤 물체의 구성이 아리스토텔레스의 『형이상학』(VII, 7-9, 1032a12ff.)에서 설명된 것처럼, 어떤 물체의 현실적 원리 테두리 안에서 발견되지 않는다. 어떤 물체의 형상은 그것의 현실적 원리이고, 질료는 그

---

9. "…quidquid est eiusdem speciei, non dividitur secundum numerum, nisi secundum divisionem materiae vel alicuius potentialitatis"(*Scriptum super libros Sententiarum Magistri Petri Lombardi*, I, d.2, q.1, a.1, sc, ed. Mandonnet, 1.60). 논의의 맥락은 (개체적이기는 하지만 어떤 잠재력을 통해서 개체적인 것은 아닌) 신의 유일성이다. 이 본문에서 아퀴나스는 어떤 종이 수적으로 구별되는 개체들로 나누어지는 논리적 구분을 내다보고 있다. 이 구분은 형상과 질료의 합성체 안에 그 물리적 기초를 두고 있다.

가능적 원리로 여겨졌다. 개체화에서 종적 완전성은 개별적 계기들에서 다수화되는 동안에도 형상적으로 동일한 채 남아있어야만 했다. 종적 본성 안에서 최소한의 형상적 추가나 대체도 새롭고 다른 종을 낳게 될 것이고(VIII, 3, 1043b36-1044a2), 그렇게 되면 종은 파괴될 것이다. 그렇다면 어떠한 형상적 추가도 수용될 수 없다. 차별화의 원리는 그 가능적 요인 안에서 발견되어야 하는데, 물체들의 경우에 그것은 질료이다. 이것이 그 구절에서 인정될 수 있는 아리스토텔레스적 배경이다.

같은 작품의 조금 뒤에서(그리고 마치 예비적 논거와도 같이), 아퀴나스는 '개체화의 원인'이 물체 자체라고 지목한다. "그러므로 만일 영혼이 하나의 단순 형상이라면, 그것은 그 자체 안에 그것이 개체화될 아무것도 가지고 있지 않았을 것이고, 오직 그 물체에 의해서만 개체화되었을 것이다. 그런데 개체화의 원인인 것의 제거와 함께 개체화는 폐지된다."[10] 이 정식은 단지 질료가 개체화의 원리라는 것과 다른 어떤 것을 의미하는 것일까? 아니면 단지 두 정식이 동일한 가르침의 상이한 측면들을 표현하는 것일까? 이 정식들은 예비적 논거들로 나타나고, 그 전망 속에서 필연적으로 아퀴나스 자신의 관점을 표현하지는 않는다. 그렇지만 위의 본문 가

---

10. "Si igitur anima est forma simplex, non habebit in se unde individuetur; sed tantum individuabitur per corpus. Remoto autem eo quod est causa individuationis, tollitur individuatio"(*In Sent.*, I, d.8, q.5, a.2, obj.6[1.228]). 논의의 맥락은 하나의 단순 형상인 인간 영혼 안에서의 합성의 문제이다. 물리적 물체가 이미 영혼과 질료의 합성체이기는 하지만, 그것은 간결 추상 안에서 영혼의 등급에 따라 오직 3차원적 실체의 형상으로서의 영혼 관념만을 간직하고 있는 것으로 이해될 수 있다. Cf. Aquinas, *De ente et essentia*, 2, 6(ed. Leonina 43.123-134). 이 구절에서 동물은 그 부분들로서(ex partibus: l.133) 영혼과 육체로 합성되어 있다고 말한다. 그가 육체적 형상 안에서 개체화의 원리를 보고 있다는 암시를 보기 위해서는: Cf. Rosenberg, *Principle of Individuation*, p.148: "성 토마스는 초기 작품들 속에서 '물체성의 형상'(forma corporeitatis)을 개체화의 원리로 제시하였다." Cf. *In Sent.*, II, d.3, q.1, a.4, ad1(l.98): "Unde ex corpore recipit esse individuatum." 여기서도 논의의 맥락은 다시 단순 형상의 개체화이다.

운데 두 번째 본문이 취한 항의 '해결책'에서 질료와 물체의 이 기능에 대한 아퀴나스 자신의 설명이 더 상세하게 개괄되고 있다.

그리고 이 설명에서 제일 질료는, 그것이 아무런 형상도 지니고 있지 않은 것으로 고찰되는 한, 아무런 다름도 지니고 있지 않다. 그러나 그것은 실체적 형상이 오기 전에 어떤 우유들에 의하여 다르게 된다(비록 우유적 존재가 실체적 존재에 선행하는 것은 아니지만 말이다). 그런데 하나인 어떤 완전한 것을 위해서는 하나인 완전성이 요구된다. 그러나 질료 안에 수용되는 첫 번째 형상은 물체성이다. 그것은 주해자가 『자연학』 제1권 주해에서 말하고 있듯이 결코 결할 수 없는 형상이다. 그러므로 물체성의 형상은 질료의 '전체' 안에 있고, 이리하여 질료는 '오직' 물체들 안에만 있을 것이다. 참으로 만일 실체의 '무엇임'이 질료 안에 수용된 최초의 것이라고 말해야 한다면, 그 문제는 아직도 원점에 서 있는 셈이다. 질료는 실체의 '무엇임' 덕분에 구분을 가지는 것이 아니라, 양의 규모를 현실적으로 수반하는 물체성 덕분에 구분을 가지게 되기 때문이다. 그리고 그다음, 배정되는 위치에 따라 질료의 구분을 통해서 다른 형상들이 그 안에 초래된다.[11]

---

11. "Et posteriora materia prima, prout consideratur nuda ab omni forma, non habet aliquam diversitatem, sed efficitur diversa per aliqua accidentia ante adventum formae substantialis cum esse accidentale non praecedat substantiale. Uni autem perfectibili debetur una perfectio. Ergo oportet quod prima forma substantialis perficiat totam materiam. Sed prima forma quae recipitur in materia, est corporeitas, a qua nunquam denudatur, ut dicit *Commen. in Physic.*, text. com. 63. Ergo forma corporeitatis est in tota materia, et ita materia non erit nisi in corporibus. Si enim diceres, quod quidditas substantiae esset prima forma recepta in materia, adhuc redibit in idem; quia ex quidditate substantiae materiae non habet divisionem, sed ex corporeitate, quam sequuntur dimensiones quantitatis in actu: et postea per divisionem materiae, secundum quod disponitur diversis sitibus, acquiruntur in ipsa diversae formae"(*In Sent.*, d.8, q.5, a.2. Solut.[1.228-229]). 물체성 대신에 실체에 호소하는 것은 인용된

이 본문은 질료가 단지 그 자체만으로는 전혀 아무런 다름도 가지고 있지 않다는 것을 강조하고 있다. 다름을 드러내기 위해서는 그것이 공간적으로 확장되어야 한다. 그것은 양을 요구하는데, 아리스토텔레스가 지적하는 것처럼(『자연학』, I, 2, 185b5; 『형이상학』, VII, 3, 1029a24) 질료는 그 자체로 양적이지 않다. 질료가 그 개별화 기능을 수행하기 위해서는 결국 몇몇 우유를 수반하는 양이 요구된다. 질료는 먼저 양적 규모 아래에서 개념되지 않고서는 실체적 형상을 개별화하는 것으로 '개념될' 수 없다. 그것은 이미, 비록 우유들이 실체적 형상에 우선하는 '존재'를 가질 수 없음에도 불구하고, 우유들에 의해서 규정되어 있는 것으로 계획되어야 한다. 형상이 오기 이전에 그것들은 다만 질료 자체가 그러하듯이 가능적일 수 있을 뿐이다. 그러나 3차원의 공간 속에 연장되어 있는 것으로 개념된 질료는 어떻게 하나이며 동일한 실체가 어떠한 형상적 추가도 없이 양적 부분들을 통하여 확장될 수 있는지, 그리고 어떻게 형상적으로 동일한 종이 수적으로 구분되는 개체들로 배분될 수 있는지를 설명해준다. 질료는 순수 가능성으로서 바로 그 자체로 그 어떤 형상적 추상도 결하고 있다는 점을 설명하고 있다. 따라서 그것은 개체화의 원리 또는 적어도 그 한 원리로 간주될 수 있다. 그러나 가능적인 하나의 물체로서 그것은 질료와 형상의 현실적 합성에 수반될 가능적인 양적 규모를 가지고 있다.

아퀴나스에게 이것은 '숙고'(consideration)의 문제이다. 그것은 실체가 필연적으로 우유들에 대해 가지는 존재상의 우위를 침해하는 것으로 간주되지 않는다. 본문에서 "우유적 '존재'는 실체적

『자연학』의 본문에서 아리스토텔레스가 '질료' 대신에 '실체'라는 용어를 쓰고 있는 데서 오는 것일 수 있다(위의 각주 5번을 참조하라).

존재에 우선하지 않는다"는 구절은 명백히 양보적이다.[12] 우유들에 대한 실체의 우위는 아리스토텔레스에게 있어서 절대적이다(『형이상학』, IV, 2, 1003a33-b17; VII, 1, 1028a10-b4). 존재상의 우위는 어떤 우유들이 실체적 형상의 도래에 선행하는 이유로 제시되는 것이 아니다. 오히려 여기서는 아리스토텔레스적 배경에서 우유들의 선행적 지위가, 실체의 존재상의 우위에도 불구하고 주장되고 있다. 이것은 분명 숙고의 전망이다. 질료는 먼저 모든 형상을 결(缺)하고 있는 것으로 '고찰된다.' 하지만 그것은 실재에 있어서는 결코 '그럴' 수 없다. 그렇지만 그런 식으로 고찰될 때 그것은 어떠한 다름도 드러내지 않고 아리스토텔레스의 본문들에 의해서 요구되는 개체화의 원인 역할을 할 수 없다. 그것은 3차원적 양에 의해서 다르게 만들어진 것으로 고찰해야 한다. 오직 그때에야 그것은 개체화의 한 원리로 간주할 수 있다.

더욱이 (그 본문은 계속하고 있다) 질료 안에 수용되는 최초의 형상은 물체성이다. 질료는 결코 형상을 결한 채로 발견될 수 없다. 여기에 함축되어 있는 것은 비록 질료가 식물, 동물, 인간이라는 상위의 형상들 아래에서 발견된다고 하더라도 그것은 언제나 물체성이라는 형상을 지니고 있다는 것이다. 비록 혹자는 마음속에 있는 포르피리우스의 계통수에서 실체의 무엇임이 질료 안에 수용되는 최초의 형상으로 간주되어야 한다고 제안하더라도[13] 현안

---

12. 양보 접속사 'cum'은 아퀴나스의 저술 속에서는 매우 이례적이지만, 간혹 사용되고 있다. Cf. "Deus ⋯est sua aeternitas, cum tamen nulla alia res sit sua duratio⋯"(*ST*, I, 10, 2); "Christus autem est via perveniendi ad veritas cognitionem, cum tamen ipse sit vita"(*In Joan.*, 14, 2, ed. Vives 20.231b); "Cum enim mathematica sit media inter naturalem et divinam, ipsa est utraque certior"(*In De Trin.*, 6, 1 [p.208.7-8]). 그 의미는, 비록 수학이 자연과학과 신학에 비해 중간적 위치를 차지하고는 있지만, 확실성에 있어서는 양자를 모두 초월한다는 것이다. 그렇지만 'cum enim'은 이 단락 직전에(p.208.3) 원인적인 의미로 사용되었다.
13. "Ponit substantiam magis genus, supponitur substantiae corpus et incorporeum⋯

문제의 함축은 동일한 채로 남아있을 것이다. 실체적 형상은 그 자체만으로는 어떤 종 내에서의 개체화를 설명하지 못한다. 그것은 수적인 차별화를 요청함이 없이 비물체적 존재자들 안에 현존하고 있다. 오직 물체성이 머리에 떠오를 때라야만, 양적 규모가 현실 세계에서 수반하게 될 하나의 형상을 가지게 된다.

분명히 질료를 형상이 없는 가능성으로 보고, 최초의 형상을 물체성이 없는 실체로 보며, 물체성을 그것에 현실적으로 수반되는 양의 규모 없이 보는 이런 기획들은 인간의 숙고라는 영역에서 발생한다. 이 문제는 현실적 인과관계를 함축하지 않는다. 논의 전개는 질료 자체에 관한 아리스토텔레스의 관념을 살펴보고 그것이 어떻게 개체화의 원인일 수 있는지를 묻는 것이다. 대답은, 그것이 그럴 수 없다는 것이다. 그것은 그 자체만으로는 아무런 차별화도 초래할 수 없기 때문이다. 그것을 실체라고 보더라도 대답은 마찬가지다. 물체성으로부터 동떨어져 있는 실체란 수적 다수성을 설명하지 못한다. 그러나 그것을 물체적인 것이 된 것으로 바라본다면, 답을 가지기 시작한다. 물체성은 그 자체로 질료와 공동외연적이다. 하지만 실재적 존재의 질서에서는 양적 규모가 실재적으로 수반되는 어떤 것이다. 그 규모 안에서 부분 바깥에(그리고 수적으로 구별되는 개체들 안에) 퍼져 있는 동일한 종적 형상을 가진다. 그리고 그 종적으로 동일한 특성들이 양적 규모 안에서 결국 형상적 추가나 형상적 변화 없이 구별되는 개체들 안에 현존하도록 허용하는 어떤 것을 가지게 된다.

"(Boethius, *In Isagogen Porphyrii commenta* [ed. prim.] 1.24, ed. S. Brandt, CSEL 48, Vienna, 1906, pp.70; 19-21). 아퀴나스에게 있어서 물질적 실체들과 창조된 비물질적 실체들은 논리적 유를 공통으로 가지고 있지만, 자연적 유를 공통으로 가지고 있는 것은 아니다.

그렇다면 일반적 전개 과정은 거의 가시화될 수 있다. 우리는 인간성과 같은 어떤 특정 형상으로부터 출발한다. 아리스토텔레스와 더불어(『형이상학』, I, 1, 981a5-20; 『분석론 후편』 II, 19, 100a15-b3), 우리는 여러 개체 안에 있으면서 하나의 종적 이름으로 불리는 종적 유사성을 본다. 우리는 이제 어떻게 그 형상이 소크라테스, 칼리아스, 그리고 이 세상에 살았었고 또 앞으로 살아갈 모든 사람으로 개체화되는 것인지를 묻는다. 아리스토텔레스의 대답은, 개별적인 여러 사람들은 동일한 형상을 가지고 있지만 그들의 질료 때문에 서로 달라지는 것이다. 그리고 그 자체로는 절대적으로 무차별적인 질료가 어떻게 차이의 원인일 수 있느냐는 질문에 대하여, 현실적으로 질료는 물체성이라는 형상을 지니고 있어야 하고 그로써 양적 규모 아래에 오게 된다는 토미스트적 답변이 온다. 양의 기능은 동일한 종적 본성을 그 본성 자체 내 어떠한 형상적 변화도 없이 부분 바깥의 부분들로 흩뿌림으로써 종적으로 동일한 형상을 여러 부분 속에 있도록 만드는 일이다. 지속적인 부분들이 서로로부터 구분될 때 종적 본성에 아무런 형상적 변화도 없이 많은 개체가 초래될 수 있다. 3차원의 양은 질료를, 각각의 분리된 조각들을 통하여 종적으로 동일한 채 남아있는 어떤 형상에 의하여 현실화를 받게 되는 조각들로 구분될 수 있게 해준다.

이런 틀 속에서 개체화의 원리에 관한 질문은 위에서 열거된(각주 2-10번) 세 가지 방식으로 답이 주어질 수 있다. 첫째, 혹자는 아리스토텔레스와 함께 같은 종 내의 개체들이 "질료"에 의해서 차별화된다고 말할 수 있다. 질료는 이렇게 해서 개체화의 원리라고 불릴 수 있다. 둘째, "물체"도 마찬가지로 개체화의 원리라고 말할 수 있다. 왜냐하면 물체성은 (현실적으로 그것과 더불어 규정적 규모를 초래하는) 양이라는 우유를 수용할 능력을 주는 것이기 때문이다. 마지막으로 "규모적 양"이 개체화의 원리라고 불릴 수 있다. 왜냐하면 그것은 궁극적으로 물질적 사물들의 관념 안에 부분들 바깥의 부분을 놓기 때문이다. 이것들은 과정 전반에 걸쳐서 서로서로 영향을 주고받게 된다. 개체화하기 위해서 물체는 질료를 요구하고, 질료는 물체를 요구하며, 규모는 물체와 질료를 둘 다 요구하고, 물체와 질료는 현실화되기 위하여 규모를 요구한다. 그것들은 어느 것이나 다 개체화한다고 말해질 수 있으나, 오직 서로 다른 것들을 연루시킴으로써만 그러하다. 결국 이렇게 고찰되는 한, 비록 표현법들은 상이하지만 본문 속에 비일관성은 없는 셈이다.

  표현상의 또 다른 차이가 개체화를 "개별적인 것의 본성, 즉 본성이 그것에 의해서 개체화되는 질료"에 돌리고 있는 한 본문은 주목할 만하다.[14] 그 맥락은, 사람 안에 있는 하양이나 검정 같은 우유들이 인간 본성의 (바로 그 개별화의 원인인) 물질적 부분에 수반된다는 것이다. 이와는 대조적으로, 우유는 그것이 내속하고 있는 실체를 통하여 개별화되는데, 이것은 그 고유 본성의 일부가 아니다. "그러므로 그것은 또한 실체들의 종이 질료의 구분에 따라 개체들을 통하여 다수화되는 것처럼, 그 자체의 일부인 어떤 것의 구분을 통하여 수적으로 다수화되는 것이 아니다. 그러나 우유는 그것이 그 안에 실존하고 있는 주체의 구분에 따라 다수화된다. 이리하여 이 하양은 이 주체에 속하고 저 하양은 저 주체에 속하는

---

14. "…naturam individui, scilicet materiam, per quam natura individuatur"(*In Sent.*, I, d.8, q.5, a.2, ad4 [1.231]). 아퀴나스는 "두 개의 인간 본성"을 말할 수도 있지만(*In Sent.*, III, d.1, q.2, a.5, ad1[3.145]), 그것으로 "개별적 본성"을 가리키기를 피하는 듯이 보인다. 그는 어떤 사람들이 "개별적 본성"(naturam individualem)을 가리키기 위해서 '위격'(hypostasis)이라는 용어를 사용하고 있다고 언급한다(*In Sent.*, I, d.23, q.1, a.1. Solut.[1.554]). 그러나 그 자신의 통상적인 어법에서 '본성'은 그 개별자들에게 있어서 공통적이다.

한, 전자는 후자와 다르다."¹⁵ 따라서 개별화의 원리는 내속(內屬)의 주체로 묘사된다. 이것은 물질적 실체들의 경우에는 질료이고, 우유들의 경우에는 물체적 실체이다. 가르침은 동일한 채로 남아 있다.

표현상의 좀 더 심한 변경은, 종적 완전성이 아비첸나적 배경에서 공통 본성으로, 그리고 어떤 규정된 질료 조각으로 수용되는 것으로 간주될 때 발생한다. "그러나 이렇게 고찰된 본성은, 비록 그것이 질료와 형상의 합성체를 의미한다고 하더라도, 아직 그 밑에 놓여 있는 (그 형상이 개체화되는 규정된 우유들에 의해서 지시되는) 질료와 합성되어 있는 것을 의미하지는 않는다. 왜냐하면 소크라테스라는 이름은 저런 종류의 합성체를 의미하기 때문이다. 그런데 이 지적된 질료는 말하자면 공통 본성의 수용자이다."¹⁶ 여기서 '지적된'(라틴어: demonstrata)이라는 용어는 손가락으로 지적될 수 있는 어떤 것이라는 의미로 라틴 아베로이즘(Latin Averroism)에서 따온 것이다. 그것은 마치 그것이 이미 고유의 권리로 거기에 있으면서 어떤 주체 속에 수용되기를 기다리는 아비첸나적 공통 본

---

15. "…species substantiarum multiplicantur per individua, secundum divisionem materiae. Sed accidens multiplicatur secundum divisionem subiecti in quo est: unde haec albedo est alia ab illa, inquantum haec est huius, et illa illius…"(*In Sent.* I, d.9, q.1, a.2, Solut.[1.248-249]).
16. "Sed ista natura sic considerata, quamvis dicat compositum ex materia et forma, non tamen ex hac materia demonstrata determinatis accidentibus substantiae, in qua individuatur forma; quia huiusmodi compositum dicit hoc nomen "Socrates". Haec autem materia demonstrata est sicut recipiens illam naturam communem"(*In Sent.*, I, d.23, q.1, a.1, Solut.[1.555]). 'signatum'(라틴 아비첸나)과 'demonstratum'(라틴 아베로에스)의 이런 의미에 관해서는: Cf. Roland-Gosselin, *Le De ente et essentia*, pp.58-60; p.11, n.1. "공통 본성"(natura communis)이라는 개념 안에는 종적 본성이 개체와 가지는 관계 외에, 종적 본성이 다양한 존재 방식들과 맺고 있는 관계도 포함되어 있다. "Ipsa autem natura cui advenit intentio universalitatis, puta natura hominis, habet duplex esse: unum quidem materiale, secundum quod est in materia naturali; aliud autem immateriale secundum quod est in intellectu"(*In De an.*, II, c.2, lect.12, ll.102-107 [ed. Leonina 45.116]).

성'이기라도 한 것처럼' 간주되는 특별한 술어들과 함께 보에티우스적 배경 안에서 논의되는 중이다. 여기서 '마치 ~이기라도 한 것처럼'(sicut)이라는 구절은 독자에게 사정을 이런 식으로 개념하는 것의 어려움을 경고해주고, 개체화에 관한 토마스의 다른 정식들과의 일관성을 보장해준다.

『명제집 주해』 제2권의 한 본문은 형상이 제일 질료에 의해 수용될 때 이미 개별화되어 있는 것으로(그러나 아직 질료에 의한 개체화에 손해를 끼침이 없이) 간주하는 것처럼 보인다. "왜냐하면 제일 질료는 형상이 단순하게 취해진 형상인 한에서 수용하는 것이 아니라 그것이 '이' 형상인 한에서 수용하기 때문이다. 이리하여 그것은 질료에 의하여 개체화된다."[17] 여기서 의도되고 있는 대조는

---

17. "…materia enim prima recipit forma non prout est forma simpliciter, sed prout est hoc, unde per materiam individuatur"(*In Sent.*, II, d.3, q.1, a.1, ad3 [2.88-89]). 논의의 맥락은 영적 피조물들의 개체화이다. 라틴어 본문은 다음과 같이 계속된다. "sed intellectus recipit forma in quantum est forma simpliciter, non individuans eam, quia forma in intellectu habet esse universale…." 이 맥락에서 실재적 물질을 현실화시키는 물리적 형상과 오직 인간 지성 안에만 존재하는 보편자 사이의 아리스토텔레스적 구분을 마음에 새기고 있어야 한다. 아퀴나스와 더불어 그 관점은 여기서, 어떤 물리적 형상이 어떤 주체 안에 '수용되게 되는' 물리적 변화 또는 생성의 관점이다(Aristoteles, *De generatione et corruptione*, I, c.5[320a2-5], c.10[328b10-11]). 이 형상은 물리적 복합체 안에서 제일실체(ousia)이고, 질료와 합성체 모두의 존재의 원인임에 틀림없다. 그것은 보편적일 수 없다. 왜냐하면 어떠한 보편자도 아리스토텔레스에게 있어서 이런 의미로 '우시아'(ousia) 또는 실체일 수 없기 때문이다(*Metaph.*, VII, c.16.[1040b26-27]). 따라서 이렇게 수용된 형상은 보편적이 아니라 개별적이다. 그것은 질료를 현실적으로 하나의 단위로 만드는 그것이다. "그 기체(substratum)는 실체이고, 이것은 어떤 의미에서 질료이며(여기서 나는 '질료'라는 말로써 어떤 '현실적인 이것'이 아니라 '잠재적인 이것'을 의미한다), 셋째로 생성되고 파괴되는 질료-형상의 복합체이다"(*Metaph.*, VIII, c.1.[1042a26-30] tr. Barnes). 오직 종적으로 동일한 형상이 다른 개체들 안에서 보이게 된 뒤에라야 비로소 보편자는 그러한 것으로 알려지게 된다(*Metaph.*, I, c.1.[981a5-12]; *An. post.*, II, c.19[100a6-b5]). 이 아리스토텔레스적 배경을 거슬러서 형상은 그것이 실재적인 질료 안에 수용될 때 이미 하나의 '이것'으로, 즉 그 고유의 방식으로 개별적인 어떤 것으로 간주해야 한다. 그것을 이미 보편적인 어떤 것으로서 질료와 양적 규모에 의해서 개별화되기를 기다리고 있는 것으로 바라보아서는 안 된다. 그것을 위한 어떤 보편적 지위도 그것의 개별적인 것으로서의 지위에 존재론적으로 후속한다. 더욱이 양은 그것이 내속하는 질료-형상 합성체에 존재론적으로 후속하는 하나의 우유이다. 이 각각의 존재론적인 우선성들은 아리스토텔레스적 배경에 의해서 요구된다. 그것들은

지성이 형상을 개체화하는 데 있는 것이 아니라, 그것을 보편적인 것으로서 수용하는 방식에 있다. 그러나 질료는 형상을 수용함으로써 그것을 개체화하고, 이렇게 해서 그것을 어떤 개별적인 것으로서 수용한다. 이 구절에는 『명제집 주해』 제1권에서의 가르침과 달라진 것이 아무것도 없다.

그러나 그 책의 바로 다음에, 라틴 아베로이즘의 용어를 채택하는 가운데 새로운 정밀화가 나타난다. '규정된(determinatis) 우유들'(위의 각주 16)이 이미 언급되었음에도 불구하고, 개체화에 요구되는 양적인 규모가 고정된 것인지 아니면 유동적인지에 관련된 좀 더 까다로운 문제에 대해서는 아무런 관심도 보이지 않고 있었다. 그것과 더불어, '비결정적인'(interminatae) 규모라는 관념이 무대에 등장한다. "그러나 질료 안에서 (주해자가 『천구실체론』 제1장과 『자연학 주해』 제1권에서 말하고 있는 것처럼, 그로써 그것이 구분되게 되는) 적어도 비결정적인 규모적 양이 미리 전제되지 않고서는 질료 내의 다른 부분들에 대해서 생각한다는 것이 불가능하다. 왜냐하면 양이 실체로부터 분리될 때 질료는 '철학자'가 『자연학』에서 언급하는 것처럼 불가분적인 채로 남아있기 때문이다."[18] 이곳

형상이 어떤 보편적인 것으로서가 아니라 어떤 '이것'으로서 실재적 질료에 수용되어야 하고, 질료와 양이 존재의 관점에서가 아니라 관념의 관점에서 개체화의 원인이라는 점을 보여준다.

18. "Sed impossibile est in materia intelligere diversas partes, nisi praeintelligatur in materia quantitas dimensiva ad minus interminata, per quam dividatur, ut dicit Commentator in libro *De substantia orbis*, cap.1, et in I *Phys.*, quia separata quantitate a substantia remanet indivisibilis, ut in I *Phys.*, Philosophus dicit"(*In Sent.*, II, d.3, q.1, a.4, Solut. [2.97]). 『천구실체론』의 라틴어 본문: Alvaro de Toledo, *Commentario al 'De Substantia orbis de Averroes'*, ed. M. Alonso, Madrid, 1941. 예컨대: "…hoc subiectum recipit prius dimensiones interminatas et recipientes post dimensionem terminatam"(p.88); "unde posuit Avicenna quod disposicio trium dimensionum existencium in materia simpliciter, scilicet, non terminatarum, est disposicio terminatarum dimensionum in ea, quapropter dixit quod necesse est primam formam in prima materia, antequam dimensiones existant in ea, ex quo accidunt multa impossibilia…"(p.93). 규모를 이해하기 위하여 아베로에스를 좀 더 참조하려면 아래의 각주 24번을 참조하라. 그

은 천사들의 개체화를 논하는 자리다. 양적 규모에 관해서는 '비결정적인'이라는 관념이 도입되는 순간까지도 아베로에스에 대한 수긍 이외에는 아무런 이유도 제시되지 않는다. 『명제집 주해』 제2권 후반부에 가서, 음식물이 생명체로 변화되는 것을 논하는 자리에서 같은 표현이 사용되고 있다. "질료가 적어도 비결정적인 것으로서의 규모 아래에서 고찰되는 한에서만 질료 안에 구분이 발생하게 된다."[19] 이 관념은 이어지는 문장에서 (그것이 이전 구절에 대한 포기를 함축하지 않으면서도) "규모 아래 있는 질료"에 의해서 다시 취해진다. 그것은 단지 그 가르침을 동일한 개체 내에서의 규모적 변화들에 적용하는 것을 보장할 뿐이다. 크기와 모습에서의 이 변경들이 수정란, 태아, 어린이, 성인에서 일어나든지 아니면 노인에게서 일어나든지 간에, 그것은 모든 규모적 변화 전반에 걸쳐서 동일한 개별화하는 질료 조각을 가리키는 역할을 한다. 질료는 참으로 어떤 계기에서든지 현실태로 결정되어 있는 규모에 의해서 규정된다. 그러나 어느 특정 순간에 있게 되는 상태에 의해

리고 'terminatae'와 'interminatae'의 영어 번역을 보기 위해서는 아래의 각주 29번을 참조하라.

19. "Divisio autem non accidit materiae, nisi secundum quod consideratur sub dimensionibus saltem interminatis…"(*In Sent.*, II, d.30, q.2, a.1, Solut.[2.781-782]). 라틴어 본문은 다음과 같이 계속된다. "Unde consideratio materiae huius rei est consideratio non materiae absolute, sed materia sub dimensione existentis." 영양 섭취와 성장 과정이 이 논의의 배경을 이루고 있다. 영양 섭취에 대해서 아퀴나스는, 형상은 동일한 채로 유지되는 데 반해서 질료가 관련되는 한 표시된 부분들이 들락날락한다는 입장을 긍정적으로 지적하고 있다. "…sed qualibet pars signata, ex hoc quod est materiae in ipsa, habet quod fluat et refluat; ita tamen quod illud quod est formae, semper maneat"(Solut.[p.784]). 성장의 한계들에 대해서, 그는 한계들이 형상에 의해서 설정된다는 입장을 받아들인다. "Cum enim quantitates determinatae et omnia alia accidentia secundum exigentiam formae materiam recipiant, eo quod subiecta materia cum forma est causa eorum quae insunt, ut in I *Phys.*, text. 80, dicitur, oportet quod materia prima ad nullam quantitatem sit in potentia, nisi quae competat formae naturali, quae in materia esse potest"(Solut., p.781). 따라서 규정되지 않은 규모는 (인간 존재자의 형상과 같은) 어떤 자연적 형상에 의해서 설정된 한계들 테두리 안에 남아있는 것으로 이해된다. 이 한계 테두리 안에서 규모뿐만 아니라 질료 자체도 개체성에 아무런 손상을 미치지 않은 채 변할 수 있다.

결정되지 않는 한에서 개별화하는 규모로서 고찰된다. 질료는 규모에 의해서 규정되지만, 규모 자체는 비결정적일 수 있다. 그것이 어떤 물체의 개체화 원리 역할을 하는 것은 바로 이 비결정적인 상태에서이다.

진행 과정은 아직 질료가 개체화의 원인으로 간주되기 이전에 질료 안에서 이해되어야 하는 규모를 사고 안에서 계획하는 과정이다. 그러나 새로운 고찰이 추가되고 있다. 개체화되는 질료가 시간의 경과 속에서 취하는 상이한 모습과 크기에 선행하는 계획 안에서 개념될 수 있는 것으로 규모가 관찰되고 있는 것이다. 이 추상은 가능한가? 공통 본성의 개별적 질료 속으로의 수용과 연관지어 『명제집 주해』(I, 23, 1, 1, Solut.)는 이미 '비간결화 추상'(non-precise abstraction)을 개괄한 바 있다. '소크라테스는 사람이다'라는 빈술(賓述)에서, 소크라테스를 그의 인간 본성과 동일시하는 데에서 모든 개별화하는 특성이 고찰에서 배제될 수 있다. 개별화하는 규모의 관념은 이 순간 또는 저 순간에 지니고 있는 규정들로부터 비교적으로 추상되어, 비규정적으로 소크라테스의 크기의 여하한 단계에도 적용될 수 있는 관념을 낳을 수 있다. 이 추상에서 규모는 개별화의 원인으로 계획되어 있다(비록 실재에 있어서는 어느 특정 순간 결정적 규정들 가운데 하나를 소유해야 하지만 말이다). 그래서 『명제집 주해』 제3권 앞머리에서 언급하는 이 전망 속에서의 결정적 규모는 아직도 '어떤 의미에서는' 개체화 원리다. "이리하여 개별화의 원리가 어떤 식으로는 결정적 규모 아래에서 고찰되는 질료이기 때문에, 그 구분에 의해서 인간 본성은 구분되고 다수화된다."[20]

한편 결정적 규모 아래 있는 질료는 아퀴나스에 의해서 개체화의 원리로 간주될 수 있다. 어떤 사물의 현실적 지속 가운데 어느 주어진 순간에 규모는 사실상 결정적이다. 그러나 어느 생명체의 개체화 문제에 이르게 되면, 좀 더 섬세한 숙고가 불가피해진다. 동일한 개체 내에서 규모는 성장에 의해 자라난다. 그리고 나이를 먹으면서 쇠퇴하게 된다. 그런데도 동일한 개체는 계속해서 살아있다. 그러므로 결정적으로 규정된 규모 내에서의 변화는 개체성 내에서의 변화를 의미하지 않는다.

물론 그 개체가 속하는 종의 본성에 의해서 정해지는 크기의 한계가 있다. 이 한계는 종에 따라 달라진다. 벌의 본성에 따른 크기와 모습의 한계는 코끼리의 한계와 다르다. 그러나 규모는 본성적으로 정해진 한계 테두리 내 어디서나 개체화의 원인이라고 볼 수 있다. 이렇게 이해될 때 결정적인 모습과 크기와는 대조적으로 규모는 비결정적이다. 규모가 개별 식물, 동물, 또는 인간의 '관념'을 낳게 되는 것은 현생에서의 각 순간 결정적으로 측정된 모양으로부터의 추상 안에서이다. 다른 한편, 삶의 각각의 특수한 순간에 개체화는 결정적인 규모 안에서 이루어지고 있다.

이리하여 아퀴나스가 말하는 방법은 두 가지다. 『명제집 주해』에서 그는 두 가지가 서로를 배제하는 것처럼 말하고 있지 않다. 오히려 그는 각각을 생명체들 안에서 다른 것을 함축하고 있는 것으로 간주하는 것으로 보인다. "적어도 비결정적인"이라는 표현을 통해서(위의 각주 18번과 19번), 그는 두 유형이 다 질료로 하여금 개체화의 원인이 되도록 할 수 있다고 암시하고 있다. 따라서 "어떤 식으로든 결정적인 규모 아래에서 고찰된 질료"라는 표현은(위

---

20. "Unde cum principium individuationis sit materia aliquo modo sub dimensionibus terminatis considerata, ex eius divisione natura humana dividitur et multiplicatur"(*In Sent.*, III, d.1, q.2, a.5, ad1 [3.45, n.145]). 논의의 맥락은 한 사람이 두 본성을 취할 수 있느냐는 물음의 맥락이다.

의 각주 20번) 그 문제를 바라보는 하나 이상의 방법이 있다는 것을 암시한다. 일관된 입장은 존재의 질서라기보다는 숙고의 질서라는 것이다.[21] 『명제집 주해』 제4권은 계속해서 이 차이를 기호화하고 있다. "규모적 양은 비록 존재의 관점에서는 감각적 질료에 의존하고 있지만, 관념의 관점에서 볼 때는 감각적 질료에 의존하지 않는다."[22] 비록 양이 질료를 구분하기는 하지만, 존재의 관점에서 볼 때는 개체화의 원리가 질료인 채 남아있는 데 반해, 규모는 2차적 원리 역할을 한다. 이 관점에서 존재에 있어서의 질료의 우위가 강조되고 있다.

개체 관념에는 두 가지가 속한다. 하나는 그 자체 안에서나 아니면 어떤 다른 것 안에서 그것이 하나의 현실적 존재자라는 점이고, 다른 하나는 그것이 동일한 종에 속하거나 속할 수 있는 다른 것들로부터 구분된다는 점이다. 그러므로 개체화의 최초 원리는 질료이고, 그 질료에 의해서 현실태로 있는 존재자가 (실체적 형상이든 우유적 형상이든 상관없이) 모든 그러한 형상에 대해서 생겨난다. 그리고 개체화의 2차적 원리는 규모이다. 왜냐하면 그것

---

21. Cf. "Ad tertium dicendum quod forma substantialis materialis aliquo modo habet ordinem ad dimensiones, cum dimensiones interminatae praeintelliguntur in materia ante formam substantialem…"(*In Sent.*, IV, d.12, q.1, a.3, qc.3, ad3 [4.520, n.137]).
22. "…quantitas dimensiva secundum suam rationem non dependet a materia sensibili, quamvis dependeat secundum suum esse…"(*In Sent.*, IV, d.12, q.1, a.1, sol.3, ad2 [4.503, n.48]). Cf. "…quantitatem, quae tamen secundum esse suum dependet a substantia, sicut et alia accidentia"(Ibid., Solut., p.502, n.45). 논의의 맥락은 성체성사 안에서의 우유들의 맥락이다. 양은 여전히 (비록 축성 후에 현존하고 있는 개별적 실체가 다름에도 불구하고) 앞서 빵과 포도주에 의해서 소유되고 있던 것과 동일한 크기이다. 이런 식으로 양은 그 고유의 관념 안에서 개별화되는 것으로 간주될 수 있을 것이다. "Si ergo quantitas sine materia habere esse actu, per se haberet individuationem, quia per se habet divisionem illam secundum quam dividitur materia; et sic una pars differret ab alia non specie, sed numero, secundum ordinem qui attenditur in situ partium; et similiter una linea ab alia differret numero, dummodo acciperetur in diverso situ"(Ibid., ad3 [p.503, n.50]).

으로부터 질료가 구분될 가능성을 얻기 때문이다.[23]

  같은 종 내에 있는 사물들이 질료에 의해서 차별화된다는 아리스토텔레스의 기본적 가르침은 결국 질료에 대한 형상의 존재상의 우위에도 불구하고 유지된다. 마찬가지로 질료는 개체화 관념에서 양적 규모에 의해 수행되는 독립적인 역할에도 불구하고 개체화의 주된 원리로 간주되고 있다. 그러나 이 역할은 『명제집 주해』 제2권에서 암시한 것과 같은(위의 각주 20번) 비결정적인 본성 안에 있는 규모에 의해서 수행될 것이다. 아퀴나스는 다음과 같이 말하고 있다. "성사(聖事)의 자립성을 위해서는 규모가 비결정적인 것으로 이해되는 한에서 동일한 채 남아있는 것으로 충분하다."[24]

---

23. "…de ratione individui duo sunt: scilicet quod sit ens actu vel in se vel in alio; et quod sit divisum ab aliis quae sunt vel possunt esse in eadem specie, in se indivisum existens. Et ideo primum individuationis principium est materia, qua acquiritur esse in actu cuilibet tali formae sive substantiali sive accidentali. Et secundarium principium individuationis est dimensio, quia ex ipsa habet materia quod dividatur"(*In Sent.*, IV, d.12, q.1, a.1, sol.3, ad3 [4.503, n.49]). 추론은, 어떤 물체적 형상은 그것이 현실적이려면 그 안에 실존할 질료를 요청하는 그런 본성이라는 것이다. 이런 관점에서 볼 때, 질료는 그 개체화의 일차적 원리다. 왜냐하면 그것의 실체적인 질료가 존재의 질서에서 그것의 우유적인 양에 앞서기 때문이다. 양은, 비록 그것이 물체적 개체화라는 '관념'의 관점에서 질료가 그 부분들로 구분되기 위한 뿌리 또는 기초적 근거이기는 하지만, 그럼에도 불구하고 그 존재론적인 우유적 지위 때문에 2차적 원리로 분류된다.
24. "…sufficit ad subsistentiam sacramenti quod remaneant dimensiones eadem secundum quod indeterminatae intelliguntur"(*In Sent.*, IV, d.12, q.1, a.2. [4.517, n.125]). 여기서 'indeterminatae'는 그 앞에 나온 'secundum terminationem eadem'을 소급 지시한다. 거룩한 형상들은 구분된다. 그러나 개체화는 그 구분이 발생하기 이전과 똑같은 채로 남아있다. 이 관점은 아직도 우리가 규모를 이해하는 방식이다. 이 전망에서 아퀴나스는 그것들의 단순히 가능적인 지위 때문에 비규정적 규모와 질료를 비교할 수 있게 된다. "Sed secundum aliam opinionem illud totum demonstratum sensibile in sacramento habeat aliquid, scilicet partem sui, simile materiae, scilicet dimensiones interminatas. Et illud non cedit in nihil, sed remanet sicut et remaneret, si substantia panis esset"(*In Sent.*, IV, d.12, q.1, a.2. [4.514, n.104]). Cf. "Et tamen quantum ad aliquid dimensiones interminatae magis sunt propinquae materiae corporali quam corpus spiritui"(Ibid., n.105). 그는 심지어 현대의 '정상상태이론'(steady state theory: 지구가 지속적으로 일정 상태를 유지한다는 설)으로 보이는 것의 개연성을 인정할 수도 있는 것 같다. "…quia quantum de

이 모습에서 규모는 질료가 어떤 통상적인 실체적 변화 속에 남아 있는 그런 방식으로 보이게 될 것이다.

더욱이 동일한 성사적 주제를 다루는 가운데, 아퀴나스는 이 비결정적인 규모가 양이라는 완결된 범주에 대해서는 가능성과 같다고 설명하고 있다. "그런데 이 비결정적인 규모는 양이라는 유(類)에 대해서, 질료가 실체라는 유에 대해서 가지는 것과 같은 관계를 맺고 있다."[25] 이 설명은 『명제집 주해』(I, 23, 1, 1, Solut.)가 공통 본성을, 개별화하는 질료를 비간결적인 방식으로 가능적으로 포함하는 것으로 간주하는 방식과 잘 어울린다. 이에 상응하여, 여기서 비결정적인 규모는 그 순간의 결정적 규모에 의하여 규정되고 완결되어야 할 가능성으로 간주되고 있다. 그것은 질료처럼 다른 형상들을 취하더라도 동일한 채로 남아있는 하나의 가능성이다. 그래서 축성된 성체(聖體)가 쪼개질 때, 비록 결정적인 규모는 다수의 상이한 조각들의 규모로 변화되지만 개체화는 동일한 채 남아있다.

완전하게 결정된 양이 오직 실체적 형상 이후에야 오는 데 반해 질료가 실체적 형상을 수용하기 이전에 비결정적인 규모가 질료 안에 있는 것으로 이해해야 한다는 관점은 『명제집 주해』 제4권 끄트머리쯤에서 재확인되고 있다.

세 번째 논거에 대한 응답은, 불확정적 규모가 실체적 형상의 수

---

materia conversum fuit in substantiam corporis Christi, tantum de materia creatur nunc de novo"(4.513, n.101). 비규정적 규모와 질료를 비교하는 이런 전망은 p.514, n.102에서 아베로에스를 언급한 뒤에 전개되었다.

25. "Dimensiones autem illae interminatae se habent ad genus quantitatis sicut materia ad genus substantiae"(*In Sent.*, IV, d.12, q.1, a.2. [4.514, n.102]). 그래서: "in dimensionibus completis quae sunt in hoc sacramento, est accipere dimensiones incompletas"(Ibid.).

용 이전에, 생성소멸될 수 있는 사물들의 질료 속에 있는 것으로 이해해야 한다는 것이다. 따라서 이 규모에 따른 구분은 고유하게 질료에 속하지만, 완결되고 결정적인 양은 실체적 형상 이후에 그 질료에 오게 된다.[26]

이것이 논의되고 있는 곳은, 전처럼 동일한 개별적 육신으로 남아있으면서도 그 모든 부분을 새로운 현실태에 의하여 요구되는 완전한 형태로 가지고 있을 것이라는, 부활한 육신에 대한 가르침을 다루는 맥락이다. 두 종류의 규모라는 일반적 개념은 동일한 채로 남아있다. 비결정적 규모는 실체적 형상에 의한 현실화 이전에 질료 안에 있는 것으로 '이해해야' 한다. 한편 현실태로 된 규모는 다른 모든 우유처럼 완결된 실체에 의존하고 있다. 물질적 사물들의 개체화에 대한 기초적 개념은 『명제집 주해』 제1권에서 개괄된 것처럼(위 각주 11), 제4권에서도 변경되지 않은 채 남아있다. 누군가의 고찰 속에서는 차별화하는 우유들이 선행해야 하지만, 존재상에 있어서는 실체가 우위를 차지한다. 그러나 설명은 결정적이고 비결정적인 규모와 관련해서 확장되었다.

그러므로 어떤 종 내에서의 수적 개체화에 관한 일관된 가르침은 『명제집 주해』 제1권부터 제4권에 이르기까지 한결같다. 개체화의 주된 원리는 아리스토텔레스에 의해서 언급된 것처럼 질료인 채로 남아있다. 질료는 어떠한 형상적 차별화도 제공하지 않는

---

25. "Ad tertium dicendum, quod in materia generabilium et corruptibilium dimensiones interminatas oportet intelligere ante receptionem formae substantialis: et ideo divisionem quae est secundum huiusmodi dimensiones proprie pertinet ad materiam; sed quantitas completa et terminata advenit materiae post formam substantialem; unde divisio quae fit secundum dimensiones terminatas, respicit speciem…"(*In Sent.*, IV, d.44, q.1, a.2, ad3 [ed. Vives, 11.307b]).

다. 따라서 그것은 형상으로 하여금 상이한 부분들 안에서, 그리고 그 종 내의 개체들이 다수화될 때 상이한 계기들 안에서, 종적으로 동일한 채 남아있게 해준다. 직면하게 된 난점들은 포르피리우스의 계통수라는 배경에서 제기되는 것들이다. 가장 일반적 관념들이 정상에 있다. 바닥의 개체들을 향해 하강이 이루어진다. 그러나 가장 높은 관념들은 그것들의 공통 본성들의 관념이다. 실체는 물체와 영들에 공통적이다. 물체 역시 그러한 것으로서는 공통적이다. 그것의 물질적 원리는, 그 자체만으로는 아무런 차별화도 포함하고 있지 않다. 그러나 이 질료는 형상을 수용하는 것으로 이해되기에 앞서, 비결정적 규모를 요구하는 것으로 이해되어야 한다. 이런 식으로 비결정된 것으로서의 규모는 개체화의 2차적 원리 역할을 하게 된다. 존재의 질서에서 형상은 현실적이고 규정되어 있다. 그것은 질료를 현실화시키고, 그 합성된 실체에 현실태로 뒤따르는 규모는 규정된다. 그러나 그 실체적 형상이 오기 이전에 질료와 규모는 둘 다 가능 상태에 전제되어 있는 것으로 간주되어야 한다. 이런 식으로 그것들은 개체화의 원리 역할을 한다. 이것이 바로 개체화가 그것이 제시하는 관념(ratio) 안에서 설명되어야 하는 방식이다. 그러나 현실적으로 존재 안에 있을 때, 형상은 하나의 '이것'이다(위의 각주 17번). 어떤 보편적인 것으로서 형상은 오직 마음 안에서만 실존을 갖는다. 실재에 있어서는 그것이 오직 베드로의 영혼이나 바오로의 영혼 같은 개별적 형상인 한에 있어서만 질료 안에 수용된다.

 그렇다면 『명제집 주해』의 여러 본문은 오직 표현 방법에 있어서만 다양할 뿐이다. 그것들은 근본적으로는 개체화의 원리가 질료, 물체 또는 규모라고 불릴 수 있도록 허용한다. 그것들이 비록 존재로부터의 관점을 개체의 관념의 관점(ratio: 위의 각주 22번과 23

번)과 대조시키고 있지만, 존재의 관점으로부터의 접근법에는 관심을 기울이고 있지 않다. 『명제집 주해』 머리말에서 존재의 관념은 "상이한 사물들 안에서 서로 다른" 것으로 묘사되어 있다.[27] 하지만 그 안에서 개별적 다름의 원인을 찾으려는 노력은 기울이지 않는다. 그것은 모든 관념 가운데 가장 공통적인 것으로 간주되고, 그 아래로 아리스토텔레스의 범주들이 최종 종에 이르기까지 하강하는 것으로 간주되었다. '살아있는', '감각하는', '이성적' 등과 같은 차이들은 이 보편적 관념들을 구별한다. 그것은 형상적 차이들이다. 그러나 동일한 종 내에서 개체들의 차별화를 위해서는 아무런 형상적 특성도 허용되지 않았다. 차별화는 질료로부터 와야 하였다. 그러나 질료는 그 자체만으로는 어떠한 차별화의 원리도 제공하지 않는다. 차별화하기 위해서 그것은 비결정적인 규모, 즉 질료처럼 전적으로 가능적인 규모를 가질 필요가 있다. 질료가 개치화하는 원리 역할을 하기 위해서는 실체적 형상이 오기 이전에 가능적으로 그 규모를 가지고 있는 것으로 이해해야 한다. 그것은 질료가 규모를 가질 수 있는 수용력, 그것의 본성인 수용력일 뿐이다. 그것은 현실적 규모가 아니다. 그러나 그것은 질료 안에 오는 형상이 하나의 '이것'이 될 것을 요청하기에는 충분하다. 그것은 형상의 수용 이후에 현실적이 되고 결정적이 된다. 그러나 개체화하는 원리로서 그것은 이미 그 역할을 수행한 상태이다. 따라서 규모는 요구되는 질료-형상 합성체로 변화될 수 있다. 개체화는 이미 설정되었다. 현실적 규모와 그에 수반되는 우유들에 어떤 변양

---

27. "Ratio enim entis, cum sit diversificata in diversis, non est sufficiens ad specialem rerum cognitionem"(*In Sent.*, Prol., q.1, a.2, Solut.[1.10]). 이 어려운 본문에 대한 논의를 보기 위해서는: Cf. J. Owens, "Diversificata in diversis: Aquinas, *In I Sent.*, Prol. 1, 2", in *La scholastique: Certitude et recherche. En hommage à Louis-Marie Regis*, ed. E. Joos, Montreal, 1980, pp.113-129.

(變樣)들이 따르더라도, 그것 자체는 변하지 않을 것이다. "어떤 식으로는"(위의 각주 20번) 바로 그 생성의 순간에 결정적 규모가 개체화의 원인인 것으로 보일 수 있다. 왜냐하면 그것이 그 순간에 그런 식으로 기능하고 있었기 때문이다. 그러나 그것이 그 주체에 영속적인 개별성의 낙인을 남기는 것은 비결정적인 것으로서의 일반적 고찰 안에서이다.

그렇다면 이 관점은 결정적으로 존재의 관점이 아니다. 그것은 그 개체가 어떻게 현실적 실재 안에 초래하게 되는지에 관심을 기울이지 않는다. 실재에 있어서는 존재 현실력이 가장 먼저 오고, 그다음에 어떤 결정적 형상에 의한 규정화가 오며, 형상에 의한 질료의 현실화가 뒤따르고, 우유들이 그 합성체에 수반되게 된다. 거기에는 처음부터 개별성이 있다. 왜냐하면 보편자는 그러한 것으로서는 실재 세계 안에 존재하지 않기 때문이다. 그러나 어떤 종에 속하는 개체의 관념을 이해하는 데는 규모적 양이 가장 먼저 온다. 그것은 부분 바깥의 부분에, 그리고 상이한 개체들에 동일한 본성을 흩뿌리는 그것이다. 실체적 차원에서 가능적 원리는 그것으로 하여금 이것을 행할 수 있게 해주는 그것이다. 왜냐하면 질료는 아무런 새로운 형상적 특성화도 추가하지 않기 때문이다. 이 모든 것은 형상 이전에 온다. 질료는 순수 가능자 역할을 하고, 규모는 그 가능성을 위한 필수 조건 역할을 한다. 그것은 오직 비결정적인 것으로서만 그 기능을 담당한다. 그것은 오직 실체적 형상의 도래 이후에야 비로소 현실화되고, 그때 현실적 양과 더불어 결정적 지위를 얻게 된다. 비결정적인 것으로서 그것은 동일한 개체화(identical individuation)를 유지한다. 그러나 비결정적인 것으로서 그것은 인간 정신으로 하여금 그 개체화를 인정하게 해줄 수 없다. 그것은 올챙이와 개구리에서처럼 결정적인 것으로 보여야 하고, 결정적 규모의 여러 단계 사이의 관계는 동일한 개체화의 지속을 이해하기 위해 입증되어야 한다.

이것이 바로 『명제집 주해』의 여러 본문으로부터 주어지는 일반적 그림이다. 그것의 관심은 신앙의 교의로부터 제기되는 개체화의 문제들과 관련된 것들이다. 인간 생명 안에서의, 무덤 안에서의, 성체성사 안에서의 그리스도의 개체화 사실과 죽은 다음 모든 인간의 개체화 사실은 계시로부터 수용되었다. 그 사실들은 거기에 있다. 그러나 그 관념은 설명되어야 했다. 하지만 순수 철학적 문제들에 대해서도 똑같은 것이 견지되어야 한다. 베드로와 바오로가 개체들이고 서로서로 수적으로 다르다는 사실은 확실한 것으로 받아들인다. 그들의 개체화의 사실이 아니라 그 관념이 검토되고 있는 중이다.

그 관념은 그 자체로는 완전하지만 다른 사물과 종적으로 공통적인 본성을 공유하는 어떤 것의 관념이다. 그 관념은 그로써 물질적 사물들의 개체화로 제한된다. 그것은 명시적으로 신과 천사들에 있어서의 개체화를 포괄하지 않는다.[28] 그 관념을 설명하기 위해서는 결국 어떤 더 이상의 고찰에 의해서가 아니라 바로 그것의 본성에 의해서 개체화되는 기초 원리로 소급해야 한다. 그 원리가 바로 규모적 양이다. 규모적 양은 그 자체로 어떤 물질적 본성을 부분 바깥의 부분들로 흩뿌리고, 그럼으로써 어떠한 형상적 변화도 초래하지 않은 채 부분과 부분을 구별하는 수단이다. 마찬가지로 실체적 질서와 관련하여 규모적 양은 관념의 관점으로부터, 실체적 차원에서의 어떠한 형상적 변양도 초래함이 없이 한 물질적

---

[28] 위의 각주 9번과 10번을 참조하라. Cf. "In his igitur quae non sunt composita ex materia et forma, in quibus individuatio non est per materiam individualem, idest per hanc materiam, sed ipsae formae per se individuantur"(*ST*, I, q.3, a.3).

사물을 다른 것들로부터 구별하는 것을 정초한다.

따라서 관념의 관점으로부터 물질적 사물들의 개체화에 있어서 규모적 양의 역할은 근본적이다. 이 관점에서 볼 때는 그 밖의 다른 어떤 요인도 개체화의 기원이 아니다. 그 자체로 공통적인 질료는 개별적 구별을 위해 양을 요구한다. 형상은 종적으로 공통적이기 때문에, 개별화되기 위해서는 특수화된 질료 안에 수용되어야만 한다. 존재는 그 모든 것 가운데 가장 공통적이기 때문에, 그것이 어떤 다른 곳에 있는 존재로부터 구별되기 위해서는 어떤 제한하는 본질을 필요로 한다. 그러나 존재의 관점에서 볼 때는, 그 순서가 정반대로 이루어진다. 존재는 물질적 사물의 근본적 현실성이다. 자립적 존재(신) 바깥으로의 그 수여는 어떤 형상적으로 제한하는 본질, 현실성을 제한하는 가능성 안에서 발생한다(아래의 각주 52번). 이 요구는 파르메니데스가 여러 세기 전에 보여준 것처럼, 자립하기 위해서 그 자체 하나 이상의 계기를 허용하지 않는 존재 자체의 본성에 따른 것이다. 더욱이 어떤 물질적 사물에 형상적 규정화를 주는 현실성, 즉 실체적 형상은 본성상 그것이 실재 속에 존재하기 위해서 특수화된 질료를 현실화시켜야 할 요구를 지니고 있다. 게다가 규정적 양과 모든 다른 우유들은 그 형상의 '요구'(위의 각주 19번)와 일치되게 질료 안에 있고, 따라서 결과가 원인에 의존하듯이 질료와 형상에 의존하고 있다. 그 결과는, 존재의 질서에서는 존재가 근본적이라는 것이다. 형상이 그다음에 오고, 그 뒤에 질료가 오며, 그다음에 양이라는 우유가 온다. 논쟁이 벌어지고 있는 아리스토텔레스적이고 보에티우스적인 배경에서, 이것은 실체적 원리로서의 질료가 개체화의 주된 원리이고, 양이 2차적 원리라고 불리는 것을 허용한다. 왜냐하면 문제는 상이한 개별적 계기들 속에서의 동일한 종적 형상의 다수화로 한정되기 때문이다. 신의 경우와 같은 존재에 의한 개체화나, 천사들의 경우와 같은 형상에 의한 개체화는 의도적으로 고찰에서 제외되고 있다.

위와 같은 식으로 『명제집 주해』 본문들은 규모가 현실적 존재에 앞서 가능성으로서의 개체화 기능을 수행하는 것을 허용한다. 그 본문들은 규모가 언제나 표시되고, 지적되며, 또는 어떤 식으로는 규정되어 있을 것을 매우 강력하게 요구하고 있다. 그러나 제2권과 제4권의 본문들은 그것이 비결정적(interminatae)인 것으로서 개체화한다는 것을 보여주고 있다. 만일 그것이 정확히 결정적인(terminatae) 것으로서 개체화했다면 크기와 모습이 달라질 때마다 개별성의 변화를 요구했을 것이다.[29] 그러나 개별성은 성자(聖子)

---

[29] 'terminatae', 'interminatae', 'determinatae' 등에 대한 영어 번역은 이제 위에서 『명제집 주해』로부터 인용된 본문들의 용어 사용으로부터 평가될 수 있을 것이다. 영어의 'terminated'는 라틴어의 'dimensiones terminatae'의 의미를 거의 전해주지 못한다. 영어의 'terminated'는 계약이나 의무, 체류나 여행 등의 경우에 볼 수 있듯이 "끝냈음"을 의미한다. 그 함축은, 문제의 사항이 더 이상 존재하지 않는다는 것이다. 그러나 현재의 문맥 안에는 규모가 존재하기를 그친다는 문제가 없다. 그 의미는, 그것이 예컨대 각형이나 원형과 같은 결정적인 모습을 가지고 있다는 것이고, 그것들이 정확한 크기를 가지고 있다는 것이다. 요구되는 구성 요소들을 모두 갖추고 있다는 의미에서 '완벽한'(complete)이 동의어로 사용되고 있다(위의 각주 25번과 26번, 그리고 아래의 각주 38번 참조). 문맥 속에서 의미된 완벽함은 모습과 크기에서, '물체'에 의해 표현되는 가장 모호한 일반적인 규정화나 또는 '고양이'나 '암소' 안에 포함되어 있는, 폐쇄되었지만 아직도 일반적인 규정화(determination)와는 대조적으로, 결정적인 종적 규정화이다. 예컨대 직사각형의 정확한 모습과 1인치짜리의 정확한 크기가 주어져 있다. '결정적인'(definite)은 이 'terminatae' 관념을 표현하는 정확한 형용사로 보인다.

정반대의 라틴어 개념 'interminatae'는 영어 'definite'의 서술적 반대어인 'indefinite'에 의해서는 그 의미가 잘 전달되지 않는다. 'indefinite'는 규모가 그 실존의 어느 특정 순간에 현실적으로 규정적이라는 사실과 조화되기 어렵다. 규모를 'indefinite'라고 하는 것은 의미를 오도할 수 있다. 그러나 규모는 그것에 종적 완전성을 주는 완성하는 특성들로부터 일반적인 추상 안에서 고려되는 중이다. 'interminatae'의 고전적 의미는 여기서 요구되는 관념을 전달하지 못하는, '경계선이 없는'(boundless)이다. 규모는 실재적이고, 따라서 유한하다(오직 수학적 질서 안에서만 그것이 무한적 또는 경계가 없는 것일 수 있다). 규모가 모두 비결정적인 것도 아니다. 왜냐하면 그것은 인간이나 개, 또는 여하한 사물이든지 그 사물의 본성이 요구하는 바에 대한 일반적 규정화를 포함하고 있다. 그것은 단순히 규모에 종적 유형을 주는 규정하는 규정화를 고려에서 제외할 뿐이다. 이런 종적 규정화의 결핍은 (비록 'terminatae-interminatae'의 대립에서처럼 'definite'와의 대조가 강하게 드러나지는 않지만) 영어의 'undefined'에 의해서 잘 표현될 수 있다. 그런데 이것은 장에게 있어서 그리고 성체(聖體)의 형상에 있어서의 모든 모습의 변화를 통해 동일한 채로 남아있다. 그렇지만 규모는 성장에 걸쳐서 어떤 식으로든 규정된 채로 남아있다. 왜냐하면 그것은 실체적 형상의 요구들에 의해 제한되기 때문이다. 그러나 규정화의 테두리 내에서 그것은 비결정적인 것으로서 개체화한다. 이 용어들의 사용에 있어서 어떠한 내적 대립도 감지되지 않고, 또 아무도 그렇다고 느끼는 것 같지 않다. 종적인 크기와 모습과 관련해서 유적(類的) 크기와 모습으로서 규모는 '비간결화 추상' 안에서 취해진다. 비록 현실적 존재에서는 그것이 언제나 결정적이긴 하지만, 그것은 가능적 상태에서 개체화의 관념이 관계되는 한 개체화 역할을 수행한다.

3. 다른 작품들

아퀴나스의 다른 작품 속에서 표현된 관점들은 방금 검토된 『명제집 주해』의 본문들로부터 솟아나는 그림과 일치되는가?

『명제집 주해』와 동시대 작품인 『존재자와 본질』에서 개체화의

점일 수 있다. 왜냐하면 여기서 그 대조는 긍정적인 것과 부정적인 것의 대조가 아니라, 유적 본성과 종적 본성의 대조이기 때문이다. 영어 'undefined'의 한 가지 의미는 'indefinite'와 일치하지만, 그것의 다른 의미는 정확한 정의 없이 남겨진 어떤 것의 의미이다. 후자가 바로 여기서 요구되는 함축이다.

또 다른 장점은, 번역어 'undefined'가 determinatio를 terminatio의 정확한 동의어로서 받아들임을 거스르는 경향이 있다는 것이다. '비규정적 규모'는 비록 그것이 종적 규정화를 결하고 있음에도 불구하고, 일반적인 모습으로 규정된다. 이 일반적 규정화가 질료가 개별화되어야 한다면 언제나 요구되는 '표시화'(designation)에 충분하지 않은 그토록 먼 어떤 이유도 명백하지 않다. '규정화되지 않은 규모'는 위에 (각주 18번과 19번) 제시된 본문들에서 개체화를 위해 충분하다. 그렇다면 'determinatio'는 (그것이 본질적인 질서 위에서 취해질 때마다) 주저없이 'determination'으로 번역될 수 있을 것이다. (어떤 것을 존재하게 만든다는 의미에서) 실존적인 곳에서 '현실화' 같은 용어의 의미를 영어로 전달하기 위해서는 라틴어 'determinatio'가 요구될 것이다. '어떤 것을 존재하도록 규정하다'라는 그 사물을 현실적으로 존재하게 만든다는 관념을 썩 잘 전달하는 것 같지 않다.

원리는 "표시된 질료"(materia signata)라고 불리고 있다. 이것은 결정된 규모 아래에서 고찰되는 질료라고 설명된다.[30] 여기서 '결정된'이라는 표현의 의미는 '비간결화 추상'이라는 맥락 속에서 신중하게 개괄되고 있다. 오직 규정화의 정도 안에서만 소크라테스의 본질은 인간의 본질과 다르고, 인간의 본질은 동물의 본질과 다르다. 동일한 개체가 한 사람이며 한 동물이다. 유적 완전성과 종적 완전성뿐만 아니라 개별성까지도 "표시들" 또는 "규정화들"이다.[31] 규모에 적용될 때 그 의미는 명백해진다. 규모는 결정적인 크기와 모습의 어떤 결합과 관련해서는 유적 모습으로 이해되거나 또는 어떤 크기와 모습과 관련해서는 종적 모습으로 이해된다. 그러나 유적인 것들뿐만 아니라 종적인 것들까지도 어떤 규정하는 요인이다.[32]

이 맥락에서 '규정되지 않은 규모'가 그것으로부터 추상하는 종이 고체들의 상이한 크기와 모습들이라는 것을 강조하는 것이 좋을 것 같다. 그것들은 어떤 우유의 종, 양의 우유이다. 그것들은 자연적이거나 식물적이거나 동물적인 종류의 실체들이 아니다. 또한 아퀴나스의 가르침이 말들의 구조에 의해 결정되어서는 안 된다는 점을 강조하는 사람도 있을지 모르겠다. 『명제집 주해』에서 그것들에 부여하고 있는 의미는 그의 다른 작품들 안에서의 개체화에 대한 논술에 의해 검토되고 판단될 필요가 있다. 그러나 『명제집 주해』에 있는 용어들에 대해 명료하게 이해하는 것은 추후의 탐구를 위해 불가결하다.

30. "Et ideo sciendum est quod materia non quolibet modo accepta est individuationis principium, sed solum materia signata; et dico materiam signatam quae sub determinatis dimensionibus consideratur"(*De ente et essentia*, c.2, 73-77, ed. Leonina 43.371a).

31. "Sic etiam essentia generis et speciei secundum signatum et non signatum differunt, quamvis alius modus designationis sit utrobique: quia designatio individui respectu speciei est per materiam determinatam dimensionibus, designatio autem speciei respectu generis est per differentiam constitutivam quae ex forma rei sumitur. Haec autem determinatio vel designatio…"(*De ente et essentia*, c2, 90-97 [ed. Leonina 43.371]). 'signatum', 'designatio', 'determinatio' 등이 동의어로 사용되고 있다. 다른 완전성에 의한 추후의 규정화에의 개방성은 유적 지위가 'designatio'로 간주되는 것을 방해하지 않는다. "Potest etiam hoc nomen corpus hoc modo accipi ut significet rem quandam quae habet talem formam ex qua tres dimensiones in ea possunt designari, quaecumque forma sit illa, sive ex ea possit provenire alia ulterior perfectio, sive non"(*De ente et essentia*, c.2, 135-140 [ed. Leonina 43.372a]).

32. "…genus significat totum ut quaedam denominatio determinans id quod est materi-

『존재자와 본질』의 배경을 거슬러서 『명제집 주해』의 "비결정적 규모"는 '비간결화 유적 추상' 안에서 취해진 규모로 나타난다. 『명제집 주해』제3권에서 토마스는 "개체화의 원리는 어떤 식으로든 결정적 규모 아래에서 고찰되는 질료이다"(위의 각주 20번)라고 말하고 있다. 그러나 『존재자와 본질』의 이 가르침에서는 비결정적 규모 아래에서 고찰된 규모가 "어떤 식으로는" 결정적 규모 아래에 있다. 규모에 관한 유적 관념, '비간결화 추상' 안에서의 규모는 결정적 규모의 각각의 계기를 다 포괄한다. 변화하는 규모 아래에서 동일한 개체화 문제가 논의되고 있는 곳에서는 어디서든지 그것이 사용될 수 있다. 『존재자와 본질』에서(2, 135-299) 유적 본성이 종적 본성을 포함하고, 종적 본성이 개체들을 포함하고 있는 것과 마찬가지로, 비결정적인 규모는 모든 결정적인 규모를 함축적으로 그리고 무차별적으로 포함하고 있다.

그렇지만 『존재자와 본질』은 결정적 규모에 의한 표시와 비결정적인 상태에 있는 규모에 의한 표시 사이의 구별에 아무런 명시적 관심도 보여주고 있지 않다. 결정적 규모 대 비결정적 규모라는 쟁점이 문제되는 한, 그것은 단지 (비록 그것이 아직도 종적 차이들에 의한 추후의 규정화에 열려 있기는 하지만) 유적 표시가 진정한 규정화로 간주될 수 있는 것과 관련된 배경을 개괄하고 있을 뿐이다. 그렇다면 결정적 규모와 비결정적 규모는 규정화들이다. 그것들은 각각 질료를 자기 나름대로 규정한다. '규정한다'는 관념의 사용은 이 맥락에서 유적이고 종적인 두 규정화 유형 가운데 어느 것을 그

---

ale in re sine determinatione proprie formae…"(*De ente et essentia*, c.2, 169-172 [ed. Leonina 43.372a]). Cf. "…determinatam materiam quam designat nomen differentiae"(Ibid., 2.192-194 [p.372]).

순간 마음에 품고 있느냐에 달려 있다.[33] 종적 크기와 모습들의 관점에서, 결정적 규모는 비결정적이다(위의 각주 24번). 그러나 질료에 대한 유적 표시의 관점에서는, 비록 "어떤 식으로는"이라는 수식이 붙기는 했지만, 그것들은 규정된다(위의 각주 20번).

물론 혹자는 집요하게 왜 『명제집 주해』와 『존재자와 본질』이라는 거의 동시대적인 두 작품 안에서 이 점에 관한 태도가 서로 다른지 물을 수 있다. 『명제집 주해』에서 아퀴나스는 성체의 형상과 부활한 육신 등과 같은 신학적 문제들에 관심을 기울이고 있었지만, 『존재자와 본질』에서는 고정된 유와 종들의 문제에 관심을 기울이고 있었다. 후자의 문제들은 결정적인 규모와 비결정적인 규모 사이를 구별할 필요가 없었다.[34] 『명제집 주해』의 신학적 문제들에 직면해서 그는 그 필요를 가지게 되었다. 그러나 그는 어느 하나가 다른 것을 배제한다는 의식을 가지고 있었던 것 같지는 않다. 경우에 따라 규모는 "적어도 비결정적인" 것으로 보이거나 아니면 "어떤 식으로는" 규정되는 것으로 보일 수 있었다. 하지만 한

---

33. 예컨대: "···propria determinatio qua aliquid determinatur, est determinatio per formam generis···adhuc actus ex obiecto determinatus est ulterius determinabilis"(*In Sent.*, II, d.36, q.1, a.5. Solut.[2.935]). 보다 낮은 등급의 유는 유적으로는 규정되어 있으나, 종적으로는 규정되어 있지 않다. 그리고 양쪽으로 모두 다 간주될 수 있다.
34. 보빅은 아퀴나스와 더불어 'dimensiones terminatae'를 존재하는 질료("matiere existante": p.38)로 간주하지만, 'interminatae'는 존재하는 질료 안에 있는 것이 아니라 미리 개념된 것으로서의 규모("individuation d'une nature commune": p.37)로 간주한다고 결론짓고 있다(Bobik, "La doctrine de saint Thomas", pp.37-38). 다른 것은 동일한 실체적 형상의 계기들의 다수성('la multiplicite des formes substantielles': p.38)을 설명하려는 것이다. 문제에 대한 이런 접근법은 정확하고, 매우 유용하다. 그러나 그것은 다만 하나의 접근법일 뿐이다. 규정되지 않은 규모를 주장하기 위해 아퀴나스가 들고 있는 예들은 성장과 쇠퇴, 죽음과 육신의 부활, 성체성사에서의 형상의 분리와 다수화이다. 이 예들에 포함되어 있는 규모는 (비록 유적 추상 안에서 고찰되고 있기는 하지만) 실재적으로 존재하는 질료 안에 있는 규모이다. 이 주제에 대한 아퀴나스의 추론을 설명하기 위해서는 비-간결화 추상의 가르침에 호소해야 한다. 비록 이 대조가 현재의 맥락에서 비-간결화 추상의 역할에 대한 정확한 접근법을 제공하고 있지만, 이 문제는 존재하는 규모와 미리 개념된 규모를 연관 지어 대답하기에는 너무도 복잡하다.

유형이 다른 유형에 반대되는 것은 『명제집 주해』에서 문제가 되지 않았다.

『진리론』에서는 "개체화의 원리들인 질료와 질료의 모든 조건"에 대해 언급한다.[35] 이것은 개체화가 규모 아래 있는 질료를 통해서 발생한다는 『명제집 주해』와 『존재자와 본질』의 가르침(위의 각주 23번과 30번)을 계속하는 것이다. 『존재자와 본질』에서처럼 "표시된"이라는 용어가 사용되며 설명되고 있다.

> 나는 질료가 그 규모와 함께, 즉 이런 또는 저런 규모와 함께 고찰될 때, 그것을 '표시된' 것이라고 부른다. 반대로 그것이 그 규모에 대한 규정화 없이 고찰될 때 '표시되지 않은' 것이라고 부른다. 이와 관련해서 표시된 질료가 개체화의 원리라는 사실을 주목해야 한다.[36]

이 본문에서는 규모가 '규정화'로 간주되고 있고, 규정화로서의 역할에 있어서 그것은 표시된 질료와 표시되지 않은 질료를 구별하고 있다. 그러나 규정하는 규모가 결정적인지 아니면 비결정적인지에 관한 문제에는 관심을 기울이고 있지 않다. 『명제집 주해』의 가르침에 따르면(위의 각주 19-21번과 24-26번), 둘 다 표시된 질

---

35. "…a materia et ab omnibus materialibus condicionibus quae sunt individuationis principia…"(*De veritate*, q.2, a.6, ed. Leonina 22.65: 49-51: tr. R.W. Mulligan, *Truth*, 2 vols. Chicago, 1952, 1.9).
36. "…dico signatam secundum quod consideratur cum determinatione dimensionum harum scilicet vel illarum, non signatam autem quae sine determinatione dimensionum consideratur. Secundum hoc igitur sciendum est quod materia signata est individuationis principium"(*De veritate*, q.2, a.6, ad1, ed. Leonina 22.66: 103-109[tr. Eng. 1.92-93]). 여기서 규모의 'determination'이 종적 'terminatio'를 의미할 필요는 없다. 'designation'의 요구를 채우기 위해서는 어떤 종류의 제한된 크기로의 유적 규정화로 충분하다.

료를 표시되지 않은 질료로부터 구별하기에 충분하다. 왜냐하면 그 두 가지에 대한 숙고는 모두 개체화하는 데 충분하기 때문이다. 두 유형이 다 하나의 규정화이다. 인용구의 맥락은 단수적인 것과 보편적인 것에 대한 인간 인식이다. 『존재자와 본질』의 맥락에서처럼, 이 주제는 비결정적 규모에 대한 어떠한 언급도 요청하지 않는다. 따라서 '규정화'라는 관념은 유적인 규정과 종적인 규정 양자에 열린 채로 남아있다.

그렇지만 『진리론』의 뒤에 가서 '비결정적인'(interminatas) 규모라는 관념이 한 예비적 논거에서 나타나고, 아베로에스를 참조하고 있음을 드러내고 있다. "그런데 주해자가 말하고 있는 것처럼, 자연적 형상들은 질료 안에 비규정적 규모를 전제한다."[37] 여기서 '비규정적'이라고 번역된 라틴어는 'indeterminatas'가 아니라 'interminatas'이다. 그것은 이 논거에 대한 다음과 같은 응답에서 명백해지는 것처럼, "미결된[불완전한]"이라는 관념을 표현하는 것이다.

> 자연적 형상들이 오기 전에, 규모가 완결된 현실의 상태가 아니라 미결된 현실의 상태로 질료 안에 존재하고 있다고 전제되고 있다. …그러나 주해자가 말하고 있는 것처럼, 어떤 천상적 물체의 형상은 묘사된 것과 같은 규모의 매개를 통하여 그 안에 있는 것이 아니다.[38]

---

37. "sicut dicit Commentator in libro *De substantia orbis*, formae corporales praesupponit dimensiones interminatas in materia…"(*De veritate*, q.5, a.9, obj.6, ed. Leonina 22.161: 49-52[tr. Eng. 1.237]).
38. "Ad sextum dicendum quod dimensiones praeintelliguntur in materia non in actu completo ante formas naturales sed in actu incompleto, et ideo sunt prius in via materiae et generationis; sed forma est prior in via complementi. …Et tamen forma corporis caelestis non inest ei mediantibus huiusmodi dimensionibus, ut Commenta-

따라서 라틴어 용어는 이 맥락에서 유적 규정의 결핍을 통해서가 아니라 종적 규정화의 결핍을 통하여 비규정적임을 의미한다. 규모는 아직도 자연적 형상에 의해서 요구되는 규모(즉 개구리나 사람이나 코끼리의 규모)에 속하는 유적인 규정화를 가지고 있다. 이 표시가 비록 실제 생활에서의 활동에는 충분하지 못하지만, 개체화에는 충분하다. 그 맥락이 생명의 원리를 지닌 물체들의 활동이기 때문에, 여기에서 비결정적 규모라는 주제를 취급할 기회가 되었다. 물론 이 규모는 그 종적 유에 관련해서 비규정적이다. 그러나 그것은 그 각각의 자연적 형상들에 의해서 요구되는 유적 규정화를 지니고 있다. '비결정적인'이라는 번역은 이미 설명한 것처럼 이런 뉘앙스를 보장해줄 것이다. 그것은 언뜻 보기에 개체화를 위해 규정적 규모를 요구하는 데 대한 반대로 몰고 가지는 않는다. 모든 비결정적인 규모가 그 종적 모습과 크기에 의한 완성[화 과정]과 관련해서 비규정적인 데 반해, 표시된 또는 지적된 질료를 위해 필요한 모든 규정화를 가지고 있다. 따라서 어떤 규정적 규모는 완전하다는 의미에서 결정적일 수 있지만, 반드시 그래야 할 필요는 없다. 그러나 천상 물체들 안에서는 규모가 처음부터 완전하다.

『진리론』과 동시대 작품인 『자유토론』 제9토론은 본질에 있어서의 아무런 변화 없이 은총에 있어서의 성장 문제를 취급하고 있다. 요점은 양적 규모와의 비교를 통해서 조명되고 있다.

또한 육체적 성장에 있어서 양의 본질은 제거된다. 왜냐하면 비

tor ibidem dicit"(*De veritate*, q.5, a.9. ad6, ed. Leonina 22.165: 357-361, 369-371[tr. Eng. 1.243]).

결정적인 규모가 항상 남아있기 때문이다. 그러나 그것은 완성화 과정(terminationes)을 겪으며 작은 것에서 큰 것으로의 변화가 발생하는 상이한 방법들에 일치되고 있다. 이것이 성장이다. 마찬가지로 사랑의 덕도 본질에 있어서는 제거되지 않으나 그 완전함의 방식은 변한다.[39]

또다시 문제는 크기와 모습의 변화를 겪으면서도 개체화가 동일한 채 남아있는 생명체에 관한 문제이다. 다시 똑같은 답변이 주어진다. 비결정적인 것으로서 규모는 동일한 나무의 규모, 개나 사람의 규모로 남아있다. 그러므로 비결정적인 것으로서 규모는 동일한 개체화로 하여금 성장 전반에 걸쳐서 존속하도록 만든다.

『진리론』이 속하는 시기의 끄트머리쯤에 쓴 『삼위일체론 주해』 어서는, 개체화하는 규모의 본성이 보다 날카롭고 정밀하게 묘사도고 있다.

> 그러나 형상은 지금 여기에 구분되고 규정된 '이 질료' 안에 수용되지 않는 한, 질료 속에 수용되었다는 사실만 가지고는 개체화되지 않는다. …따라서 질료는 규모 아래 있게 되는 한에서 '이것'이 되고 표시된 것이 된다.
> 이 규모는 두 가지 방식으로 고찰될 수 있다. 첫째는 그 끝에 따라 고찰될 수 있다. 나는 그것이 규정된 크기와 모양 때문에 어떤 끝을 가지고 있다고 이해한다. 그리고 이렇게 해서 완성된 존재

---

39. "…quia etiam in augmento corporali ipsa essentia quantitatis non tollitur, cum semper maneat dimensio interminata; sed secundum diversas terminationes quas recipit, fit mutatio de parvo in magnum, quae est augumentum: ita etiam ipsa virtus caritatis non tollitur per essentiam suam, sed variatur terminatio eius"(*Quodlib.*, IX, q.6, a.1. [ed. Spiazzi, p.191b]). 이 『자유토론』의 집필 연대(1258)에 대해서는: Cf. Weishepl, *Friar Thomas d'Aquino*, p.367[=국역본, 547-548쪽].

자들로서 양의 유 안에 자리 잡게 된다. 이 측면에서 보면, 규모는 개체화의 원리일 수 없다. 실상 만일 그랬더라면 규모의 끝이 개체 안에서 자주 달라지기 때문에, 개체가 수에 있어서 언제나 동일하지 않다는 결론을 내렸어야 할 것이다. 그러나 규모는 다른 측면에서도, 즉 그런 규정 없이, 오직 규모의 본성 안에서만 고찰될 수도 있다. 비록 그런 규정 없이는 결코 있을 수 없음에도 불구하고, 이것은 색깔의 본성이 흰 것과 검은 것의 규정 없이는 있을 수 없는 것과 같다. 이 측면에서 그것은 불완전한 실재로서의 양의 유에 들게 된다. 이런 비결정적 규모로부터 질료는 '[양으로] 표시된 이 질료'가 되며, 그러한 것으로서 형상을 개체화한다. 그러므로 같은 종 내에서의 수에 따른 다름은 위에서 말한 방식에 있어서의 질료에 기인하는 것이다.[40]

여기서 명시적으로 언급되는 것처럼, 비결정적 규모는 표시된 질료를 촉발한다. 규모가 비결정적이라고 하더라도 표시된 것으로서의 질료와 관련해서 아무런 모순의 느낌이 없다. 규모의 본성은 질료를 표시하는 것이고, 다만 유적 본성 안에서 고찰될 때 그

---

40. "Non enim forma individuatur per hoc quod recipitur in materia, nisi quatenus recipitur in hac materia distincta et determinata ad hic et nunc. ···Et ideo materia efficitur haec et signata, secundum quod subest dimensionibus.

　Dimensiones autem istae possunt dupliciter considerari. Uno modo secundum earum terminationem; et dico eas terminari secundum determinatam mensuram et figuram, et sic ut entia perfecta collocantur in genere quantitatis. Et sic non possunt esse principium individuationis; quia cum talis terminatio dimensionum varietur frequenter circa individuum, sequerentur quod individuum non remaneret semper idem numero. Alio modo possunt considerari sine ista determinatione in natura dimensionis tantum, quamvis nunquam sine aliqua determinatione esse possint, sicut nec natura coloris sine determinatione albi et negri; et sic collocantur in genere quantitatis ut imperfectum. Et ex his dimensionibus interminatis materia efficitur haec materia signata, et sic individuat formam, et sic ex materia causatur diversitas secundum numerum in eadem specie"(*In De Trin.*, q.4, a.2, Resp. 6-7 [p.143.2-21]).

것은 개체화의 원인이다. 존재의 질서에서 그것은 항상 어떤 결정 즉 규정화에 의한 완성을 요구하는 데 반해, 비결정적으로 취해질 때는 개체화를 설명해준다. 존재의 관점보다는 이 숙고의 관점으로부터 질료는 규모에 의하여 지금 여기에 규정되어야 하고, 표시되고, '이것'이 된다. 그러나 그것은 규모의 유적 본성 안에 현존하고 있는 비결정적 규모에 의하여 표시되고 '이것'이 된다. 주어지는 이유는 크기와 모양에 있어서의 변화 전반에 걸쳐 동일한 개별성을 보존한다는 것이다. 이성적 영혼의 개체화는 이미 인용구에서(『삼위일체론 주해』 p.142.21-23) 배경으로서의 생명체 안에서 크기와 모양의 변화를 지적하며 언급한 바 있다. 완성(terminationem: p.143.10)은 종적 차이가 유를 규정하는 방식에 일치되게 '규정화'라고 불린다. '지금 여기'는 사물의 지속에 있어서 그 어떤 '지금 여기'에 적용될 때에도 비결정적인 채로 남아있다.

 이제까지 모든 것이 아퀴나스의 이전 작품들로부터 이미 수집된 본문들과 충분히 잘 조화를 이루고 있다. 그러나 앞의 인용구에서 규모가 결정적인 것으로 고찰될 때 개체화의 원리가 될 수 없다는 퉁명스러운 주장을 만나게 된다. 언뜻 들으면 이것은 개체화의 원리가 "어떤 식으로는 결정적 규모 아래에서 고찰된 질료"라고 말하는 『명제집 주해』 본문(위의 각주 20번)과 모순되는 것처럼 보일지 모른다. 그러나 그 본문을 논의할 때 지적한 것처럼, 『명제집 주해』의 가르침은 본문의 글자 하나하나까지도 결정적 규모에 의한 개체화를 (종이 유 안에 뿌리박고 있듯이) 비결정적 규모에 의한 개체화 안에 뿌리박고 있도록 허용한다. 『삼위일체론 주해』에서의 논술은 계속해서 규모가 본성에 있어서 어떤 식으로는 그 자체로 개체화의 측면을 가지고 있는 우유적 형상으로서의 양과 함께, 규정된 장소적 위치를 가지고 있다는 것을 보여준다.

따라서 규모는 어떤 위치를 점하고 있고, 또 그 위치가 양의 차이를 구성하는 한에서, 어떤 개체화의 근거를 스스로 가지고 있다. …그러므로 이것이 바로 다른 모든 형상들을 개체화하는 일이 질료에 속하는 진정한 이유이다. 왜냐하면 자기 스스로 개체화의 원리를 지닌 형상에 예속되기 때문이다. 그래서 이미 완성된 주체에 토대를 두고 있는 결정적 규모 자체도 어떤 식으로는 비결정적 규모(그것의 관념은 이미 질료 속에 포함되어 있다) 덕분에 개체화된 질료에 의해서 개체화되는 것이다.[41]

그렇다면 양으로서의 유적 본성 안에서 규모는 어떤 규정된 위치를 요구한다. 이런 방향정위가 없었더라면 그것은 양적이지 않았을 것이다. 그것 때문에 규모는 앞의 본문에서 언급된 것처럼(각주 40번), 어떤 '지금 여기'로 규정된다. 유적으로 규모는 규정화를 가지고 있다. 그것은 질료로 하여금 표시된(signata, designata) 것으로, 또는 지적된(demonstrata) 것으로, 또는 개체화와 관련해서 규정되어 있는 것으로 간주되기에 충분하다. 결정적 크기와 모양으로의 종적 규정화는 추후의 종적 규정화와 함께 나중에 온다. 그러나 그 완성(terminatio)을 가져오는 것은 오직 종적 규정화뿐이다. 규모는 비록 유적으로는 알이나 올챙이, 또는 개구리의 규모로 규정되어 있지만, 이 완성 없이는 비결정적인 채로 남아있다. 앞에서도 언급한 것처럼(위의 각주 32번), 두 가지 유형의 결정화가 어떤 특정

---

41. "Unde dimensiones ex se ipsis habent quandam rationem individuationis secundum determinatum situm, prout situs est differentia quantitatis. …Et ideo recte materiae convenit individuare omnes alias formas ex hoc, quod subditur illi formae, quae ex se ipsa habet individuationis rationem, ita quod etiam ipsae dimensiones terminatae, quae fundatur in subiecto iam completo, individuantur quodammodo ex materia individuata per dimensiones interminatas praeintellectas in materia"(*In De Trin.*, q.4, a.2, ad3 [p.144.16-27]).

진술을 하는 데 있어서의 자신의 관점 이전에 견지될 수 있다. 그래서 규정화가 명시적으로 완성을 주는 것으로서 취해지고 있는 지금의 문맥에서, 그것은 단적으로 개체화의 원리일 수 없다. 비록 결정적 규모가 나름대로 개체화의 원리이기는 하지만, 질료의 표시화를 위해서 규정화의 보충적(완전한) 유형은 요구되지 않는다. "어떤 식으로는" 또는 "어떤 의미에서는"이라고 (결정적 규모뿐만 아니라 비결정적 규모까지도 지칭할 수 있다는) 여운을 남기는 것은 이 문맥에서 매우 올바른 것이다. 그러나 그 가르침은 확고하다.

그렇다면 이 문맥에서 '지금 여기'는 어떤 개별적 물체의 표시화를 위해서도 불가결한 것으로 요구된다. 그러나 그것은 그 개체 내의 어느 특정 '지금 여기'로 한정되지 않는다. 그것은 일반적인 모습으로 그것들 모두를 포괄한다. 이 추상화에서 그것들 모두를 포괄함으로써, 그것은 개체화의 원인이 된다. 실상 결정적 규모가 개체화하지 않는다는 노골적인 언급은 없다. 만일 그랬더라면 그 진술은 그것이 개체화한다는 다른 곳에서의 주장에 모순되는 것으로 간주해야 할 것이다. 여기서 그 문장의 주어는 두 가지 방식으로 고찰될 수 있는 규모인 채 남아있다. 그것에 대한 명제는 그것이 결정적인 것으로 고찰될 때, 크기와 모양과 장소에 있어서 지속적인 변화 속에 있고, 시간 속에서 부단한 변화를 겪고 있지만 동일한 것으로 남아있는 개체화의 원리로 간주될 수 없다는 것이다.

연대적으로 후속되는 아퀴나스의 진본 작품들은 물체적 사물들의 개체화라는 주제에 별다른 중요한 가르침을 추가하지 않는다. 질료는 개체화 관념의 뿌리로서의 규모적 양과 더불어 계속해서 어떤 종 내의 단독자들을 위한 개체화의 원리로 남아있다.[42] 한 본

---

42. 예컨대: "…haec materia est proprium principium individui"(*ScG*, II, c.92, n.1791);

문에서는 "소크라테스성"(Socrateitas)이 마치 형상적인 모습처럼 사용되고 있다.[43] 그러나 여기에는 진정한 형상적 '이것성'에 대한 질문은 없다. 내포되어 있는 간결 추상은 『존재자와 본질』의 틀 내에서는 괜찮다.[44] 규모는 겨우 단 한 번 '결정적'(terminate)이라고 진술되고 있다. 이것은 비교적 후기 작품(1269-70)인 『영혼에 관한 토론문제』에서의 일이다.[45] 같은 시기에 속하는 『영혼론 주해』에서

"Et quia sola quantitas dimensiva de sui ratione habet unde multiplicatio individuorum in eadem specie possit accidere, prima radix huiusmodi multiplicatione ex dimensione esse videtur"(ScG, IV, c.65, n.4020). Cf. "…individuationis enim principium materia est, sicut formam est principium speciei"(ScG, IV, c.63, n.4004); "Quantum igitur ad primum, materia est individuationis principium. …Quantum autem ad secundum, dicendum est quod individuationis principium est quantitas dimensiva"(ST, III, q.77, a.2); "…singularis, quod significat naturam speciei in hac materia determinata"(In Metaph., VII, c.10 [ed. Cathala, n.149]); "…forma speciei iterum multiplicatur in diversa secundum materiam signatam…"(In Metaph., X, c.11 [n.2131]). 엘더스는 이 후대 작품들에서의 가르침을 깔끔하게 요약하고 있다. "질료는 규모에 의해 구분되는 것으로 고찰되는 한에서 (즉 '표시된 질료'[materia signata]인 한에서) 그 가능성으로부터 도출된 실체적 형상이 이 개별적 형상이 되는 원인이다"(L. Elders, *Faith and Science. An Introduction to St. Thomas' Expositio in Boethii De Trinitate*, Roma, 1974, p.79).

43. "Uno modo quo distinguitur et constituitur formaliter, sicut homo humanitate, et Socrates Socrateitate"(De potentia, q.8, a.3). '이' 질료는 아직도 '규정적인 개체화의 원리'이다(Ibid., q.9, a.2, ad1); "…materia individualis quae est singularitatis principium"(Ibid., q.9, a.1).

44. "Sic ergo patet quod essentia hominis et essentia Sortis non differt nisi secundum signatum et non signatum"(De ente et essentia, c.2, 85-87 [ed. Leonina 43.371]); "…sicut dicimus quod essentia Sortis non est Sortes"(Ibid., c.2, 307-308 [p.373]).

45. "Sed hoc corpus est per hoc quod est sub aliquibus dimensionibus terminatis. Ergo anima unitur corpori mediantibus dimensionibus terminatis"(Q. de anima, q.9. obj.17). 최초의 'terminatis'에 대한 변형으로서의 'determinatis'의 전거를 보기 위해서는: Cf. J.H. Robb, *St. Thomas Aquinas, Quaestiones de anima. A Newly Established Edition of the Latin Text with an Introduction and Notes*(Studies and Texts 14), Toronto, 1968, p.145. 위의(p.154) 논거에 대한 응답은 'terminatis'의 성격 규정을 묻지 않는다. 그것은 다만 규모가 실체적인 물체적 존재자에 의존한다는 점에 호소할 뿐이다. 오직 그 궁극적 완전성의 등급에 따라서만(즉 존재의 관점으로부터가 아니라) 그것들은 차츰 이해된다. 그러므로 어떤 결정적 규모가 분명하게 의도되고 있는 것 같다. 보빅은 『명제집 주해』의 한 본문(위의 각주 20번을 보라)이 '성 토마스가, 완결된 규모 아래 있는 규모가 개체화의 원리라고 말하는 유일한 곳'이라고 주장하려고 한다(J. Bobik, "Dimensions in the Individuation of Bodily Substances", in *Philosophical Studies* [Maynooth] 4[1954], p.79, n.44). 이것은 적어도 아퀴나스가 이 맥락에서 단어들을 사용하고 있는 대로 'terminatae'와 'determinatae' 사이의 중요한 차이를 인정하는 듯이 보인다. 왜냐하면 'determinatae'는 자주 'signatae'와 동일한

는 개체화하는 규모를 성격 규정하기 위하여 『진리론』에서의 "규정화"와 마찬가지로(위의 각주 36), "규정된"이라는 수식어가 사용되고 있다. "그런데 물체적 사물들 안에 있는 공통 본성의 개체화는 규정된 규모 아래에 포함되어 있는 물체적 질료로부터 나온다."[46] 그러나 여기서 그 수식어가 거기에 비결정적 규모가 생겨나게 되는(위의 각주 40-41) '표시된' 또는 '지적된' 규모 이상의 어떤 것을 의미한다고 생각할 이유는 없다. 그렇지만 『자유토론』 제9토론과 『삼위일체론 주해』 시기 이후 진본 작품 가운데 어느 것에서도 '비결정적'이라는 관념은 사용되지 않는다. 그것을 사용하지 않는 데 대한 아무런 근거도 지적되지 않고, 그것을 사용한 데 대한

의미로 사용되고 있기 때문이다. 그러나 'terminatis'는 초기뿐만 아니라 후기에도 (*Q. de anima*) 나타난다. 『영혼에 관한 토론문제』의 연대에 대해서는: Cf. Weisheipl, *Friar Thomas d'Aquino*, pp.364-365[=국역본, 544-545쪽]. 'terminatas'도 『명제집 주해』에서 성장이 거기서부터 시작되는 상태에 있는 질료를 가리키기 위해서 사용되고 있다. "Non enim potest fieri augmentum, nisi secundum hoc quod materia quae primo est terminata sub parvis dimensionibus, postmodum ad maiores dimensiones perducitur"(*In Sent.*, LL, d.30, q.2, a.1, Solut.[2.778]). 현실적 실존의 어느 특정 순간에 규모는, 그 개체의 첫 순간에 그러했던 것과 마찬가지로, 종적으로 규정된 모습과 크기를 가지고 있다. 그러나 그것은 전반에 걸친 동일한 개체화의 원리이고, 따라서 유적(類的) 관점으로부터 개별화하는 원리의 역할을 한다.

46. "Individuatio autem naturae communis in rebus corporalibus et materialibus est ex materia corporali sub determinatis dimensionibus contenta…"(*In De anima*, II, c.2, lect.12, 83-86 [ed. Leonina 45.115]). 이 주해서의 연대에 대해서는: Cf. Weisheipl, *Friar Thomas d'Aquino*, p.378[=국역본, 561-562쪽]. 여기서 아퀴나스의 진본 작품들로부터 인용된 구절들에 대한 탐구의 끄트머리에서, 우리는 결정되지 않은 규모에 대한 관심이 아리스토텔레스에 기원을 두고 있는 것이 아님을 강조하는 것이 좋을 것 같다. 비록 물질적 실체들의 개체화에 관한 토마스의 가르침의 배경이 아리스토텔레스 안에 놓여 있기는 하지만, 결정되지 않은 규모와 연관된 발전은 본질이 모든 존재자로부터 비-간결적으로 추상될 수 있는, 본질과 존재의 형이상학으로부터 추동된 것이다. 이것은 100년 전까지만 해도 주목되고 있었다. "Wie man sieht, hat die logische Betrachtung die metaphysische zur Vorraussetzung"(M. Glossner, "Die Lehre des hl. Thomas und seiner Schule vom Prinzip der Individuation", *Jahrbuch fuer Philosophie und spekulative Theologie* 1[1887], 49). 이 유보는 아셴마허의 "왜냐하면 토마스의 개체화 이론은 아리스토텔레스의 추상 이론과 보편자 해석의 논리적 결과다"(So ist die thomistische Individuationstheorie eine logische Folge aus der aristotelischen Abstraktionslehre und Universalienauffassung)라는 결론(Assenmacher, *Geschichte des Individuationsprinzip*, p.43)을 평가해야 할 것이다. 각각의 형이상학이 너무도 서로 다르다.

불만의 암시도 전혀 나타나지 않는다. 결정적인 규모와 비결정적인 규모 사이의 대조에 관한 더 이상의 논의를 불러일으킬 만한 기회를 지적하기가 어렵다. 그렇지만 그 진본성이 의문시되고 있는 작품들 가운데 하나에는 비결정적 규모에 관하여 그것을 회피해야 할 주제로 보는 것이라고 오해할 만한 표지가 있다(그것이 아니라면 아퀴나스가 개체화 문제를 다룰 때는 늘 모자라던, 그 주제를 비교적 길게 논의할 충분한 시간이 있었기 때문이다). 이제 진본성이 의심스러운 작품들을 살펴보기로 하자.

4. 『개체화의 원리』와 『질료의 본성』

『개체화의 원리』는 집필 연대도 알려지지 않았고 아퀴나스의 작품인지도 불확실하다. 그 안에서는 '규정하다'(determinare)라는 관념이 자주 사용되는데, 그 관념은 어떤 감각의 고유 대상의 조명을 통하여 설명되고 있다. 색깔이 시각을 규정하고, 소리가 청각을 규정한다. 이것을 넘어 좀 더 기초적인 대상으로 가기 위해서는 더 이상의 형상이 요구된다. 단수자들 내에서 보편자의 측면은 그것을 고유 대상으로 삼고 있는 인간 지성에 의해서 규정된다(determinatur)(비록 그 인식 작용은 어떤 단수적인 것 안에서 완결되지만 말이다). 영혼의 가능적 지위는 (보편적 대상을 경유하는 길을 제외하고는) 그것 자체가 자신의 지성의 '완전한' 대상일 수 없기 때문이다. 그것은 그로써 어떤 단수적인 것으로 알려진다(그러나 종적으로 '완전한' 대상을 경유해서 알려지는 것은 아니다). 그 이유는 그 영혼의 존재가 인간 본성에 특징적인 가능성의 등급에 의해서 완결되기(terminatur) 때문이다.[47]

이 추론에서 '규정하다'(determinare)는 '완결하다'(terminare)와

는 뚜렷이 구별된다. 감각 작용과 지성 작용에 두루 걸쳐서 대상에 대한 유적 규정화는 아퀴나스의 『삼위일체론 주해』(위의 각주 40번)에서와 마찬가지로 추후의 규정화를 위한 여지를 남겨두고 있다. 다른 한편 '완결하다'는 이미 살펴본 모습에서의(위의 각주 25-26번, 38번, 41번) '완전함'과 동일시된다. 그러나 규정된 양은 그것이 내속하는 주체의 원인이 아니면서도 그 실체를 공간과 시간으로 규정한다. "그러므로 규정된 양은 개체화의 원리라고 불린다. 그것이 어떤 식으로는 일차적 실체인 그 주체의 원인이라는 것이 아니라, 그 실체를 불가분적으로 수반하며 그것을 '지금 여기에'로 규정한다는 것이다."[48] 그렇지만 이 짧은 논술은 'terminatio'와 'determinatio'를 잘 구별하고 있으면서도, 개별화하는 규정화가 결정적 규모를 통해 발생하는지 아니면 비결정적 규모를 통하여 발생하는지라는 문제와 관련해서는 아무런 관심도 보이지 않고 있다. 'interminatae'라는 단어는 한 번도 언급되지 않는다.

그렇지만 『질료의 본성』은 비결정적 규모 문제를 직접적이고 세밀하게 취급하고 있다. 그것은 아베로에스가 그의 추론에서 규모

---

47. "Primo namque quaelibet potentia fertur super obiectum suum proprium, et illud habet determinare actum ipsius potentiae; unde ultra non transit actus potentiae quam sub forma ulteriori ipsius principialioris obiecti; aliter namque non esset id proprium eius obiectum; proprium enim obiectum est, per cuius informationem potentia actum suum exercet, sicut se habet color ad visum, et sonus ad uditum"(*De principio individuationis*, in *Opuscula philosophica*, ed. Spiazzi, p.149, n.422); "In utroque vero modo sua cognitio ad aliquid singulare terminatur. Cum enim in ipso suo obiecto figitur acies, rationem universalis apprehendit, quod solum in istis inferioribus ab intellectu determinatur ut proprium obiectum…"(Ibid.); "… non potest esse completum obiectum intellectus proprii, nisi ducta ad actum per speciem principalis obiecti. …Ergo non est materialitas quae facit esse ut obiectum alterius potentiae; facit tamen quaedam modum singularitatis, non qui sit alicuius rei completae in specie, sed quia esse animae terminatur per receptibilitatem suae naturae"(Ibid., pp.149-150, n.423).
48. "Et ideo quantitas determinata dicitur principium individuationis, non quod aliquo modo causet subiectum suum quod est prima substantia, sed concomitatur eam inseparabiliter, et determinat eam ad hic et nunc"(Ibid., p.151, n.428).

가 실체적 형상에 선행되어야 한다고 요구하는 데에서 잘못을 범했음을 보여주고 있다. 그 이유는, 한 우유인 양은 실체적 형상이 그것에 선행되지 않고서는 '완결될'(terminata)(현실화된다는 의미) 수 없다는 것이다. 그러나 물체가 물체로부터 오고 규모가 규모로부터 오기 위해서는, 규모가 이미 질료의 본질 안에 현존하고 있어야 한다(2.9-13). 따라서 규모는 비결정적인 것으로 거기에 있어야 한다.[49]

『질료의 본성』(4.2-33)에서는 또한, 더 나은 근거를 제시하며 질료 안에서만 비결정적 규모를 인정할 뿐 아니라, 비완결된 형상을 경유하여 합성체 안에서도 인정하는 다른 사람들의 가르침도 보고하고 있다. 그러나 그것은 이 가르침도 역시 오류임을 지적한다. 왜냐하면 오직 질료 안에 있는 최초의 형상만이 실체적일 수 있기 때문이다. 추후의 형상은 모두 우유적이다. 이 보고는 아베로에스의 본래적 틀 바깥에서의 비결정적 규모에 대한 당시의 관심을 증언해주고 있다.

이 가르침들을 거슬러 『질료의 본성』은, 규모가 그 기초적 형상인 물체성에 정위되어 있는 질료를 수반하는 우유라고 주장한다. 현실적인 양적 규모는 직접적으로 물체성에 수반되고, 상이한 위치에서 다양한 형상들과 함께 있는 질료의 구분은 규모에 수반된다. 형상의 규모 수용력이 현실성보다는 가능성을 의미하기 때문에, 형상을 향한 질료의 정위는 더 이상의 가능성을 가진 어떤 것 안에서 '완결'(terminata)될 수 있다. 따라서 가능태로 있는 규모는 형상을 향한 질료의 정위에 수반된다. 그렇다면 동일한 사물 안에

---

49. *De natura materiae*, ed. Wyss. 진본성 여부에 대해서는 pp.55-64를 보고, 덧붙여진 제목 'De dimensionibus interminatis'에 대해서는 pp.52-54를 보라.

서 (현실적이건 아니면 가능적이건 간에) 규모의 본질은 동일한 채로 남아있을 것이다. 왜냐하면 하나이며 동일한 사물이 한 질서에서는 현실태로 있을 수 있고, 다른 질서에서는 가능태로 있을 수 있기 때문이다.⁵⁰ 본질들이 각각의 존재에 의해서 '완결'되는 것과 마찬가지로, 규모도 이 관점에서 볼 때 현실적 지위에 우선하는 가능성으로서의 역할을 할 수 있다. 시체는 생명체에 의해서 소유된 규모를 간직하고 있고, 물체들은 상응하는 규모와 함께 물체들로 변한다. 그러나 바로 가능자로서 규모는 아무런 존재도 가지고 있지 않다.⁵¹

『질료의 본성』의 이 요점들은, '존재'를 복수로 사용하고 있음에도 불구하고, 아퀴나스의 진본 작품들의 가르침을 이해하는 데 도움을 줄 수 있다. 아퀴나스에게 있어서 본질은 그것이 지니게 될

---

50. "Sciendum est igitur quod dimensiones sunt quaedam accidentia, quae sequuntur materiam in ordine ad formam quam primo materia nata est induere. Haec autem est forma corporis. ···Patet igitur quod dimensiones quantitatis non trahunt originem a quocumque gradu quem facit forma ignis in igne, sed a primo, nihilominus secundum totum est subiectum dimensionum et etiam secundum totum illis mensuratur. ···Quia igitur dimensionalitas formae potentiam sonat et non actum, possibile est ponere ordinem materiae ad talem formam terminari in potentia, et dimensiones in potentia sequi ordinem materiae ad ipsam formam. ···Nec propter hoc erunt diversae essentiae dimensionum in eadem re, quia unum et idem simul potest esse in actu in uno ordine, et in potentia ad alium"(*De natura materiae*, c.4, 34-91 [pp.111-114]).
51. "Sicut enim essentiae rerum terminantur per sua esse quae sunt in rebus maxime formalia, ante vero quam esse dicantur non considerantur in actu nec terminatae, ita et dimensiones praedictae, licet actu sint in homine et in subiecto in quo habent rationem mensurandi, quod est eis proprium cum esse actu habent, tamen non sunt actu in illo ad quod dependent secundum originem utroque modo, ut scilicet in subiecto et ut redeuntes super formam, antequam ipsum actu fuerit. ···Unde haec eaedem dimensiones per essentiam sunt in vivo et mortuo, quia idem ordo manet in materia et ad eandem formam; sed secundum esse actu non manent nisi in quadam aequalitate. ···Ex dictis igitur manifestum est necesse esse ponere essentiam alicuius formae in homine sine esse, per cuius naturam praedictae dimensiones manent praedicto modo, de quo in sequentibus agetur"(*De natura materiae*, c.4, 93-123 [pp.114-116]). 본문은 곧 이렇게 계속되고 있다: "Manifestum est etiam, subiecto eodem manente et durante, dimensiones easdem manere···"(Ibid., c.4, 124-125 [p.115]).

모든 현실성을 존재로부터 받지만, 가능자로서는 그 존재 현실력을 어떤 결정적 본성의 한계들로 '규정한다.'[52] 이 의심스러운 작품 안에서 질료와 비결정적 규모는 단지 가능적인 모습으로만 기능한다. 이 논술은 '규정화한다'를 '현실화한다'는 의미로 보존하려는 경향을 드러내며, 비결정적 규모가 질료를 표시 또는 지적하거나 규정한다고 말하는 것을 억제하고 있다. 그러나 그것은 생명체 안에 시체의 규모가 가능적으로 있을 것을 요구한다. 거기서 비록 시체의 규모로 현실화되어 있지는 않지만, 그것은 그 크기와 모습을 구획한다. 오늘날 이해되는 것과 같은 화학적 변화들은 이 점을 좀 더 확연하게 조명해줄 수 있을 것이다. 수소와 산소의 공간적 규모는 산출된 물의 그것과 매우 다르다. 그렇지만 아직도 『질료의 본성』의 가르침과 일치하여 규모는 현실적으로가 아니라 가능적으로 두 본래적 요소들 안에 있을 것이다. 이 작품의 특별한

---

52. "Unde non sic determinatur esse per aliud sicut potentia per actum, sed magis sicut actus per potentiam"(*De potentia*, q.7, a.2, ad9). 여기서 'determinatio'는 분명히 그 특성에 있어서 존재적이 아니라 본질적이다. 그것은 『질료의 본성』에서의 'determinatio'의 용법과 다르다. 마찬가지로 아퀴나스에게 있어서, 존재적 의미에서의 'esse'는 그 자체로 쉽게 복수로 사용되지 않는다. Cf. "Ita etiam et duae humanae naturae, quia non haberent esse discretum…"(*In Sent.*, III, d.1, q.2, a.5, ad1 [3.45, n.145]). 『질료의 본성』은 결정되지 않은 규모를 '존재가 없는'(sine esse: 위의 각주 51번; sine tamen esse: *De nat. mat.*, c.5, 110 [p.122]) 것으로 이해하려고 한다. 그 의미는 동일하다. 왜냐하면 아퀴나스에게 있어서 본질은 절대적으로 고찰될 때 모든 존재자로부터 추상되기 때문이다(*De ente et essentia*, c.3, 68-69 [ed. Leonina 43.374]). Cf. Ibid. c.3, 52-58. 그렇지만 『질료의 본성』은 주저없이 그 문제를 질료의 가능성과 연관 지어 논의하고 있다(예컨대 c5, 115-120 [p.122]). 규모는 유적 추상에서의 본질로서 고찰될 때, 일관되게 존재를 갖지 않은 것으로 또는 존재를 오직 가능태로만 가지고 있는 것으로 지칭될 수 있을 것이다. 이런 배경에서 규모는 개체화의 원인이 될 때 현실적으로가 아니라 가능태 역할을 한다. 그렇지만 가능태로 'terminated'된 것은(위의 각주 50번 참조) 규모적 양이 아니다. 오히려 'terminated'된 것은 형상을 향한 질료의 정위이고, 그 정위에 기초해서 규정되지 않은 규모가 수반된다. 투명체를 현실화시키는 성질로서의 색깔에 관하여 아퀴나스는 일반적인 언급을 하고 있다. "Quod autem interminatum est, sic se habet ad terminatum, sicut potentia ad actum. Nam forma est quidem terminus materiae"(*In de sensu et sensato*, c.5, 61 [ed. Spiazzi, p.21]).

관심사는 실체적 변화 이전과 이후 규모의 상응(위의 각주 51) 및 인간 영혼의 불가분성(4.66-76)이다. 성장을 통한 규모의 변화에 대한 문제들은 제기되지 않는다. 오히려 '규정하다'가 '현실화하다'로 이해되고 있기 때문에, 개별적 주체가 동일한 채로 남아있는 한 규모는 동일한 채 남아있다(4.124-142). 그것이 현실적인 채로 남아있기 때문이다. 오직 특별한 신적 능력을 통해서만 부활한 육신은 동일한 채로 남아있다. 동일한 규모가 또다시 현실적이 되기 때문이다. 규모의 '규정화'는 결정적 크기와 모양에 관련되는 것이 아니라, 그것들의 현실성과 관련된다.

이 관점의 차이는 『질료의 본성』과 진본 작품들의 비교를 어색하게 만든다. 그런데도 비결정적인 규모가 가능성으로서의 기능을 하는 방식에 대한 설명은 유용하다. 규모는 개체화 기능을 수행할 수 있기 전에 먼저 실존하고 있는 것으로 고찰되어서는 안 된다. 그것은 우리가 그것들이 어떠한 존재를 가지고 있다고 간주하기에 앞서서 개체화 원리로서의 역할을 수행할 수 있다. 아퀴나스에게 있어서는 본질이 그 현실성을 의존하게 되는 존재를 규정하기 때문이다. 그러나 초점이 다르다. 아퀴나스의 진본 작품들의 본문은 동일한 '개체'가 성장에 따른 크기와 모습의 변양들을 통하여, 또는 성체의 형상 구분을 통하여 어떻게 그대로 남아있는지를 보여주는 데로 나아간다. 한편 『질료의 본성』(4.124-142)은 하나의 개별성을 보존하기 위하여 동일한 규모의 계속이나 기적적인 회복, 또는 어떤 사물의 여러 새로운 개체로의 구분(5.275-295)에 관심을 기울인다. 이 가운데 첫 번째 관점에서는 규모가 비결정적인 상태에서 개체화하고, 그 상태에서 가능적이다. 왜냐하면 유적이기 때문이다. 그러나 두 번째 관점에서는 개체화하는 규모가 언제나 현실적이다. 하지만 현실적이면서 동시에, (아직 실현되지 않은 한에서 가능적인 것으로 간주되는) 새롭고 다른 현실적 규모를 위한 가능성을 가지고 있다. 그렇지만 그 두 가지 관점은 용어에 있어서 동일한 아베로에스적 원천에 호소하고 있다.

『질료의 본성』은 '비결정적인 규모'라는 구절이 왜 아퀴나스의 후기 진본 작품들에서 나타나지 않는지를 설명하는 데 거의 아무런 도움도 제공하지 않는다. 그리고 아베로에스적 용어로 표현된 받아들일 수 없는 해석들에 관해 관심을 기울이고 있는데, 그것은 유사한 두려움이 원인이었다는 것을 시사한다. 그러나 1267-1268년경 작품인[53] 『영적 피조물론』(3, 18답)에서 아퀴나스는 아주 우연히, 전혀 혼란스러운 기색을 드러내지 않은 채, 이의를 제기할 만한 해석을 취급하고 있다. 따라서 그것이 그의 생애 말년에 비결정적인 규모에 관해 그가 침묵하게 된 이유 가운데 하나는 아닌 것으로 보인다. 더욱 그럴싸하게는 『삼위일체론 주해』에서처럼 그것들을 논의할 필요가 없었을 것이다.

5. 마무리

개체화에 있어서 규모적 양의 역할은 관련된 본문들에 대한 추가적 검토로부터 분명 충분히 드러난다. 존재의 관점에서 볼 때, 양은 아주 늦게(그러나 다른 우유들보다는 먼저) 계열에 들어간다. 이미 개체화된 존재, 이미 개체화된 형상, 그리고 이미 개체화된 질료가 실재의 질서에서는 양에 선행한다. 그것들은 그것을 한 우유로서 개별화하고, 또한 그것에 수반되는 우유들도 개별화한다. 그러나 관념의 관점으로부터는, 규모적 양이 맨 먼저 온다. 그것은 개체화

---

53. Weisheipl, *Friar Thomas d'Aquino*, p.364[=국역본, 544-545쪽].

의 뿌리이다. 그것은 그 고유의 본성 덕분에 개체화한다. 이것은 물체적 사물들 안에 있는 존재나 형상 또는 질료 같은 관념들이 수행할 수 없는 과제이다. 이 관념들은 각각 공통적인 어떤 것을 담지하고 있다. 오직 규모적 양만이 질료와 형상을 부분들 바깥의 부분들로 흩뿌리고, 동일한 종 내에 다수성을 허용하는 그것이다.

이 규모적 양은 두 가지 방식 모두로 고찰될 수 있다. 종적 차이들에 의해 비결정된 것으로서, 그리고 그 유적 본질에 있어서 그것은 특정 위치와 특정 시간으로부터 추상한다. 그러나 어떤 물질적 사물을 개체화하기 위해서는 그 사물의 본성에 의해서 부과된 한계들 테두리 내에 남아있어야만 한다. 이런 식으로 그것은 개체화하는 목적들을 위해 표시되고 규정된다(하지만 종적 크기와 모습 그리고 정확한 시간으로의 규정화는 더 이상 논의되지 않는다). 이렇게 취해졌을 때, 그것은 개체화의 원리 역할을 한다. 만일 그것이 정확하게 결정적인 양으로서 개체화해야 한다면, 모든 공간적이거나 시간적 변화마다 새로운 개체가 촉발되었어야 할 것이다. 동일한 개체의 성장은 불가능했을 것이고, 동일한 크기로 남아있는 사물들은 매번 새로운 장소 이동이나 새로운 순간마다 개별성을 변경시켰을 것이다. 비결정적인 규모는 언제나 어떤 '지금 여기'를 담지해야 하지만, 그것은 일반적으로 취해진 '지금 여기'이지 특정 크기, 특정 모습, 특정 순간으로 규정된 '지금 여기'가 아니다.

비결정적 규모에 의한 개체화에 관해 현대적 주해자들이 제기하는 난점들은 라틴어 'terminatio'와 'determinatio'를 구별하지 못한 데에서 기인하는 것이다. 여기서 'terminatio'는 종적 완성을 의미한다. 물론 이것은 얼마든지 '표시된'과 '규정된'을 의미하는 것으로 보일 수도 있다. 그러나 비결정적인 규모 또한 일반적인 형태로 '표시되고' '규정되며', 따라서 개별화의 요구에 직면한다. 아퀴나스의 본문들을 그것들 자신의 배경 속에서 읽게 될 때, '비결정적'이라는 관념으로써 그 요구를 배제한다는 인상은 느껴지지 않는다. 현대인의 통상적인 눈에는 토마스의 '비간결화 추상'이라는 가르침이 이 문제를 해결하는 데 크게 도움이 되지 않는 듯이 보인다. 그러나 그것은 관련 텍스트들을 이해하는 데 핵심적이고, 아직도 타당성을 간직하고 있는 개별성의 개념화를 제대로 이해하는 데 핵심적이다. 더욱이 형상으로 하여금 개별화하는 규모를 부과하도록 만드는 그의 조치는 소진될 수 없는 인간 개별성의 풍부함을 중시하는 현대적 감각에 비추어 크게 발전시켜 나갈 수 있을 것이다.

4. 토마스에 따른 존재방식으로서의 개체

로렌스 드완

최근 티모시 눈(Timothy Noone)[1]과 케빈 화이트(Kevin White)[2]는 토마스 아퀴나스의 개체화에 관해 다른 방식으로 접근하는 논문들을 발표하였다. 그들 모두 성 토마스에게 있어서 개체화에 관한 "보편적"(global)[3] 설명이 '존재 현실력'(esse)의 가르침에서 발견돼야 한다는 조셉 오웬스[4]의 입장을 승인하고 있다. 나는 이 논문에

---

[1]. T. Noone, "Individuation in Scotus", *American Catholic Philosophical Quarterly* 69(1995), 527-542.
[2]. K. White, "Individuation in Aquinas's *Super Boethium De Trinitate*, Q.4", *American Catholic Philosophical Quarterly* 69(1995), 543-556. 화이트는 자신이 오웬스의 사상 노선을 확장하고 있다고 생각하고 있다(p.545).
[3]. 눈이 사용한 용어. 그는 이렇게 말하고 있다. "오웬스 신부의 해석에 따르면 …아퀴나스는 참으로 개체화 문제에 관한 보편적 이론가이다. 그가 실제로 주장하고 있는 것은, 오웬스의 견해에 따르면, '존재'가 모든 피조물 안에서 현실성의 궁극적 원천인 것과 마찬가지로, 개체화의 궁극적인 존재론적 원리라는 것이다. 만일 그렇다면 토마스는 (물리적이건 비물리적이건 간에) 개체로서의 개체에 관한 일반적 설명을 발전시키는 데 실패했다는 도전(이것은 스코투스와 고디누스의 논쟁에서 스코투스가 내세운 방법적 이의제기 가운데 하나이다)을 직접적으로 벗어난다"(p.540).
　오웬스의 논문을 담고 있는 그라시아의 책에 대한 논평에서 눈은 이렇게 말하고 있다. "개체화의 원리에 관한 토마스의 일견 산발적인 수많은 진술에 대한 오웬스의 해석은, 아퀴나스의 개체화 설명을 '볼썽사나운 발생학적 가설들'(awkward genetic hypotheses)에 호소함이 없이 자립적으로 만드는 역량에 있어서 매우 탁월하다." 그는 명백하게 이 설명을 승인하고 있는 것이다.
[4]. J. Owens, "Thomas Aquinas(b.ca. 1225; d.1274)", in *Individuation in Scholasticism: The Later Middle Ages and the Counter-Reformation, 1150-1650*, ed. Jorge J. Gracia, Albany, NY, State University of New York Press, 1994, pp.173-194[=국역본: 이재룡·이재경 옮김, 『스콜라철학에서의 개체화』, 가톨릭출판사, 2003, 303-340쪽]. 괄호 속 숫자들은 이 논문의 해당 페이지를 가리킨다.

서 오웬스의 관점에 도전하고 싶다. 이를 위해 나는 그 문제에 대한 다른 접근법을 제안할 것이다. 이 접근법은 어떤 원인 또는 원리를 요구하는 개체화보다는 존재 방식으로서의 개체에 더 집중할 것이다.

1. 오웬스 신부의 입장 검토

오웬스 신부는 사물들을 개별적인 것으로 만드는 듯이 보이는 존재 현실력의 역할을 제시하고 있다. "[존재는] 그 사물의 모든 다양한 요소를 하나의 단위로 용해시킨다. 따라서 그것은 그것들을 우리가 하나의 개체라고 이해하는 것으로 만들고 있다." 그는 여기서 토마스의 초창기 작품인 『명제집 주해』로부터 한 구절을 인용하고 있다. "질료와 형상으로 합성된 그 사물의 존재는 (인간 정신이 그로부터 지식을 취득하는데) 형상과 질료 또는 우유와 주체를 합성하는 데서 성립된다."[5] 토마스는 '존재'(esse) 자체가 합성체라고 말하고 있는가? 오웬스가 지적하고 있는 두 번째 반론에 대한 응답이 참으로 말하고 있는 것은 다음과 같다: "그러나 '합성된 존재'(esse compositum)를 가지고 있는 사물들로부터 지식을 가지게 되는 우리의 지성은, 합성하고 나누는 [판단]에 의해서가 아니라면 '존재'를 포착하지 못한다."[6]

---

5. *In Sent.*, I, d.38, q.1, a.3(ed. P. Mandonnet, Paris, Letheilleux, 1929, p.903) & ad2 (Mandonnet, p.904). 이 본문은 앞에서 지적한 오웬스의 논문에(p.189. n.6) 인용되어 있다. 라틴어의 "consistit"은 언제나 (영어의 "consists"가 암시하듯이) "~로 이루어지다"만을 의미하는 것이 아니라, 가끔은 "~와 함께 발견되다"를 의미할 수도 있다(Cf. *ST*, I-II, q.2, a.7: 참행복이 그 안에서 발견되는(consistit in) 그것은 참행복 그 자체와는 구별된다. 전자의 표현은 영혼이 그 안에서 참행복을 발견하는 대상을 가리킨다). 여기서 이 용어는 영어의 "~에 있다"(consists in)와 비슷한 것을 의미한다.
6. *In Sent.*, I, d.38, q.1, a.3, ad2(Mandonnet, p.904)(오웬스 자신의 번역이다).

오웬스는 여기서 말하고 있는 것에 대해 자기 나름의 성찰과 해석을 제공하고 있다. 그는 먼저 '부수적인'(per accidens) 우유들(키가 큼, 음악적 성취)과 그것들이 내속하는(이는 분명 '부수적인' 통일성이다) 그 사람의 경우를 예로 들면서, 그것들을 결합하는 유대의 "실존적"(existential) 성격을 강조한다. "그것들은 실재적 실존에 의해서 그 한 사람 안에 함께 합쳐진다." 그리고 그는 계속해서 그 구체적 실체의 실체적 구성 요인들에 관해서도 똑같은 점을 지적한다.

> 인간 본성 속에는 한 특수한 사람이 음악가가 되거나 키가 커야 할 아무런 이유도 없다. 다른 사람들 속에서는 인간 본성이 그런 성질들 없이 발견된다. 그것들을 하나로 묶는 본질적인 유대는 없다. 그 유대는 그것들이 그 한 사람 안에 있는 실재적 존재에 의해서 하나로 모아지는 한 실존적이다. 따라서 한 사람의 본질 속에는 그 또는 그녀의 형상(영혼)이 그 순간에 그 육체를 구성하고 있는 특수한 질료를 현실화시켜야 할 아무런 이유도 없다. 서로 다른 물질이 영양섭취의 동화작용(anabolism)과 분해작용(catabolism)과 더불어 끊임없이 들락날락하지만, 그 영혼은 동일한 채로 남아있다. 형상이나 질료에도 이 특수한 형상이 특정 순간에 이 특정 질료 안에 있어야 할 본질적인 이유가 없다. 이유는 존재적이다. 형상과 질료가 존재 안에서 결합되고, 그때 그것들은 현실적으로 실현된다(p.174[=국역본, 308쪽]).

여기서 두 가지를 지적할 수 있다. 하나는 인용된 본문에서 발견되는 '존재'에 관한 가르침과 관련되고, 다른 하나는 '우유적 존재자'(ens per accidens)와 '그 자체를 통한 존재자'(ens per se)에 있어서의 존재의 역할에 관한 오웬스의 이해 방식에 관련된다.

인용구에서 토마스가 합성된 존재자들의 '존재'를 합성체로 만들고는 있지만, 우리는 그가 곧이어 '존재'의 단순성을 강조할 것임을 알고 있다.[7] 보에티우스의 『주간론』을 주해하면서 그는 존재가 합성체가 아니라고 말하고 있다.

> 존재(esse)와 '있는 것'(quod est)은 관념들로서 서로 다를 뿐만 아니라 합성체들 안에서 실재적으로 다르기도 하다. 이것은 앞에서 말한 것들로부터 명백하다. 왜냐하면 위에서 말한 것처럼 존재 자체가, 그 가지성[ratio]이 여럿으로 구성되어 있는 그런 어떤 것에 참여하는 것도 아니고 그 안에 어떤 우유적 합성이 있게 되는, 외부로부터 부가되는 어떤 것을 가지고 있는 것도 아니기 때문이다. 그러므로 존재 자체는 합성체가 아니며, 합성된 사물도 고유의 존재가 아닌 것이다.[8]

---

[7] 눈은 오웬스가 "볼썽사나운 발생학적 가설들"을 멋지게 벗어나고 있다고 생각하지만(참조: 위의 각주 3번), 토마스는 어떤 핵심적 쟁점에 관한 관점들을 명백하게 변경하고 있다.

[8] St. Thomas Aquinas, *Expositio libri Boetii De hebdomadibus*, c.2(Paris, Cerf; Roma, Commissio Leonina, 1992), ll.204-215(ed. Calcaterra, no.32): "sicut esse et quod est differunt secundum intentiones, ita in compositis differunt realiter. Quod quidem manifestum est ex premissis. Dictum est enim supra quod ipsum esse neque participat aliud ut eius ratio constituatur ex multis, neque habet aliquid extrinsecum admixtum ut sit in eo compositio accidentalis; et ideo ipsum esse non est compositum; res ergo composita non est suum esse; et ideo dicit quod in *omni composito aliud est* esse ens et *aliud* ipsum compositum quod est participando *ipsum esse*."

보에티우스의 본문은 17열에 이렇게 적고 있다: "Omni composito aliud est esse, aliud ipsum est." 레오판의 편집자들(루이 바태용과 카를로 그라씨)은 이것을 토마스의 개진에서 '이탤릭체'로 표기하려고 시도하였다. "ens"는 어색하다. 그것이 없었다면 다음과 같이 강조할 수 있다고 생각했을 것이다: "et ideo dicit quod *in omni composito aliud est esse* [ens] et *aliud ipsum* compositum quod *est* participando ipsum esse." 또한 그 '본질'에 있어서와 마찬가지로 추상적이고 따라서 순수한 '존재'(esse)에 언급하고 있는 140-145열도 참조하라.

그리고 『대이교도대전』에서는 "존재보다 더 형상적이고 단순한 것은 아무것도 없다"고 말하고 있다.[9]

그렇다면 '만든다'는 단어를 사용함으로써 오웬스가 '존재'에 돌리고 있는 원인적 역할은 어떠한가? 그것은 '개체화의 원인'으로서의 존재 이론과 깊이 연관되어 있다. 사실 『명제집 주해』에서 토마스는 어떤 원인에 의해 결과된 사물의 존재가 그 자체 그 사물의 존재의 '형상적' 원인이라고 주장하는 듯이 보인다. 적어도 피조물들의 존재가 "그 자체를 통해" 존재해야 하고 따라서 어떤 원인을 가지고 있는 것이어서는 안 된다는(즉 신 자신이라는) 반론에 대해 토마스는 이렇게 응수하고 있다. "창조된 존재는 (만일 '통해서'라는 단어가 내밀한 형상적 원인을 표현한다면) 어떤 다른 것을 '통해서' 존재하는 것이 아니다. 오히려(immo) 피조물은 그 자체를 통해서 형상적으로 존재한다."[10] 이 구절에서 존재가 내밀한 형상적 원인으로 간주되고 있다는 것이 분명하다. 그렇지만 『진리론』의 후반부에서는 이렇게 말하고 있다. "신은 창조에 의해서 우리 안에 자연적 존재의 원인이다. 그런데 어떤 능동인의 매개를 통해서가 아니라 형상인의 매개를 통해서 그러하다. 왜냐하면 자연적 형상은 자

---

9. *ScG*, I, c.23(ed. Pera, n.214; Pegis, no.2): "Ipsum enim esse non potest participare aliquid quod non sit de essentia sua: quamvis id quod est possit aliquid aliud participare. *Nihil enim est formalius aut simplicius quam esse*. Et sic ipsum esse nihil participare potest. Divina autem substantia est ipsum esse. Ergo nihil habet quod non sit de sua substantia. Nullum ergo accidens ei inesse potest"(이탤릭체 필자 추가).
 Cf. *De potentia*, q.1, a.1: "Verbi gratia 'esse' significat aliquid completum et *simplex* sed non subsistens; 'substantia' autem aliquid subsistens significat sed alii subjectum. Ponimus ergo in Deo substantiam ratione subsistentiae, non ratione substandi; esse vero *ratione simplicitatis* et complementi, non ratione inhaerentiae quae alteri inhaeret" (이탤릭체 필자 추가).
10. *In Sent.*, I, d.8, q.1, a.2, ad2(Mandonnet, p.198). 오웬스의 생각과 노선이 비슷하다고 생각되는 본문으로는: Cf. *Quodlib.*, IX, q.2, a.2[3], ad2: "sed esse est id in quo fundatur unitas suppositi: unde esse multiplex praeiudicat unitati essendi"(그러나 존재는 자립하는 사물의 단일성이 그것에 토대를 두는 그것이다. 그래서 다수적 존재는 존재의 단일성을 배제한다).

연적 존재의 원인이기 때문이다."¹¹ 그리고 바로 이 가르침이 주도적인 입장이 된다.¹²

그렇다면 첫째, 오웬스는 그 본성과 원인적 역할의 관점에서 토마스가 견지하지 않은 것으로 보이는 존재 개념으로 시작하고 있다.

둘째, 오웬스는 '우유적으로'(per accidens)를 현실적 실존이 작동하고 있는 것으로 보는 일종의 "범위"(scope)로 활용하고 있는 듯이 보인다. 이것은 여러 이유로 놀랍다.¹³ 내가 여기서 말하고 싶은 한 가지 이유는 토마스 자신이 『대이교도대전』의 한 탁월한 본문에서 전혀 다른 노선을 취한다는 점이다.

> 그 존재가 자립하고 있지 않은 사물들 속에서조차도 그 존재 이외에 실존하는 것의 테두리 내에 현존하고 있는 것은 참으로 그 실존자에게 결합되지만, 존재를 가지고 있고 존재 바깥에 있는 하나의 주체가 있는 한, 우유적으로가 아니라면 그것은 존재와 하나가 아니다. 이 점은 소크라테스 안에는 그의 실체적 존재 이외에 그 실체적 존재와는 다른 하양(albedo)이 있는 것과 같다. 왜냐하면 '소크라테스라는 것'과 '하얗다는 것'은 우유적으로가 아니라면 같은 것이 아니기 때문이다. 그러므로 만일 존재가 어떤

---

11. St. Thomas Aquinas, *De veritate*, q.27, a.1, ad3(Leonina editio, Roma, Editori di San Tommaso, 1976), t.22/3, ll.182-186.
12. Cf. *In Metaph.*, IV, lect.2(ed. M.-R. Cathala, Torino, Marietti, 1935, n.558). 존재에 관한 아비첸나의 비판에 대해서는: Cf. L. Dewan, "St. Thomas, Metaphysical Procedure, and the Formal Cause", *The New Scholasticism* 63(1989), 173-182; ID., "Saint Thomas, Form, and Incorruptibility", in Jean-Louis Allard(ed.), *Etre et savoir*(Philosophica 37), Ottawa, Les Presses de l'universite d'Ottawa, 1989, pp.77-90.
13. 이것은 오웬스의 형이상학 후기의 발전과는 거리가 멀다. 그는 초창기 저서에서부터 이미 이런 생각을 가지고 있었다(*Doctrine of Being in the Aristotelian 'Metaphysics'*, 2nd ed., Toronto, PIMS, 1963, p.209). 이 관점에 대한 비판을 보기 위해서는: Cf. L. Dewan, "Being per se, Being per accidens, and St. Thomas' Metaphysics", *Science et Esprit* 30(1978), 169-184.

주체(자필본에서는 '실체') 안에 있지 않다면 존재 바깥에 있는 것이 그것[존재]에 결합될 수 있는 그 어떤 길도 남아있지 않을 것이기 때문이다.[14]

분명히 이런 가르침 안에서 존재는 모든 항목을 결합시키는 또는 "하나의 단위로 용해시키는" 유대가 아니다. 이 역할은 오히려 주체, 즉 자립하는 실체 자체에 속한다. 이것은 또한 토마스의 후기 작품인 『신학대전』 제3부에서 발견되는 가르침이다.[15]

더욱이 오웬스는 이 질료와 이 형상으로 합성된 구체적 실체의 단일성에 대한 개진에서 (영혼이 고유의 존재 안에 자립하는) 인간 인격의 경우를 끌어들임으로써 문제를 좀 더 복잡하게 만들고 있다. 실상 모든 생명체에 해당하는 영양섭취 일반의 경우에도 특별한 개체화 설명이 필요하다. 아리스토텔레스의 『생성소멸론』에 관한 주해에서 토마스는 그 질료가 변하는 실체의 경우를 들어 지속적인 동일성 문제를 제기하면서, 어쨌든 비물질적이고 따라서 인간 영혼과 같은 자립적인 형상과 유사한, 특별한 양태의 실체적 형상

---

14. *SCG*, II, c.52(ed. Pera, n.1274). 페라는 각주에 토마스의 자필본 상황을 달아놓고 있다.
15. *ST*, III, q.17, a.2, ad1. 이 절에서는 그리스도 안에 단 하나의 존재만 있는지를 묻고 있다. 첫 번째 반론은 존재가 그것에 뒤따르게 되는 것으로서의 형상에 기초하고 있다. "다마셰누스는 제3권에서 그리스도 안에 있는 본성이 뒤따르는 것들이 중첩되어 있다고 말한다. 그러나 존재는 본성에 뒤따른다. 왜냐하면 존재는 형상으로부터 존재하기(esse consequitur naturam, esse est a forma) 때문이다. 그러므로 그리스도 안에는 두 개의 존재가 있다." 이에 대해 토마스는 이렇게 응수하고 있다. "존재가 본성에 뒤따르기는 하지만, 그것은 '존재를 가지고 있는'(habentem esse) 어떤 것으로서가 아니라, '어떤 것이 그것에 의해서 존재하게 되는 것'(qua aliquid est)으로서 그러하다. 그러나 존재는 존재를 가지고 있는 것으로서의 인격 또는 기체(hypostasis)를 뒤따른다. 그래서 그것은 본성의 이중성에 따라서 이중성을 가진다기보다는 오히려 기체의 단일성에 따라 단일성을 유지하는 것이다."
완전한 사물이 되는 데 필요한 모든 것을 가지고 있는 것과 관련될 때, 존재가 무대의 전면에 나타난다. 토마스는 단순하게 존재가 그 사물에 단일성 또는 개체화를 주는 것이라고 말하기보다는 존재의 단일성이 주체 또는 기체의 단일성으로부터 '결과되는' 것으로 보고 있다.

을 제시할 필요가 있다고 보았다. 이 경우에 그 실체적 단일성을 보장하는 것은 '형상'이다.[16] 토마스는 오웬스가 하듯이 '존재'에 호소하지 않는다. 나는 그것이 토마스가 오웬스와는 다른 사물들의 존재 개념을 가지고 있기 때문이라고 생각한다.

내가 강조하고 싶은 것은 오웬스가 존재의 역할에 대한 이 개념을 문제 전체의 서설로 활용하고 있다는 점이다. 존재는 "하나의 단위로 용해시키는 것"으로, 단일성을 초래하는 것으로 제시되고 있다. 이런 단어들이 형상적 원인성[17]을 의미하는 데 반해, 존재의 "우유성[18]"에 관한 오웬스의 개념은 그 원인성을 능동인으로, 즉 사물들을 하나로 묶는 일종의 내밀한 능동인으로 만들려는 듯이 보인다.[19]

---

16. *In De gene. et corr.*, I, lect.17(ed. Spiazzi, Roma-Torino, Marietti, 1952, n.118). 토마스의 이 작품은 『생성소멸론』 제1권 제5장 322a33에서 끝나는 미완성 작품이다. 아리스토텔레스는 성장과 쇠퇴 그리고 그 속에 포함되어 있는 영양섭취에 대해서 논하고 있다. 일반적인 그림은 그 질료가 변함에도 불구하고 그 형상을 통한 동일성을 유지하는 존재자의 그림이다. 토마스가 사용하고 있는 아리스토텔레스의 번역본은 질료 안에 있으면서도 "비물질적인" 것으로서의 형상에 대해서 말하고 있는 듯이 보인다. 이리하여 토마스는 다음과 같이 설명하고 있다. "생명체들 안에서 형상의 능력은 스스로의 힘으로 어떤 표시된 질료(aliquam materiam designatam)를 규정하지 못한다. 왜냐하면 위에서 말한 것처럼 한 부분이 흘러나오고 다른 부분이 도착하기 때문이다. 그럼에도 형상의 능력은 질료가 조금도 없이 존재할 수는 없고, 다만 이것 또는 저것 안에 무규정적으로 존재할 수 있다. 왜냐하면 『형이상학』 제7권에서 입증된 것처럼 생성자의 능력은 이 살과 이 뼈 속에 있는 그 형상이다. …그러므로 이런 식으로 살이나 그와 비슷한 것들의 형상의 능력은 그것이 스스로의 힘으로 어떤 표시된 질료를 규정하지 못하고, 한 순간에는 이것 안에 보존되다가 다른 때는 저것 안에 보존되는 한에서 어떤 비물질적인 형상과 같다(est sicut species immaterialis)." 그는 또한 생명체의 형상을 "어떤 비물질적인"(quodammodo immaterialis) 것이라고 말하기도 한다.
17. Cf. *ST*, I, q.48, a.1, ad4.
18. Cf. L. Dewan, "St. Thomas, Metaphysical Proceure, and the Fromal Cause"(위의 각주 12번을 보라).
19. É. Gilson, *Being and Some Philosophers*, Toronto, PIMS, 1949, p.172. 질송은 특히 명시적으로 존재를 어떤 내밀한 능동인으로 만들고 있다. "그렇다면 현실적 실존은, 그것에 의해서 본질이 어떤 현실적 실존을 '그런 어떤 실존'이도록 만드는 형상적 원인이 되는 '능동인'이다." 이것은 토마스의 개념과 거의 조화를 이루기 어렵다. 만일 누가 그 피조물의 존재를 한 원인으로 만드는 것을 강조한다면, 토마스는 오히려 그것을 목적인이자 다른 모든 원인성의 결과로 간주하고 있다(Cf. St. Thomas

오웬스는 즉시 신의 경우(이 경우에 존재는 그 자체로 자립적이다)를 예로 들어 신의 경우, 좀 더 특별한, 실존의 "통합하는" 특성에 대해서 말하고 있다.[20] "그것[본성으로 간주된 실존]은 필연적으로 그 자신을 개별화한다. 자립적 실존은 그 자신의 개체화이다"(p.175[=국역본, 309쪽]). 우리는 그가 여기서 원인적 개념화를 견지하고 있음을 깨닫게 된다. 분명히 이것은 진정한 원인성이 아니고, 또 오웬스가 그것을 그렇게 보아야 한다고 의도하고 있는 것도 아니다. 그럼에도 불구하고 심지어는 신적 단순성 속에서조차도 어떤 가지성에 어떤 역할이 돌려지는지를 규명하는 것이 중요하다. 이리하여 예컨대 토마스는 지복(beatitudo)이 그분의 본질이나 의지 덕분이 아니라 정확히 그분의 지성 덕분에 신에게 속한다고 명시한다.[21] 오웬스가 지적하듯이 여기서 개체화의 과제를 안고 있는 것은 바로 실존의 본성이다.

그가 여기서 자신의 이론을 뒷받침하기 위해 인용하고 있는 본문들은 단지 신이 개체를 구성하는 특성들을 지니고 있다고만 말할 뿐이다. 『명제집 주해』로부터의 첫 번째 인용구는 신의 존재가

Aquinas, *De potentia*, q.7, a.2, ad10).
그가 하고 있는 것을 긍정함에 있어서 질송은 원인들이 서로서로의 원인들이지만 다른 종류의 원인성이라는 가르침(*In Metaph.*, V, lect.2, n.755)을 지적한다(p.172, n.23; Cf. p.169). 그렇지만 그 본문에서 토마스는 그 가르침을 조심스럽게 1) 능동인과 목적인 사이의 관계와 연관 지어서, 그리고 2) 형상과 질료 사이의 관계와 연관 지어서 설명하고 있다. 그는 어디서도 능동인과 형상인을 상호적인 것이라고 말하고 있지 않다.

20. 다른 한편 토마스 아퀴나스는 (본질이라는 의미에서의) '실체'가 통합하는 역할을 하는 것으로 보고 있다. 이리하여 신이 최대로 하나인지를 취급하는 『신학대전』 제1부 제11문 제4절에서 한 반론은 각 사물이 그 고유의 본질을 통해서 하나이기에, 그리고 그 고유의 본질에 의해서 그러한 것은 최대로 그러한 것이기 때문에, 모든 존재자는 최대로 하나라고 주장한다. 이에 대해 토마스는 다음과 같이 응수하고 있다. "각 존재자가 그 고유의 실체를 통해서 하나라고 치더라도, 그렇다 해서 각 사물의 실체가 마찬가지로 단일성의 원인이 되는 것과 관련되는 것은 아니다. 왜냐하면 어떤 것의 실체는 여럿으로 합성되어 있지만 다른 것들의 실체는 그렇게 합성되지 않았기 때문이다(ad3)."

21. *ST*, I, q.26, a.2.

그 자체로 규정적이고 다른 모든 것으로부터 구분된다고 말한다. 그러나 이는, 그것을 정확히 존재로서의 존재에게 돌리는 것이 아니다. 그것은 오히려 신이 완전하고 자립적인 존재이며, 그래서 그것의 개별적임에 속하는 어떠한 부가도 받을 수 없으므로 그러하다.[22]

내 판단으로는 신의 존재 자체에 "개체화"의 역할을 돌리는 것을 정당화할 수 있는 것은 아무것도 없다. 나는 오히려 형이상학적 분석에서 다양한 항목들의 다양한 가지적 역할을 보여주고 있는 『대이교도대전』의 한 구절을 생각하고 있다.

> 피조물들에서는 구분되어 있는 저것들이 신에게서는 무조건적으로 하나라는 사실은 제1권(제31장)에서 이미 지적되었다. 그래서 예컨대 피조물에서는 본질과 존재가 다르고, 그 자신의 본질 안에 자립하는 어떤 피조물들 안에서도 역시 존재가 그 본질 또는 본성과 다르다. 왜냐하면 이 사람은 그의 인간성이 아니고 또 그의 존재도 아니기 때문이다. 그러나 신은 그분의 본질이고 또 그분의 존재이다.
>
> 그리고 비록 이것들이 신 안에서는 참으로 하나이지만, 그럼에도 신 안에는 그 자립적 존재의, 또는 그 본질의, 또는 그 존재의 가지적 역할[ratio]에 속하는 것은 무엇이든지 다 있다. 왜냐하면 그분이 자립하는 한에서 다른 것 안에 있지 않다는 것, 그리고 그분이 본질인 한에서 무엇임이라는 것, 또 그리고 그 자체의 존재

---

22. *In Sent.*, I, d.8, q.4, a.1, ad1(Mandonnet, p.219). 그가 지적하는 두 번째 본문은 신이 그분의 '본질'을 통해서 그분 자신 안에서 불가분적이고 신이 아닌 다른 모든 것들로부터 구별되는 어떤 것이라고 말하고 있다(*De potentia*, q.8, a.3). 이것은 '본질'과 '실체' 사이에 필연적으로 구별되는 것이 아닌 의미로 사용된 '본질'이다. 토마스는 단지 그 본질을 (그가 그 맥락에서 말하고 있는) 위격들의 삼위성과 대조시키고 있을 뿐이다.

덕분에(ratione ipsius esse) 현실태의 존재라는 것이 그분께 속하기 때문이다.[23]

"다른 것 안에 있지 않음"이라는 것은, 곧 보게 되겠지만 정확히 개체에 속한다. 따라서 아퀴나스에게 있어서 신은 정확히 그분의 존재로서의 존재 때문에 개체라고 말하는 것이 아니다.

그렇지만 그것이 바로 신의 존재를 '자기-개별화한다'고 지적하는 오웬스의 정확한 의미다. 그는 이렇게 말하고 있다. "이 통합하고 개체화하는 특성은 그것이 공유될 적마다 존재에 수반된다."[24] 그리고 또 이렇게 말한다. "실존의 이 개별화하는 기능은 다음과 같이 간결하게 표현될 수 있을 것이다: '모든 것은 그것이 존재를 가지고 있는 방식에 따라 단일성과 개체화를 가지기 때문이

---

23. *ScG*, IV, c.11(ed, Pera, nn.3472-73).
24. 오웬스가 개체화 문제와 단일성 문제를 실천적으로 동일시하고 있음에 주목하라. 이것은 그 자체로 대단히 문젯거리이다. 왜냐하면 '하나'는 '존재자'처럼 여러 방식으로 말해지기 때문이다. 오웬스 자신은 어떤 사물의 존재를 그 단일성의 원인으로 보고 싶어한다. 그는 문제되는 본문(피조된 선이 본질을 통해서 선인지를 논하고 있는 *De veritate*, q.21, a.5, ad8)을 지적하고 있다. 그 본문은 본질 자체에 단일성을 허용하고 이 점에서 어떤 사물을 '하나'라고 부르는 것과 '선' 또는 '존재자'라고 부르는 것을 대조하고 있는데, 후자의 두 명사는 오직 참여에 의해서만 창조된 본질에 대해서 말한다. 그 문맥 속에서 토마스는 존재 및 선에 대한 참여를 배격하는 논거, 즉 이것은 무한 소급에 빠지게 될 것이라고 주장하는 논거(이것은 참여에 의한 단일성을 배격하기 위해서 본래 아베로에스에 의해 사용된 논거이다)를 기각시키고 있다. 오웬스는 포함되어 있는 단일성을 제일 질료에 돌려지는 부정적 단일성 노선에 따른 어떤 것으로 설명하고 있다. 이것은 적어도 이상하다. 실상 토마스는 생애 후반에 가서, 아베로에스의 논거를 심지어 존재자의 경우에 적용하는 데까지 활용함으로써 이 문제에 대한 접근법을 바꾸었다. 즉 토마스는 결국 '하나'와 '존재자'를 본질 자체를 의미하는 것으로 취급하고 있다(*In Metaph.*, IV, lect.2[555]). 비록 그가 '선'의 경우에는 그 논거를 적용하기를 계속해서 거부하고 있지만 말이다(*ST*, I, q.6, a.3, obj.3 & ad3). 반론2와 제2답에서 그가 "어떤 것이든지 그 본질을 통해서 하나의 존재자이다"라고 허용하고 있음에 주목하라. 사물은 단지 그 본질을 통해서뿐만 아니라 그 존재를 통해서 선이다. 더욱이 『신학대전』 제1부 제11문 제1절 제1답에서 그는 '하나'를 위한 아베로에스의 논거를 활용하고 있는데, 오웬스가 탐색하고자 하는 질료의 단일성과 같은 종류로 거의 환원될 수 없는 방식으로 활용하고 있다. 실상 '존재자'와 명시적으로 동일시되는 것은 '하나'이다.

다'"(p.175[=국역본, 312쪽]). 오웬스가 토마스로부터 인용하고 있는 구절이[25] 의미하는 모든 것은 존재, 단일성, 그리고 개체화가 모두 동일한 원인 또는 원리들을 가지고 있다는 것이다. 그러나 오웬스는 계속해서 이렇게 말한다. "신에게서는 자립적이고 피조물 안에서는 우유적이라 하더라도 존재는 존재의 질서에서 기본적인 '개체화의 원인'이다"(p.175[=국역본, 310쪽]). 오웬스로부터의 이 명제는 강조 부분, 즉 '개체화의 원인'을 포함하고 있다. 이것은 그가 앞의 인용문에 대한 각주(p.190, n.11)에서 실존, 단일성 그리고 개체화가 함께한다는 명제에 관하여 다음과 같이 말하고 있기 때문이다. "맥락은 '영혼들의 개체화 원인'(causa individuationis animarum)이다. 요점은 육체가 다만 어떤 의미에서만(aliqualiter) 영혼들의 개체화 원인이라는 것이다."[26] 여기서 그가 독자에게 남겨두고 있는 함축은 토마스가 존재를 '개체화의 원인'으로 지적하고 있다는 것이다.

실제로 오웬스가 활용하고 있는 본문, 즉 요한 베르첼리(Johannes de Vercelli)에게 보내는 응답에서,[27] 실제적인 논거는 '개체화의 원

---

25. St. Thomas Aquinas, *Responsio ad magistrum Ioannem de Vercellis de 108 articulis*(Leonina ed., *Opera omnia*, t.42), a.108, ll.1185-87: "unumquodque enim secundum quod habet esse, habet unitatem et individuationem."
26. 여기서 오웬스는 또 하나의 본문을 제시하고 있지만(*Compendium Theologiae*, I, c.71), 그것도 다른 본문과 별다른 것을 더 제시하고 있지 않다.
27. 해당 본문은 다음과 같다: "제시된 118항, 즉 '영혼은 육체의 질료들에 의해서 개체화된다. 비록 그것들로부터 분리될 때도 도장의 각인을 [간직하고 있는] 왁스처럼, 개체화를 유지하고 있지만 말이다'라는 항은 선하거나 악한 방식으로 이해될 수 있다. 왜냐하면 만일 영혼들이 육체들에 의해서 (그 육체들이 영혼들의 개체화의 총체적 원인인 그런 방식으로) 개체화된다고 이해한다면, 그것은 거짓이다. 그러나 만일 육체들이 어떤 방식으로 영혼들의 개체화의 원인이라고 이해된다면, 그것은 참되다. 왜냐하면 각 사물은 그것이 존재를 가짐에 따라 단일성과 개체화를 가지기 때문이다. 그러므로 육체는 영혼의 총체적 원인인 것과 마찬가지로, 그러나 영혼은 그 고유의 본성(rationem)이라는 점에서 육체에의 질서를 지니고 있다. 그것은 어떤 육체에 결합될 수 있는 것이 영혼의 본성에 속하기 때문이다. 그래서 또한 육체는 '이' 영혼의 개체화의 총체적 원인은 아니지만, '이' 육체에 결합될 수 있는 것이 '이' 영혼의 본성에 속하는 일이며, 이것은 육체가 파괴된 이후에도 영혼 안에 남아

인'과 '존재의 원인'이 일치된다는 것이다. 질료는 존재의 원인인가? 그것이 존재하는 만큼 그것은 개체화의 원인이라고 주장할 소지가 있다. 전자의 주장이 매우 제한되어 있는 만큼 후자의 주장역시 제한되어 있다. 존재가 영혼의 개체화 원인이라는 암시는 조금도 없다. 그런 암시는 그 논거에 따르면 존재가 영혼의 존재의 원인일 것을 요구할 것이다. 하지만 존재가 아니라 신이 영혼의 존재의 원인이다(그리고 영혼 자체는 그 고유의 본성 덕분에 그것이 존재를 가지게 되는 형상적 원인이다).[28]

오웬스는 계속해서 토마스가 실존을 '하나의 사물을 다른 사물로부터 다르게 만드는 것'이라고 말한다고 주장한다. 그는 그 증거로 다음과 같은 예를 인용하고 있다. "그렇지만 그것들은 실존자들로서는 서로 다르다. 왜냐하면 어떤 말[馬]의 실존은 어떤 사람의 실존과 다르고, 이 사람의 실존은 저 사람의 실존과 다르기 때문이다."(p.175[=국역본, 310쪽]: 인용된 예는 『신학대전』 제1부 제3문제5절에 들어 있다). 다시 한번 더, 그것이 보여주는 모든 것은 실존과 개체화가 함께 서고 함께 쓰러진다는 것이다. 그것은 실존이 개체화의 원인이라는 것을 보여주지 않는다. 그 본문은 신이 유 안에 들지 않는다는 것을 입증하는 절 속에 나타난다. 그것은 어떤 유 안에 있는 사물들이 유적 본질을 공통으로 가지고 있지만, '존재에 따라서는', 즉 그것들의 실존과 관련되어서는 다르다고 말하고 있다. 이것은 인간의 존재와 말의 존재가 같지 않다는 사실을 지적함으로써 입증된다. 그리고 이 사람의 존재와 저 사람의 존재가 동일하지 않다는 사실이 추가된다. 이것이 보여주는 것은 어떤 사물

있다"(ll.1177-94).
28. 그 존재의 형상적 원인으로서의 자립적 형상에 관해서는: Cf. L. Dewan, "St. Thomas, Metaphysical Procedure, and the Formal Cause", esp. pp.178-180.

이 존재를 가지고 있을 때, 그것은 그 자체 안에 무엇임 자체(그리고 특히 유의 무엇임)와는 다른 어떤 것을 가지고 있어야 한다는 것이다. 즉 존재와 그 본질적 본성을 가지는 어떤 '주체'가 있어야 한다. 그 사상은 분명 존재 자체가 내밀하게 개별적이고 개체화의 원인이라는 것이 아니다. 그러나 오웬스의 입장이 포함하고 있는 것은 바로 그런 것이다.[29]

따라서 오웬스의 논문 제1부에 관해서뿐만 아니라 그의 관점 전체를 위해서도 치명적인, 존재가 하나의 '종합'이라거나 또는 "그것이 각각을 하나의 단위로 '만들고' 그것을 다른 모든 것들로부터 구별되게 만든다"는 주장에 동의할 수 없다. 그는 존재가 토마스의 철학 사상에서 기본적인 "개별성의 원인"임을 보여주지 못했다(p.175[=국역본, 310-311쪽]). 그렇지만 개체화와 존재가 함께 서고 함께 쓰러진다는 것은 분명 사실이다. 그것들은 동일한 원인들을 가지고 있는 것이다.

오웬스는 우리 관심의 대상인 자기 논문의 제1부를, 토마스가 신의 개체화에 관해 『원인론 주해』에서 인용하고 있는 본문을 지적하는 것으로 마무리 짓고 있다. 우리는 이것을 이 논문의 제2부에서 검토할 것이다.[30]

---

29. 나는 『신학대전』 제1부 제12문 제4절을 지적하고 싶다. 거기서는 물질적 사물들에 대해서 그 본성들이 "이 개별적 질료" 안에서가 아니라면 존재를 가지지 못한다고 말하고 있다. 『신학대전』의 이 부분에서 존재가 모든 것에 가장 공통적인 것으로서, 또 그래서 수용되고 형상적인 것의 본성을 가지는 것으로 제시된다는 점에는 거의 의심이 있을 수 없다. Cf. *ST*, I, q.4, a.3: 모든 사물은 모든 것에 있어서 유비적으로 공통적인 존재의 관점에서 신과 같다. 또한 *ST*, I, q.4, a.1, ad3: "내가 '어떤 사람 또는 어떤 말 또는 어떤 다른 것의 존재'라고 말할 때, 존재 자체는 존재가 속하는 것으로서가 아니라 형상적인 것으로 간주되고 받아들여진다." 오웬스에 의해서 사용된 본문(즉 『신학대전』 제1부 제3문 제5절, 주된 논거 3)이 제1부에 들어 있는 상당량의 아비첸나의 본문들 가운데 하나이고, 대단히 조심스러운 취급을 요구하고 있다는 것은 사실이다. 이것이 제시되는 세 가지 논거 가운데 세 번째라는 점에 주목하라.
30. 오웬스는 계속해서 자신의 요점을 입증하면서 이렇게 말하고 있다. "『원인론』의 언어에서 신의 개체화는 그분 자신의 순수 선이다"(p.175[=국역본, 310-311쪽]). 그는

2. 성 토마스의 존재 방식으로서의 개체화

나는 모든 것을 포괄하는("보편적") 몇몇 본문에 주의를 환기시킴으로써 토마스의 "개별적인 것"에 관한 가르침을 제시하고자 한다. 그러나 먼저 나는 "개별자"가 하나의 존재 방식이라는 생각을 도입하고자 한다. 우리는 심지어 어떤 개별자임의 양식들이 있다고, 즉 "개별적"이 오직 유비에 의해서만 그렇게 불리는 여럿에 대해 말해진다고까지 말할 것이다.[31]

첫째, 보편자와 (존재자로서의 존재자에 속하는) 개별자(또는 단독자) 사이의 대조를 제시하는 본문들이 있다. 그래서 『대이교도대전』에서는 이렇게 말하고 있다.

> 어떤 유의 본성은 그 일차적 차이들과 본질적 우유들(differentiae primae et per se passiones)이 알려지지 않는다면 완전하게 알려질 수 없다. 왜냐하면 우리는 홀수와 짝수가 알려지지 않은 채 남아 있다면 수의 본성을 완전하게 알 수 없기 때문이다. 그러나 보편자와 단독자는 존재자의(entis) 차이들 또는 본질적 우유들이다. 그러므로 만일 그 자신의 본질을 아는 신이 존재자의 공통 본성(naturam communem entis)을 완전하게 안다면, 그분이 보편자와

여기서 두 본문을 제시하고 있다(*In Sent.*, II, d.3, q.1, a.2, Mandonnet, pp.90-91; *De ente et essentia*, c.5, ll.23-24). 그렇지만 나는 독자에게 토마스가 그의 『원인론 주해』에서 어떻게 신의 존재를 하나의 개체로 취급하는지를 주의 깊게 살필 것을 촉구하고 싶다. 이에 대해서는 이하의 논의를 보라.

31. *In Sent.*, I, d.22, q.1, a.3, ad2(Mandonnet, pp.538-539): "유비[적인 것]은 다양한 양식들 덕분에 구분된다. 이리하여 '하나의 존재자'가 유비적으로 10개 유(類)에 대해서 빈술되기 때문에 그것은 다양한 양태들 덕분에 그것들 가운데서 구분된다. 이리하여 각각의 유에는 그에 걸맞은 고유한 빈술 양식이 있게 된다." 토마스는 여기서 다양한 양태들에 의해서 구분되는 유비적인 것을 차이에 의해서 구분되는 일의적인 것과 의미된 사물들에 의해서 구분되는 다의적인 것을 대조시키고 있다.

단독자를 완전하게 아는 것이 필요하다.[32]

이리하여 개별자에 관하여 논하는 데 있어서 우리는 어떤 심층적인 존재론적 논의를 하고 있다고 기대할 수 있을 것이다.[33]

만일 우리가 개별자를 존재자 또는 '있는 것'의 본성에 관련되는 것으로 보는 이 관점을 따른다면, 우리는 『신학대전』에서 보에티우스의 인격에 관한 정의('이성적 본성을 지닌 개별 실체')를 논하는 토론이 가장 유용하다는 것을 발견할 수 있다. 이 정의를 전적으로 받아들이면서 설명하고 있는 토마스의 주요 응답은 개체에 관한 일종의 강의 형식을 취하고 있다.

> 보편자와 특수자(particulare)가 모든 유(類)들 속에서 발견되어야 한다고 치더라도, 그럼에도 불구하고 개별자는 실체의 유 속에 있는 특별한 양식 속에서(speciali quodam modo) 발견되어야 한다. 왜냐하면 실체는 그 자체를 통해서(per se ipsam) 개체화되는 데 반해, 우유들은 실체인 그 주체를 통해서 개별화되기 때문이다. 우리는 그것이 "이 주체" 안에 있는 한에서 "이" 하양이라고 말한다. 그래서 또한 실체의 개별자들은 다른 것들과는 동떨어져서 특별한 이름을 가진다. 곧 그것들은 "휘포스타시스"(hypostasis) 또

---

32. *ScG*, I, c.65(ed. Pera, n.532; Pegis, para.4). 아비첸나는 『제일 철학 또는 신적 학문』(*Liber de philosophia prima sive scientia divina*, ed. S. Van Riet, Louvain, Peeters; Leiden, Brill, 1997, I-IV, 1.2, p.13, ll.42-44)에서 그 학문의 주제인 '존재자로서의 존재자'(ens inquantum ens)와 그에 수반되는 것들에 대해서 말하면서(l.37), 이렇게 적고 있다: "Et ex his quaedam sunt ei quasi accidentalia propria, sicut unum et multa, potentia et effectus, universale et particulare, possibile et necesse."
33. Cf. J. Gracia, *Individuality: An Essay on the Foundations of Metaphysics*, Albany, NY, SUNY Press, 1988: "내가 제안하는 것은 개별성이 두 가지 근본적인 존재론적 양식 가운데 하나로(다른 것은 보편성이다) 해석될 수 있다는 것이다"(p.136). 그것들이 "두 개의" 근본적 양태든지 아니든지 간에, 그것들은 분명 근본적인 존재론적 주목의 대상들이다.

는 "제일실체들"이라고 불린다.[34]

이것은 분명 지배적인 본문이다. '보편자'와 ('개별자'와 호환될 수 있는) '특수자'가 아리스토텔레스의 모든 존재자 범주 속에서 발견된다는 점에 유의해야 한다. 이것은 다시 한번 더 이것이 존재자로서의 존재자에 속하는 차이라는 것을 말하는 것이다.[35]

더욱이 우리는 일차적으로 실체라는 유 안에서 발생하는 것을 고찰해야 할 것이다. 우유들은 이미 쟁점으로부터 배제된다. 잘 알려져 있다시피 양(quantitas)이라는 우유에게는 통상적으로 일종의 개별성과 "개체화의 원리"로서의 어떤 역할이 돌려졌다.[36] 이런 역할은 기껏해야 2차적이라는 것이 위의 인용문으로부터 분명해졌을 것이다. 토마스는 개별자에 관한 그의 강의를 계속하고 있다.

> 그러나 좀 더 특별하고 좀 더 완전한 양식으로(quodam speciaoiri et perfectiori modo) 특수자와 개별자는 (단지 수동적으로 영향을 받기만 하는 것이 아니라 스스로의 힘으로 행위하는) 자기 자신의 행위를 통제하는 '이성적' 실체들 속에서 발견되어야 한다. 그런데 행위들은 '단독자들' 안에 있다.[37]

---

34. *ST*, I, q.29, a.1.
35. "개별적인 것"이 모든 범주 안에서 발견된다는 사실 자체는 그것이 유비적 용어라는 것을 함축하고 있다. 토마스가 『권능론』에서 말하고 있는 것처럼(q.7, a.7), 어떤 빈사도 실체와 우유들에 대해서 일의적으로 빈술될 수 없다.
36. Cf. *ST*, III, q.77, a.2.
37. 인간의 형이상학적 경험을 건설한다는 관점에서 볼 때, 개체들(또는 자립하는 사물들)과 작용들의 연합은 1) 현실적 실존과 2) 운동 또는 변화 양자의 고유 주체들(또는 "담지자들")로서의 합성된 사물들에 대한 경험에 연관되어야 한다. 이리하여 아리스토텔레스는 『형이상학』(IX, 3, 1047a31-b2)에서 우리가 "~에 대하여 생각함"을 실존하지 않는 사물들에 적용하는 데 반해 '운동'은 오직 실존하는 것에만 적용한다는 사실을 지적하고 있다. Cf. Thomas Aquinas, *In Metaph.*, IX, lect.3, nn.1805-6; Aristoteles, *Metaphysica*, I, c.1, 981a12-24. 영혼의 분리 가능성 문제가 고유한 작용을 가지고 있다는 데 달려 있다는 아리스토텔레스의 가르침은 앞에서 제시한 숙고

그러므로 또한 다른 실체들과는 대조적으로 이성적 본성을 지닌 '단독자들'(singularia)은 특별한 이름을 가지게 된다. 이 이름이 바로 "인격"(persona)이다.

따라서 위에서 말한 인격에 관한 정의 속에 "개별적 실체"가 놓여 있다. 왜냐하면 그것(인격)이 실체의 유에 속하는 단독자를 의미하기 때문이다. 그러나 '이성적 본성을 지닌'이 부가된다. 그것이 이성적 실체들 가운데 있는 단독자를 의미하기 때문이다.[38]

우리는 위의 핵심적 고찰("활동은 단독자들 안에 있다"는 언명의 인용)로부터 단수성 또는 개별성을 본질적으로 구성하는 바를 추적하고 있다. 그것은 양태들 또는 차원들 속에서 드러나는 어떤 것이지만 어떤 실체가 사건들의 작위자나 원리인 한에서 가장 충만히 실현되는 어떤 것이다.

개별자는 정의될 수 없으므로 보에티우스가 잘못을 범했다고 주장하는 반론에 대해서 토마스는 "단수성의 일반적 성격"(communem rationem singularitatis)이 정의될 수 있다고 응수하며, 아리스

들로부터 파생한다. Cf. *De anima*, I, 1, 403a10-12.
38. *ST*, I, q.29, a.1. 똑같은 요점이 『권능론』(q.9, a.1, ad3 & ad8)에서도 제시되고 있다. 그렇지만 반론3에 대한 응답에서 토마스는 개체와 활동 사이의 관계를 좀 더 완벽하게 제시하고 있다. "개별적 실체가 그것이 그 자체를 통해서 실존한다(per se existat)는 것을 고유 성질로 가지고 있는 것과 마찬가지로, 그것은 또한 그것이 그 자체를 통해서 행동한다(per se agat)는 것도 고유 성질로 지니고 있다. 왜냐하면 어떤 것도 현실태로 있는 존재자(ens actu)가 아니고서는 행동할 수 없기 때문이다. 또한 그렇기 때문에, 열(熱)은 그 자체를 통해서 존재하는 것이 아닌 것과 마찬가지로 그 자체를 통해서 행동하는 것도 아니다. 오히려 뜨거운 것이 열을 통해서 가열한다. 그러나 '그 자체를 통해서 행동한다'(per se agere)는 것은 다른 무엇보다도 이성적 본성을 지닌 실체들에 더 높은 등급으로 속한다. 왜냐하면 오직 이성적 실체들만이 자기 고유의 행동에 지배권을 가지고 있어서, 행동하고 안 하고는 그들 권한에 속하기 때문이다. 그러나 다른 실체들은 행하기보다는 외부로부터 겪는 일이 더 많다. 그러므로 이성적 본성을 지닌 개별 실체가 특별한 이름을 가지는 것이 적합하다"(*De potentia*, q.9, a.1, ad3).

토텔레스에 의해 주어진 제일실체의 정의를 지적하고 있다.[39]

그렇지만 우리의 현재 관심사를 위해서 가장 중요한 반론과 그에 대한 응답은 세 번째에 온다. 이의제기자는 보에티우스의 정의를 비판하면서 '개별적'이 정신 바깥의 어떤 사물의 이름이 아니라 논리학자의 숙고임을 지적한다. 즉 어떤 "사물"(res)의 이름이 아니라 단지 "지향"(intentio)의 이름에 불과하다는 것이다. 그런데 그 인격은 하나의 실재적 사물이라는 것이다. 따라서 그는 보에티우스의 정의가 부적절하다고 주장한다.

토마스는 그 정의에서 '개별자'의 의미를 조심스럽게 설명하는 것으로 응수한다.

> 실체적 차이들은 우리에게 알려져 있지 않기 때문에 또는 이름이 지어져 있지 않기 때문에, 가끔은 실체적 [차이들] 자리에 우유적 차이들을 활용할 필요가 있게 된다. 이것은 예컨대 "불은 단순하고 따뜻하며 건조한 물체이다"라고 말할 때와 같다. 왜냐하면 고유한 우유들은 실체적 형상들의 결과이고 그것들을 드러내주기 때문이다. 마찬가지로 '논리적 관념들'(intentiones)이, 어떤 실재적 사물들의 아직 지어지지 않은 이름들의 역할을 하도록 수용되는 한에서 '실재적 사물들'을 정의하기 위하여 받아들여질 수 있다. 이리하여 이 '개체'(individuum)라는 이름은, 특수한 실체들에 속하는 자립하는 양식(modum subsistendi qui competit substantiis particularibus)을 의미하기 위해서 인격의 정의 속에 삽입된다.[40]

---

39. ST, I, q.29, a.1, ad1. 제시되고 있는 참고문헌은 아리스토텔레스의 『범주론』이다: "실체는 그 단어의 진정하고 일차적이며 결정적인 의미에 있어서는 어떤 주체에 대해서 빈술되거나 어떤 주체 안에 현존할 수 없는 것으로서, 예컨대 개별적 사람이나 말과 같은 것들이다"(Categoriae, 3, 2a11).
40. ST, I, q.29, a.1, ad3. 『권능론』에서도 똑같은 것을 지적하고 있다: "'개체'는 개별적인 존재 방식을 가리키기 위해서(ad designandum individualem modum essendi) 인

같은 절의 또 하나의 반론에서는 인격의 정의 속에서 사용되는 '실체'라는 용어의 의미에 관해서 묻고 있다. 토마스가 선호하는 응수는 다음과 같다. "실체는 그것이 제일실체와 제이실체로 나누어지는 한에서 '보편적으로'(communiter) 취급된다. 그리고 '개별적'이라는 수식에 의해서 그것은 제일실체를 가리키는 것으로 좁혀져 한정된다."[41] 이보다 전에 쓴 토마스의 설명에서는 이것을 좀 더 충분히 설명하고 있다.

'실체'가 제일실체와 제이실체로 구분될 때 이것은 어떤 유를 종으로 구분하는 것과 같은 구분이 아니다. 왜냐하면 '제일실체' 속에 포함되지 않은 것은 아무것도 '제이실체' 속에 포함되지 않기 때문이다. 그것은 오히려 존재의 다양한 양태에 따른 유의 구분(secundum diversos modos essendi)이다. 왜냐하면 '제이실체'는 그 자체로 바라본 그 유의 절대적 본성이지만, '제일실체'는 개별적으로 자립하는 것으로서의 그것(그 본성)(ut individualiter subsistentem)을 의미하기 때문이다. 따라서 그것은 유의 구분이라기보다는 유비적인 것의 구분이다(magis est divisio analogi quam generis). 그러므로 '인격'은 참으로 종으로서는 아니고, 오히려 실존하는 것의 종적 양태를 규정하는 것으로서(ut specialem modum existendi determinans) 실체의 유 안에 포함된다.[42]

격의 정의 속에 편입된다"(*De potentia*, q.9, a.2, ad5).
    In Sent., I, d.25, q.1, a.1(Mandonnet, p.601)에서의 '인격'에 관한 보에티우스의 정의에 관한 토론에서, 토마스가 『신학대전』(I, q.29, a.1)과 『권능론』(q.9, a.2)에서 '개별자'를 취급하는 방식과 얼마나 다른지에 주목하라. 『명제집 주해』에서는 그것이 아직도 단지 어떤 지향(intentio)의 이름이다.
41. *ST*, I, q.29, a.1, ad2.
42. *De potentia*, q.9, a.2, ad6.

이리하여 우리는 논의 전체가 얼마나 존재를 (고유의 존재를 가지고 있는 자립하는 것에 의존하고 있는) 양태들로 나누는 구분에 관한 것인지를 알게 된다.

'있는 것'을 보편자와 개별자로 나누는 이 구분이 의미하는 바가 정확히 무엇인지 아는 것은 그리 쉽지 않다. 보편자를 존재자들이라고 말해야 하는가? 분명히 『대이교도대전』의 한 논거는 그것이 개체보다는 그 칭호에 있어서 권리가 적다고 주장한다. 신의 섭리가 우연적인 단독자들에게로 확대된다고 논증하면서 토마스는 이렇게 말하고 있다.

> 위에서 말한 것처럼 신이, 존재자인 한에서의 존재자의 원인(entis inquantum est ens)이기 때문에, 그분이 존재자인 한에서의 존재자를 위한 섭리자(provisor)일 필요가 있다. 왜냐하면 그분은 사물들의 원인인 한에서 그것들을 위해서 섭리하기 때문이다. 그러므로 존재자는 어떤 양식으로 존재하든지 간에(quocumque modo est) 그분의 섭리 아래 있게 된다. 그러나 단독자들은 존재자들(entia)이고, 보편자들보다 더욱 그러하다. 보편자들은 스스로 자립하지 못하기 때문에, 오직 단독자들 안에서만 존재한다(sunt). 그러므로 단독자들에 대해서도 신의 섭리가 있다.[43]

---

43. *ScG*, III, c.75(ed. Pera, n.2513; Pegis, no.13). Cf. *In Anal. Post.*, I, lect.37(Leonina ed., Paris, Vrin; Roma, Commissio Leonina, 1989, ll.173-187; Spiazzi, n.330): "그리고 그[아리스토텔레스]는 만일 보편자가 하나의 가지성(rationem) 덕분에 일의적으로 아니라 여럿에게 말해진다면, 보편자는 이성에 속하는 것에 관한 한(quantum ad id quod rationis est), 다시 말해 학문과 증명에 관한 한, 특수자들보다 덜한 존재자가 아니라 오히려 더한 존재자일 것이다. 왜냐하면 불멸하는 것은 가멸적인 것보다 더 존재자(magis ens)이기 때문이다. 보편적 가지성(ratio universalis)은 불멸적인 데 반해 특수자들은 가멸적이고, 가멸성은 모든 것에 공통이며 출산에 의해서 보존되는 종의 가지성 때문이 아니라 개별적 원리들 때문에 그들에게 발생한다. 그러므로 이성에 속하는 것에 관한 한, 보편자는 특수자보다 '더' 존재자이다. 하지만 자연적 자립성에 관한 한(quantum vero ad naturalem subsistentiam) 특수자

이리하여 우리는 보편자가 정확하게 자립하는, 즉 고유하게 그 자신의 존재를 가지고 있는 개체와는 대조적으로 '내속하는 것'으로 보인다는 것을 알고 있다. 인간 영혼보다 낮은 실체적 형상들의 경우에서 볼 수 있듯이, 내속하는 것들은 심지어 실체의 유 안에서 조차도 발견된다.[44]

우리의 주제를 자립하는 사물에 고유한 존재방식으로 설정하였기 때문에,[45] 이제는 토마스가 어떻게 자립자 또는 개별자의 상이한 양태들에 관해서 보여지는 존재의 장면 또는 파노라마를 제공하는지 살펴보기로 하자. 자립성 또는 '존재를 가짐'과 관련하여 토마스는 이렇게 말하고 있다.

그런데 사물에는 많은 존재방식들(modus essendi rerum)이 있다. 왜냐하면 그 본성이, 이 개별적 질료 안에서가 아니라면 '존재를 가지지'(habet esse) 못하는 존재자들도 있기 때문이다. 물체적 사물들은 모두 이런 양태의(huiusmodi) 존재자들이다. 그러나 그 본성들이 어떤 질료 안에서가 아니라 그 자체로 자립하는, 그러면서도 그들 고유의 존재가 아니라 존재를 가지고 있는(esse

---

들이 더 존재한다(magis sunt). 그리고 그래서 '일차적이고 주된 실체들'이라고 불리는 것이다."
44. Cf. *ST*, I, q.45, a.4. (자립하는) 인간 영혼보다 낮은 등급의 실체적 형상들을 지적함으로써 나는 보편자에 관한 한 가급적 "실재주의적"이고자 노력하고 있다. 실체적 형상은 보편자가 아니라 그 원리다. 물질적 사물의 본질 또는 무엇임은 물질적 사물 자체와는 구별되고, "형상적 부분"의 역할을 한다(*ST*, I, q.3, a.3). 무엇임, 실체적 형상, 그리고 사물을 논하는 데 있어서의 여러 문제에 대해서는: Cf. L. Dewan, "St. Thomas, Metaphysics, an Fromal Causality", *Laval theologique et philosophique* 36(1980), 285-316.
45. '존재 방식' 자체를 위해서는 더 이상의 탐구를 요구한다. 여기서 '방식'(modus)이라는 일반적 관념은 어떤 형상적 특성의 '기준'(measure)을 의미한다(Cf. *ST*, I, q.5, a.5). 이리하여 우리는 통상적으로 어떤 '완전성'을 가지고 있는 '수용자'를 생각하게 된다. 신의 경우에 신적 본질의 단순성이 그분이 '가지고' 있는 것이 무엇이든지 간에 신이 '존재'할 것을 요구한다(Cf. *ScG*, I, c.23, n.218).

habentes) 것들인 존재자들도 있다. 우리가 '천사들'이라고 부르는 비물체적 실체들은 이런 양태의 존재자들이다. 신에게만 고유한 존재 방식은 그분 자신이 자신의 자립하는 존재(suum esse subsistens)라는 것이다.[46]

우리는 성 토마스가 자립하는 사물 자체를 소개하기 위해서 자주 강조하는, '존재를 가짐'에서와 같은 '가지다'라는 단어의 용법에 주목해야 한다. 이리하여 예컨대 참으로 '만들어진' 사물의 종류를 제시하는 데 있어서 그는 '만들어짐'이 '존재함'에 질서 지어져 있다고, 그래서 고유하게 만들어지는 것은 고유하게 존재한다고 말한다. 그것은 무엇인가? "고유의 존재 안에 자립하는(quasi in suo esse subsistens), 그 자체로 존재를 가지고 있는 것(quod ipsum habet esse)이 고유하게 '존재한다'고 말해지는 것이다. 따라서 오직 실체만이 고유하게 그리고 참으로 '존재자들'이라고 말해진다."[47]

우리는 위의 그림을 개체에 관해서 명시적으로 설정된 것으로 발견할 수 있다. 이제 우리는 『원인론 주해』 제9명제의 한 인용구를 고찰하기로 하자. 이것은 그 작품에서 가장 중요한 강의들 가운데 하나다. 왜냐하면 최고의 원인의 원인성과 그것이 나머지 모두에 비해서 존재자와 어떤 관계를 맺고 있는지와 관련되기 때문이다. 토마스는 순수 존재로서의 신이라는 저자의 개념과, 형상과 존재의 합성체로서의 창조된 것인 '분리된 실체'를 소개하고 있다. 논의의 마지막에 가서 가능한 반론이 제기된다. 만일 신이 순수 존재라면 그분은 '개별적' 존재자가 아닐 것이다. 그분은 오히려 모든 것에 대해 빈술(賓述)되는 "공통 존재"(esse commune)일 것이다.

---

46. *ST*, I, q.12, a.4.
47. *ST*, I, q.90, a.2.

그리고 오직 개체들만이 행동을 하거나 외부의 행동들을 겪을 수 있기 때문에, 그분은 원인이 아닐 것이다. 반론은 신적 존재가 개별화되기 위해서는 '어떤 것 안에 수용되어야' 한다는 것이다. 명백한 요점은 어떤 것이 개별화되기 위해서는 존재 그 자체를 설정하는 것만으로는 부족하다는 것이다.[48]

토마스는 존재 그 자체가 어디서나 개체화를 제공한다고 응답하는가? 전혀 그렇지 않다. 그는 오히려 최초의 원인에 있어서의 개체화를 그것이 '어떤 것에도 수용되지 않음'과 연관시키고 있다.

그러나 이것에 대해서 [『원인론』의 저자는] 신적 존재의 바로 무한성이 어떤 수용자에 의해 제한되지 않는 한에서 최초의 원인 안에서 다른 사물들 안에 있는 '일리아팀'(yliatim)의 역할을 한다고 말한다. 이것은 다른 존재자들 안에서 수용된 공통적인 것의 개체화가 그 수용자에 의해서 초래되기 때문인데, 그래서 신적 선성과 존재는 바로 그 고유의 순수성에 의해서, 즉 어떤 것에 의

---

48. St. Thomas Aquinas, *Super Librum de causis expositio*, prop.9, ed. H.D. Saffrey, OP, Fribourg, Societe philosophique; Louvain, Nauwelaerts, 1954, pp.64-65: "Posset enim aliquis dicere quod, si causa prima est esse tantum, videtur quod sit esse commune quod de omnibus praedicatur et quod non sit aliquid individualiter ens ab aliis distinctum; id enim quod est commune non individuatur nisi per hoc quod in aliquo recipitur. Causa autem prima est aliquid individualiter distinctum ab omnibus aliis, alioquin non haberet operationem aliquam; universalium enim non est neque agere neque pati. Ergo videtur quod *necesse* sit dicere causam primam habere *yliatim*, id est aliquid recipiens esse."
   Cf. St. Thomas Aquinas, *Commentary on the Book of Causes*, tr. V.A. Gagliardo, OP, Ch. Hess, OP, and R.C. Taylor, Washington, CUA Press, 1996, p.72.
   Cf. M.-D. Roland-Gosselin, OP, "Le principe de l'individualite", in *Le 'e ente et essentia' de s. Thomas d'Aquin*(Le Saulchoir, Revue des sciences philosophiques et theologiques 1926), pp.49-134. 그가 제일 먼저 소개하는 신학자인 기욤 도베르뉴는 그의 『우주론』(*De universo*, ca.1231-36)에서 이름을 거명하지 않은 채 신적 개별성과 관련하여 『원인론』을 지적하고 있다. 롤랑 고슬랭은(p.73, n.3) 기욤 도베르뉴의 한 구절을 인용하고 있다(*Opera omnia*, Orleans, 1674, t.I, *De universo*, I, 2, c.9, p.852 a D): "et posuerunt ei individuum dicentes quia individuum ejus est bonitas pura."

해서도 수용되지 않았다는 사실을 통해서 개별화된다. 그리고 그것이 이처럼 그 고유의 순수성에 의해서 개별화된다는 사실로부터 그것이 그 지성체와 다른 사물들에 선성을 스며들게 할 수 있다는 것을 알게 된다.[49]

우리는 모든 공통적 사물 안에서 개체화를 설명하는 것이 바로 수용자임을 안다. 우리는 신을 제외한 다른 모든 것 안에서 존재가 어떤 수용자 안에 수용되는 어떤 것과 같다는 점을 잊어서는 안 된다.[50] 성 토마스의 가르침에서 그것은 다른 모든 것에게 개체화를 주는 어떤 것의 역할을 하기가 거의 불가능하다.

토마스는 개체화를 위해서 물질적인(또는 거의 물질적인) 어떤 것을 요구하는 것으로 보이는, 어떤 다른 사람의 본문과 더불어 작업

---

49. p.65, ll.7-15: "Sed ad hoc respondet quod ipsa *infinitas* divini *esse*, inquantum scilicet non est terminatum ad aliquod recipiens, habet in causa prima vicem *yliatim* quod est in aliis rebus. Et hoc ideo quia, sicut in aliis rebus fit individuatio rei communis receptae per id quod est recipiens, ita divina *bonitas* et esse individuatur ex ipsa sui puritate per hoc scilicet quod ipsa non est recepta in aliquo; et ex hoc quod est sic individuata sui puritate, habet quod possit *influere bonitates super intelligentiam et alias res*"(Cf. Gagliardo, p.72). 번역문은 나 자신의 것이다. 그러나 이것은 갈리아르도, 헤스, 테일러의 훌륭한 번역을 반영하고 있지 않다. 그들은 'per id quod est recipiens'를 "through what the recipient is"라고 옮기고 있지만, 나는 "by the receiving that-which-is"라고 옮겨야 한다고 생각한다. 즉 그 수용자는 언제나 '있는 것' 또는 자립하는 것의 역할을 가지고 있는 것이다.
50. *ST*, I, q.4, a.1, ad3. 나는 카프레올루스가 존재에 관한 성 토마스의 가르침을, 자립하는 것 자체의 본성으로부터 가장 먼 피조물에 대한 형이상학적 분석 속에 있는 것으로서 표현하고 있다는 것을 떠올렸다. "존재는 모든 자립하는 피조물들 가운데 최소한의 것이기 때문에, 그것은 고유하게 창조되거나 허무화되지 않고, 존재하거나 존재하지 않는 것도 아니며, 시작하거나 멈추지도 않는다. 그러나 이 모든 것은 존재 자체에 대해서가 아니라 그 존재를 통해서 존재하는 것에 대해 말해진다"(Cum ergo esse creaturae minime subsistat, non proprie creatur, aut annihilatur, aut est, aut incipit, aut desinit; sed omnia talia dicuntur de illo quod est per illud esse, et non de ipso esse)(Johannes Capreolus, *Defensiones theologiae divi Thomae Aquinatis*, ed. C. Paban et T. Pegues, Turonibus, Alfred Cattier, 1900, 1: 327a). Cf. L. Dewan, "Capreolus, saint Thomas et l'etre", in *Jean Capreolus et son temps 1380-1444 Colloque de Rodez* [special number, no.1 of *Memoire dominicaine*], ed. G. Bedouelle, R. Cessario, and K. White, Paris, Cerf, 1997, pp.77-86.

할 수밖에 없었기 때문에, 계속해서 자기 자신의 개체화에 관한 설명을 제공한다.

이것이 명백해지기 위해서는 어떤 것이 그 본성상 여럿 안에 있지 않다는 사실로부터 '개별자'라고 불리는 것으로 생각해야 한다. 왜냐하면 보편자는 본성상 여럿 안에 있는 것이기 때문이다.

그러나 어떤 것이 그 본성상 여럿 안에 있지 않다는 것은 두 가지 방식으로 일어날 수 있다. 하나는 그것이 그 안에 (현존하고) 있는 어떤 하나의 사물로 한정된다는 사실에 의해서 일어난다. 예컨대 하양은 그 종의 특성에 의해서 본성상 여럿 안에 있을 수 있지만, 이 주체 안에 수용된 이 하양은 이것 안에서가 아니라면 존재할 수 없다.

그러나 이 방식은 무한히 전개될 수 없다. 왜냐하면 『형이상학』 제2권에서 입증되듯이 우리는 형상인과 질료인에 있어서 무한히 전개할 수 없기 때문이다. 이리하여 그 본성상 어떤 것 안에 수용되는 것이 아닌 어떤 것에 도달할 필요가 있고, 이로부터 예컨대 그것은 단독성의 원리인 물체적 사물들 안에 있는 제일 질료와 같은 개체화를 가지게 된다.

그러므로 그 본성이 어떤 것 안에 있는 것이 아닌 모든 것은 바로 그 사실 자체에 의해서 개별적일 필요가 있다. 그리고 이것은 어떤 것이 여럿 안에 있는 본성을 지니고 있는 것이 아닌 두 번째 방식이다. 예컨대 만일 하양이 주체와는 독립적으로 실존하고 있었다면, 그것은 바로 이런 식으로 개별자였을 것이다.[51]

---

51. 『자유토론문제집』에는 대단히 흥미있는 본문이 들어 있다(*Quodl*.7, q.4, a.3[10], Leonina ed., Roma, Commissio Leonina; Paris, Cerf, 1996, t.25/1, pp.22-24). 토마스는 신이 하양이나 다른 물체적 성질이 양 없이 실존할 수 있도록 만들 수 있는지를 묻고는, 그렇다고 대답한다. 우리는 어떤 성질 속에서 그것이 그것을 통해서 종

그리고 존재를 가지고 있는 형상들인 분리된 실체들과 자립하는 존재인 최초의 원인 그 자체 안에는 바로 이런 식으로 개체화가 있다.[52]

무엇이 이보다 더 명료할 수 있겠는가? 토마스는 "존재 그 자체"로 가져올 충분한 기회가 있었지만 결코 그렇게 하지 않았다.

그렇다면 성 토마스의 가르침 안에는, 어떤 것은 어떤 개체 안에 수용되는 것과 같은 본성을 지니고 있지 않다는 "보편적"(global) 이론이 있다. 사물들 안에서 이것은 질료로부터 온다. 자립하는 형상들 안에서는 (존재가 아니라) 형상 자체가 요구되는 본성을 가지

적 특성을 얻게 되는 본성과, 그것에 의해서 그것이 다른 감각적 하양으로부터 구별되는 이 '감각적' 하양이 되는 개별화를 구별해야 한다. 신은 기적을 통해서, 그 본성이 어떠한 양 없이도 자립하도록 만들 수 있다. 그러나 그 하양은 이 '감각적' 하양은 아닐 것이다. 그것은 플라톤이 설정하였던 분리된 형상들과 같은 어떤 가지적 형상일 것이다. 그렇지만 이 개별화된 '감각적' 하양이 양 없이 있다는 것은 일어날 수 없다. 반론1에 대한 응답에서 그는 가설적인 기적으로 분리된 하양을 "물체적이 아닌 영적 성질"이라고 묘사하고 있다.

이 비교적 초창기 본문에서 토마스는 "개별화"라는 용어를 규모의 양 속에서 발견되는 감각적 하양에 유보하고 있다. 한편 우리의 현재 본문은 자립하는 가설적 하양 자체를 개별적인 것으로 제시하고 있고, 자립적인 형상에 대해서 "개별화"라는 말을 쓰고 있다.

52. "Ad cius evidentiam considerandum est quod aliquid dicitur esse individuum ex hoc quod non est natum esse in multis; nam universale est quod est natum esse in multis. Quod autem aliquid non sit natum esse in multis hoc potest contingere dupliciter. Uno modo per hoc quod est determinatum ad aliquid unum in quo est, sicut albedo per rationem suae speciei nata est esse in multis, sed haec albedo quae est recepta in hoc subiecto, non potest esse nisi in hoc. Iste autem modus non potest procedere in infinitum, quia non est procedere in causis formalibus et materialibus in infinitum, ut probatur in II *Metaphysicae*; unde oportet devenire ad aliquid quod non est natum recipi in aliquo et ex hoc habet individuationem, sicut materia prima in rebus corporalibus quae est principium singularitatis. Unde oportet quod omne illud quod[p.66] non est natum esse in aliquo, ex hoc ipso sit individuum; et hic est secundus modus quo aliquid non est natum esse in multis, quia scilicet non est natum esse in aliquo, sicut, si albedo esset separata sine subiecto existensis, esset per hunc modum individua. Et hoc modo est individuatio in substantiis separatis quae sunt formae habentes esse, et in ipsa causa prima quae est ipsum esse subsistens"(Ed. Saffrey, pp.65-66).

고 있다. 신 안에서는 존재 자체가 자립하는 그런 본성을 지니고 있다. "개별자"는 '유비적으로'(analogice) 공통적이다. 또는 여러 양태로 구분된다.

이제껏 나는 개체화에 있어서 양의 역할에 관해서는 한마디도 하지 않았다. 나는 오히려 명백히 양이나 어떤 우유로부터 유래될 수 없는 자립하는 사물의 존재 양식에 초점을 맞추었다. 토마스는 초창기 본문들에서 동일한 종 내에서 존재자들의 다수화에 초점을 맞추고 개체화를 일종의 꾸러미(package)로 취급하고 있다.[53] 어떻게 인간 본성의 계기들은 서로서로 구별되는가? 그 답은 형상 자체에 놓여 있는 것도 아니고 질료 자체에 놓여 있는 것도 아니다. 그것은 오직 규모적 양에 예속되는 것으로서의 질료 안에 놓여 있다. 규모적 양은 모든 질료 안에 현존하고 있는 실체적 형상, 물체성에 수반되는 것으로 제시되고 있다. 토마스는 이 일반적 이론을 결코 포기하지 않지만, 후기의 개진에서는 그것이 일차적인 형이상학적 쟁점인 자립하는 사물의 존재 양식으로부터 조심스럽게 구별되고 있다.[54] 규모는 여럿 안에 있을 수 있는 어떤 형상으로

---

53. 여기서 근본적 작품은 앞에서 언급했던 롤랑 고슬랭의 작품이다. 롤랑 고슬랭은 (p.105, n.2) 『명제집 주해』 제1권에서의 개체화 논의를 추적하면서, 『명제집 주해』 제1권 제9편 제1문 제2절(Mandonnet, pp.248-249)에서 "질료의 구분"에 의해 종 내 개체들의 다수화 가르침을 확인하게 된다고 말하고 있다. 여기서 단지 "어떤 것 안에 있지 않음"이 아니라 다수화 문제에 대해서 말하고 있다는 것을 유념하라.
54. 나는 『권능론』 제9문 제5절 제13답이 우리에게, 토마스가 결국 조심스럽게 구별해야 한다고 보는 두 측면을 제시하고 있다고 생각한다. 이 본문에서 개별화하는 원리들은 "자립의 원리들"(principium subsistendi)이라고 불리고 있다. 나에게는 『신학대전』 제1부 제29문 제2절 제5답에 있는 보에티우스의 가르침이 아니라 바로 이것이 옳은 것으로 여겨진다. 그러나 이것을 여기서 취급할 수는 없다.

천사들의 본성과 기체 사이의 구별에 관하여 논하고 있는, 비교적 후기 본문으로 여겨지는 『자유토론문제집』 제2토론 제2문 제2절에서 토마스는 천사의 본성이 질료에 의해서 개별화되는 것이 아니라 그 자체로 개별화된다고 주장한다. 왜냐하면 그러한 형상은 어떤 질료 안에 수용되는 그런 본성을 지니고 있지 않기 때문이다. 그렇지만 거기에는 본성과 기체 사이의 구별이 있다. 사물들은 본성 자체에 대해서는 빈술될 수 없지만 기체에 대해서는 빈술될 수 있기 때문이다. 이 사고 노선은 개체화와 자립성 사이를 구별하려는 경향이 있는, 개체화에 대한 보다 초창기 접근법에 좀

제한하는 역할을 하고, 그래서 그것은 아직도 '~안에 있음'[즉 내속]을 가지고 있지만, 오직 어느 하나 안에서만 존재를 가지고 있다. 제일 질료는 '~안에 있음'의 측면을 몽땅 제거하는 역할을 한다. 이런 두 쟁점의 구별은 빵과 포도주의 규모적 양이 성체성사의 다른 우유들의 주체인지를 논하는 『신학대전』 제3부 제77문 제2절에서 더욱 분명해진다.[55] 우리는 그것을 또한 위의 『원인론 주해』로부터의 인용구로부터도 살펴보았다. 나는 이 쟁점들의 구별이 개체와 개체화에 관한 토마스의 입장을 이해하는 데 핵심적이라고 믿는다.

이 논문에서 나의 주요 목적은 첫째, 개체화를 존재 현실력 자체와 연결시키는 입장을 비판하는 것이고, 둘째, 토마스 측에서의 개체 자체에 관한 진정한 보편적 접근법, 즉 개별자를 하나의 존재양식으로 보는 접근법을 보여주려는 것이었다. 나는 이상으로 토마스의 독자들로 하여금 존재의 다양한 차원들에 따라 다양한 개체화의 "원리들"이 있다는 사실에 주목할 만큼 충분히 이야기했다고 믿는다.

더 유사하다는 인상을 준다. 후기의 관점은 자립성을 일차적 개체화로 만들고 있다.
55. 『신학대전』 제3부 제77문 제2절의 가르침은 『원인론 주해』에서의 가르침과 동일하다. 나는 현실적으로 전자의 '신학적' 성격에 이의를 제기하는 독자를 만난 적이 있기 때문에 오직 후자만을 활용한 것이다.

제2부
후대의 비판적 논의

5. 스코투스의 개체화

티모시 눈

개체화 문제에 관한 어떤 중세 사상가의 관점에 접근할 때, 우리는 낯선 영역에 들어가는 셈이다. 우리 대부분에게 더 잘 알려진 것은 정반대 문제인 보편자 문제이다. 왜냐하면 고대 철학의 대표자들, 즉 플라톤과 아리스토텔레스 사이에서뿐만 아니라, 그들의 중세 추종자들과 그 상대자들 사이에서도, 큰 의견 불일치의 뿌리에는 보편자의 본성이 자리 잡고 있기 때문이다. 반면에 개체화 문제는 고대 철학에서 비교적 주목받지 못했고, 중세에 이르기 전까지는 제대로 문제화되지 못했다. 따라서 개체화 문제를 제대로 취급하기 위한 첫 번째 과제는 어떤 인물이 그 문제에 대해 어떤 해결책을 제시하였는지를 개진하기에 앞서서, 문제가 과연 무엇인지를 살펴보는 일이다.

둔스 스코투스의 경우에, 그의 견해를 직설적으로 간명하게 소개하는 일은 악명 높도록 어려운 일이다. 물론 그것은 그것의 복잡함과 정교함 때문에도 그러하지만, 또한 그의 입장이 흔히 개체화 문제에 관한 다른 중세 철학자들의 해결책들을 충분히 비판한 연후에야 비로소 그의 본문들에 제언되고 있기 때문이기도 하다. 결과적으로 개체화에 관한 스코투스의 입장을 제대로 이해하기 위해서는 적대적 입장들에 대한 그의 비판에 깊은 주의를 기울일 것과 동시에 그 자신의 해결책을 표현하고 있는 본문들을 주의 깊게 읽을 것이 요구된다.

이런 점을 염두에 두고 우리는 스코투스의 개체화 이론에 세 단계로 접근해 갈 것이다. 첫째, 스코투스의 이론을 포함하고 있는 본문들을 열거하고, 개체화 문제에 관한 개관을 질서 있게 해볼 것이다. 둘째, 현재 학술토론 회기의 목적에 맞추어, (토마스의 개체화론이 13세기 후반의 다양한 꼴을 가진 토미스트들에 의해서 세 가지 방식으로 해석된) 성 토마스의 개체화론에 대한 스코투스의 비판을 면밀히 검토할 필요가 있다. 셋째, 개체화 문제에 관한 스코투스 자신의 해결책이 짧게 개진될 것이다. 그다음, 조셉 오웬스 신부에 의해 해석된 토마스의 개체화 이론[1]과 스코투스 자신의 해결책 사이에 어떤 병행점과 차이점이 있는지를 살펴보고, 천사적 박사와 정교한 박사 사이의 의견 불일치의 궁극적 원천이 무엇인지를 짧게 검토할 것이다.

검토해야 할 스코투스의 본문들을 열거하는 작업에 들어가기에 앞서, 먼저 스코투스의 기본 정신이 무엇인지를 말해야 한다. 스코투스의 전반적 입장의 기본 정신은 그가 플라톤의 『필레부스』(16C-18D)에서 채택되고, 포르피리우스의 『이사고게』에서 풍부하게 다음과 같이 요약되고 있는 개체관에 대한, 항구하고도 지칠 줄 모르는 반대자라는 사실에 주목함으로써 충분히 감지될 수 있다. "플라톤은 우리에게 무한자[개체들]를 제쳐두라고 권고하고 있다.

---

1. Joseph Owens, "Thomas Aquinas(b.ca.1225; d.1274)", in *Individuation in Scholasticism: The Later Middle Ages and the Counter-Reformation, 1150-1650*, ed, Jorge J. Gracia, Albany, State University of New York Press, 1994, pp.171-194. 이것은 그의 이전 논문("Thomas Aquinas: Dimensive Quantity as Individuating Principle", in *Mediaeval Studies* 50[1988], pp.279-310)을 좀 더 광범위한 문맥으로 정교화시킨 논문이다.

왜냐하면 그것들은 알려질 수 없기 때문이다."[2] 개체화 문제에 관한 스코투스의 생각은, 개체들에 관하여 형이상학적 설명이 주어져야 하는데, 이것은 우리 경험 속에서 그것들에 관한 가장 놀라운 것을 존중하는 일임을 강조함으로써, 형이상학에서 개체들에게 충분한 공간을 마련해주려는 열망에 의해서 추동되고 있다. 개체들은 각기 독특하고, 또 우리가 마주치는 것들 가운데 가장 기본적인 또는 근본적인 것들(entia per se)이다.[3]

개체화에 관한 스코투스의 전문적이고 확장적인 논술은 『명제집』 강독에 대한 여러 교정본을 제외하고도 다섯 개이다. 즉 『강독』(*Lectura*) II, d.3, qq.1-6; 『정본』(*Ordinatio*) II, d.3, qq.1-6; 『파리 보고록』(*Reportata Parisientia*) II, d.12, qq.3-8; 『형이상학 문제들』(*Quaestiones super libros Metaphysicorum*) VII, q.13; 그리고 도미니코회 신학자 윌리엄 고디누스(William Godinus)와의, 소홀히 취급되었지

---

2. Porphyry, *Isagoge*, c. 'De specie'(ed. Busse, 6:12-17); *Aristoteles Latinus* I, 12, ed. L. Minio-Paluello and B. Dod(Bruges-Paris; Desclee de Brouwer, 1961).
3. 물론, 나는 스코투스가 이승에서 개체들이 그 궁극적인 구성적 개별적 차이에 관해 알려질 수 있다는 생각이었다고 제안하려는 것이 아니다. 오히려 스코투스가 개별성의 존재론적 지위를 인정할 필요와, 그것을 형이상학적 틀 속에서 설명할 필요를 강조하고 있다는 점을 지적하려는 것이다. 더욱이 개체화에 관한 상당수의 중세 논의는 개체들이 그 자체로 우리에게 유일한 것으로서 제시된다고 진술하는 현상학적 관점을 취하는 듯이 보인다. 이리하여 개체에 관한 어떠한 포괄적인 철학적 설명도, 중세의 철학자와 신학자에 의해서 제공된 순전히 존재론적 분석 그 이상을 요구하는 것으로 보인다.
  여기서 '유일한'(unique)이라는 표현이 그라시아가 그의 책 *Individuality: An Essay on the Foundations of Metaphysics*(Albany, NY: State University of New York Press, 1988), p.34에서 지적한 것과 같은 난점들을 제기하지 않도록 하기 위해서, 나는 '유일한'의 의미를, 하나의 개체로서 그 개체의 반복 불가능성을 지칭하고, 한 개체가 어떤 종류의 여럿 가운데 하나로서 있을 가능성을 미리 배제할 필요는 없는 것으로 간주하고 싶다.
  이승에서 개체들을 알 수 있음에 관하여: Cf. John Duns Scotus, *Quaestiones super libros Metaphysicorum Aristotelis* VII, q.15, nn.18-32[ed. Vives, nn.5-9]. 이하에서 제시되는 전거 인용은 모두 최근에 '프란치스칸 연구소'(The Franciscan Institute)에서 발간된 비판본에 근거한 것이지만, 편의를 위해서 '비베판'도 병기하였다(이제부터 *Quaestiones super libros Metaphysicorum Aristotelis*는 *Quaestiones*로 약칭할 것이다).

만 매우 중요한 논쟁을 담고 있는 「질료가 개체화의 원리인가?」 (Utrum materia sit principium individuationis)라는 논술이다.[4] 연대적으로 말해, 『명제집』에 관한 주해서들은 스코투스의 학술활동 여러 시기에 걸쳐 있다. 『강독』은 1290년대 옥스퍼드 강의의 기록이고, 『정본』은 연대미상의 이 동일한 강독들에 대한 후대의 교정본이며, 『파리 보고록』은 1302년부터 1305년 사이 스코투스의 파리 강독들의 보고록이다. 아리스토텔레스의 『형이상학』 후반부(VII-IX권)에 대한 『형이상학 문제들』은 아마도 『정본』 이후의 것으로, 어쩌면 『파리 보고록』과 동시대 것일 가능성이 매우 높으며, 「고디누스-스코투스 논쟁」은 1305년 봄이거나 아니면 1305-1306년일 가능성이 높다.[5] 내가 여기서 주로 사용하는 것은 『형이상학 문

---

4. 이 설명에서 나는 『자유토론문제집』에 실려 있는 것과 같은 부가적 논술들과 또 『파리 보고록』 제3편 제2문에 실려 있는 것과 같은 짧거나 체계적이지 못한 논술들을 망설임 끝에 고려하지 않기로 하였다.
   고디누스에 관해서는: Cf. Martin Grabmann, "Kardinal Guilelmus Petri de Godino, O.P.(†1336) und seine Lectura Thomasiana", in *Divus Thomas* 4(1926), pp.385-403. 「고디누스-스코투스 논쟁」의 본문은 (불만족스러운 판형이기는 하지만) 다음과 같은 논문 속에서 찾아볼 수 있다: Clemens Stroick, "Eine Pariser Disputation vom Jahre 1306: Die Verteidiugng des thomistischen Individuationsprinzips gegen Johannes Duns Scotus durch Guilelmus Petri de Godino, O.P.", in *Thomas von Aquino; Interpretation und Rezeption, Studien und Texte*(Walberberger Studien: Philosophische Reihe, bd.6), heraus. Willehad Paul Eckert, O.P., Mainz: Matthias-Gruenewald Verlag, 1974), pp.559-608. 스트로익은 또한 그 논쟁에 대한 같은 제목의 한 연구논문을 발표하였다(in *Tommaso D'Aquino nella storia del pensiero: II. Dal Medioevo ad Oggi*, Napoli, Edizioni Domincane Italiane, 1974, pp.306-315).
   이 논쟁에서 스코투스는 다섯 개의 반론을 제기하고, 이어서 고디누스가 답변한다. 수사본들의 여백에는 화자(話者)들이 바뀌는 것을 적절하게 잘 표기해놓고 있다. 스트로익판은 단 하나의 수사본(Erfurt, Bibliotheca Amploniana, MS F 369{=E})으로부터 옮겨적었기 때문에도 만족스럽지 못하고 또 스코투스의 작품 인용에서도 불만족스러워서 필자는 현재 수정본을 준비하고 있다.
5. Charles Balic, *John Duns Scotus: Some Reflections on the Occasion of the Seventh Centenary of His Birth*, Roma, Scotistic Commission, 1966, pp.22-37; Allan Wolter, "Introductio", in John Duns Scotus, *Philosophical Writings: A Selection*, 2nd ed. 1962; Indianapolis-Cambridge, Hackett Publishing, Co., 1987, pp.xiii-xxix; Franz Pelster, "Handschriftliches zur Skotus mitneuen Angaben ueber sein Leben", *Franziskanische Studien* 19(1923), 15-16; Wolter, "Reflections on the Life and Works of Scotus", *American Catholic Philosophical Quarterly* 67(1993), 1-36. 만일 이것이 두 교수 사이에 벌어진 것

제들』, 『정본』, 「고디누스-스코투스 논쟁」에서 발견되는 개체화 논술이고, 다른 것들은 필요한 경우에만 참조할 것이다.

사용해야 하는 본문들은 너무도 많다. 개체화 문제 자체에 관해서는, 학술적 생애 대부분을 서구 철학 안에서 그 문제 연구에 바친 조지 그라시아 교수의 지혜로부터 끌어내는 것이 최선책일 것이다.[6] 기본 쟁점은 어떤 원리, 원인, 또는 존재성이 왜 우리가 경험 속에서 개별적인 사물들을 만나게 되는지를 설명하는 것이라고 묘사될 수 있다. 물론 문제를 진술하는 이 방식은 적어도 두 가지를 가정하고 있다. 첫째는 개별적인 형이상학적 단위들이 있다는 것이고, 둘째는 형이상학적으로 말해서 우리가 개별적 사물들에 부여하는 지위가 무엇이든지 간에 그들의 지위를 설명할 필요가 있다는 것이다.

첫 번째 것은 직접적 경험의 문제이기 때문에 우리의 관심 밖이지만, 두 번째 가정은 좀 더 전개시킬 필요가 있다. 왜냐하면 그것은 더 많은 문제를 제기하기 때문이다.

첫째, 그것은 도대체 우리가 개별적 사물들을 어떻게 지칭하거나 알게 되는지를 설명하고자 하는 어의학적 또는 인식론적 이론을 숙고하는 대신에, 개체들을 형이상학적 용어들로 설명할 필요

이라는 펠스터의 견해가 옳다면, 이 논쟁은 1305년 봄이나 아니면 1305-1306년에 일어났음이 틀림없다. 왜냐하면 1304년 성령강림절에 고디누스는 툴루즈의 관구장직을 마치고 파리의 교수직을 맡게 되었지만, 1306년에는 교황청의 신학강사가 되었는 데 반해(Cf. Jacobus Quetif and Jacobus Echard, *Scriptores ordinis Praedicatorum recensiti*, Paris, Ballard-Simart, 1791, I, 591a-593a; Frederick J. Roensch, *Early Thomistic School*, Dubuque, Iowa, The Priory Press, 1964, pp.120-124), 스코투스는 아마도 1305년 초까지는 아직 신학교수에 취임하지 않았을 것이기 때문이다(Cf. Wolter, "Reflections", 12).

6. 위의 각주 3번에서 인용한 Individuality 외에도: Cf. J. Gracia, *Introduction to the Problem of Individuation in the Early Middle Ages*, 2nd. rev. ed. 1984, München-Vienna, Philosophia Verlag, 1988; *Individuation in Scholasticism: The Later Middle Ages and the Counter-Reformation, 1150-1650*, Albany, State University of New York Press, 1994.

가 있는지라는 문제를 제기한다. 좀 더 거칠게 표현하면, 왜 우리는 세상에 있는 모든 것이 온통 개별적이라고 말하고, 이른바 개체화 문제를 그릇된 형이상학적 관점으로부터 제기되는 가짜-문제라고 적어버리고, 우리의 주의를 우리가 사용하는 보편적 용어들이 어떻게 개별적 사물들을 집어내는지(pick out)로 '돌리지' 않는가? 이런 접근법의 그림자는, 예를 들면 스코투스의 옥스퍼드 스승 가운데 한 사람인 프란치스코회 신학자 윌리엄 웨어(William Ware)의 지지를 받으면서, 이미 스코투스의 시대에도 알려져 있었다.[7] 스코투스는 아퀴나스와 동일한 온건 실재주의적 전통 안에서 작업하며, 주로 그들의 입장이 (그것이 우리의 보편적 개념들과 우리가 그 개념들을 통해 안다고 가정하는 세계 사이의 형상동일성[isomorphism]을 뒤흔드는 한에서) 우리의 세계 인식 능력에 파괴적인 결과를 초래한다는 근거에 의존해서, 웨어와 다른 사람들의 급진적 개체주의적 명제를 배격하였다.[8]

둘째, 우리가 개별적 사물들을 설명할 필요가 있다는 가정은 어떤 개별성 관념, 즉 우리가 개체라고 규정하는 사물들에 적용되는 존재론적 지위를 미리 가정하는 듯이 보인다. 여기서 다시 그라시

---

7. Cf. Willam Ware, *In Sent.*, II, d.9, q.3(Vienna, Nationalbibliothek, MS 1424, f.117va): "Ad aliud, cum quaeritur per quid individuabitur species, per se aut aliunde; dico quod argumentum procedit ex falsa imaginatione acsi species praecederet individuum et adveniret sibi aliquid per quod individuaretur"; Roger Marston, *Quodlibet*, II, q.30(BFS XXVII 297): "Haec ergo videtur esse causa deceptionis hominum, quia imaginamur quod forma de se sit communis, cum secundum veritatem natura nunquam intendit nisi singulare et particulare." Cf. Duns Scotus, *Quaestiones*, VII, q.13, n.53 [ed.Vives, n.8].
8. 스코투스가 근본적 개체주의(radical individualism)의 명제를 배격하는 또 하나의 이유는 그런 이론이 경험 안에서 만나는 반복 가능한 요소들, 즉 소크라테스와 플라톤 안에 있는 인간성을 설명하지 못하기 때문이고, 또 세계 내 사물들 상호간 일치의 높고 낮은 정도, 즉 소크라테스가 돌멩이보다는 플라톤을 더 닮았다는 사실을 설명하는 데도 실패하기 때문이다.

아의 논의가 매우 유익하다.[9] 철학자들은 개별성을 다음의 다섯 가지 개념을 통해 설명하고 있다: 빈술(賓述)불가능성(소크라테스는 어떤 다른 것에 대해서 말해질 수 없다), 동일성(소크라테스는 전에는 창백하더니 지금은 불그스레한데도 불구하고 지금도 전과 똑같은 사람이며, 너무도 자기-동일적이어서 원칙적으로 어떤 다른 것과 동일시될 수 없다), 나뉠 수 있음(소크라테스가 어떤 더 큰 무리 또는 종, 즉 인간으로 분류될 수 있는 능력), 구별(소크라테스라는 이 개체가 그 종 내의 어떤 다른 것, 즉 플라톤과 동일하지 않음), 불가분성(계기화 불가능성 또는 반복 불가능성, 즉 소크라테스는 다시 나타날 수 없다. 내가 위에서 말한 각 사물의 유일성).

개별성의 이 다섯 가지 주요 특성 가운데에서 스코투스는 마지막이 가장 중요하고 기본적인 것이라고 지적한다. 참으로 이 점에서 우리는 그의 강조가 (토마스 자신은 아니더라도) 토미스트들의 강조와 다르다고 말할 수 있다. 예를 들면, 고디누스와의 논쟁이라는 특히 열띤 순간에, 스코투스는 그 문제를 다음과 같이 진술한다.

> 이[즉 고디누스의] 입장을 거슬러: 우리가 이 논의에서 묻고 있는 단수성은 여럿 가운데 그 자체 하나인 어떤 것(aliquid per se unum in entibus)이다. 그것에게는 주체적 부분들로 구분된다는 것이 어울리지 않는다. 이 어울리지 않음에 대해서는 오직 단 하나의 원인이 있을 뿐이다.[10]

---

9. 개별성의 이 다른 특성들에 대한 유용한 진술을 보기 위해서는: Cf. Gracia, *Individuation in Scholasticism*, pp.9-13.
10. "Contra: [om. Stroick] singularitas, de qua quaerimus, est illa quae est aliquid per se unum in entibus, cui repugnat dividi in partes subiectivas; istius repugnantiae non potest esse nisi una causa…"(Godinus/Scotus, "Utrum materia", E, f.73v(ed. Stroick, p.596).

'그것에게는 주체적 부분들로 구분된다는 것이 어울리지 않는다'는 구절은 계기화 불가능성(non-instantiabilitas)의 관념을 표현하기 위한 것이다. 즉 소크라테스는 그의 심장이나 허파처럼, 또는 그의 육신과 영혼처럼 통전적 부분들로 구분될 수 있다. 그러나 주체적 부분들, 즉 각각이 구분되는 사물의 한 계기가 되는 그런 부분들로는 나누어지지 않는다(그러나 정반대로 인간은 소크라테스와 플라톤으로 구분된다). 참으로 스코투스의 개체화 관점 안에서 계기화 가능성은 개별성으로서의 개별성 관념과 모순된다.

1. 스코투스의 아퀴나스 비판

『형이상학 문제들』에서 스코투스는, 긍정적이고 본성 자체와는 구별되는 어떤 원인에 의해 개체화가 설명되어야 한다는, 개체화를 인정하는 이론들을 취급하는 절에서, 토마스의 개체화 이론의 공과를 검토하고 있다. 개체화 원리가 어떤 특정 개별자에 속하는 우유들(즉 양), 질료, 존재 현실력, 그리고 (개체가 그것을 산출하는 작위자에 대해 가지는) 관계의 집합이라고 제안하고 있는 이론들은 바로 이 일반적인 지침 아래에 있게 된다. 토마스의 입장이 어떻게 해석되느냐에 달려 있는 토미스트의 이론, 또는 그 변안은 양, 질료, 존재라는 세 주제 아래에 오는 것으로 간주될 수 있다.[11]

---

11. 개체화의 원리가 양이라는 관점은 주로 에지디우스 로마누스와 연결되어 있지만, 적어도 수적 단일성에 관해서는 비-토미스트인 고드프리드 퐁텐(Godefroid de Fontaines)도 비슷한 입장을 취했다. 윌리엄 고디누스와 요한 드 파리는 개체화의 원리로서의 질료를 주장하였지만, 그들은 둘 다 양에 비판적인 역할을 돌렸다. 그리고 '존재'가 개체화의 원리라는 주장은 요한 드 파리에 따르면, 『명제집』에 대한 에지디우스 로마누스의 초창기 주해뿐만 아니라 그의 『공리』(*Theoremata*)와도 연결되어 있다.
　원리로서의 양에 관하여: Cf. *In Sent.*, IV, d.12, q.1, a.1, qc.3, in corp. et ad3, ed. P. Mandonnet et M. Fabianus Moos(Paris: Lethielleux, 1929), 501-503; *ST*, I,

토미스트의 이론들을 평가하는 스코투스의 첫 번째 방법은 그것들을 일반적인 용어로 집합적으로 고찰하는 것이다. 그는 이런 맥락에서 그것들을 그의 4중 비판에 예속되는 것으로 성격 지운다. 왜냐하면 그것들은 모두 실체들의 개체화를 설명하기 위해서 우유적인 어떤 것에 호소하기 때문이다[12](스코투스는 우유들의 개체화가 그것들이 내속하는 실체들과의 연관 속에서 설명되어야 한다고 믿기 때문에, 실체들의 개체화에 집중하고 있다). 스코투스에 따르면, 네 가지 고찰(quadruplex via)이 토미스트의 이론들이 무효화된다는 결론을 압박하고 있다: 1) '그 자체 존재자'로서의 실체 관념, 2) 우유에 대한 실체의 존재론적 우위, 3) 수적 단일성의 본성, 4) 각 범주적

---

q.50, a.2(Editio Leonina, Roma, 1882-), V, 5b; III, q.77, a.2, in corp.(ed. Leonina XII 196b); *ScG*, II, c.50, arg.1(ed. Leonina XIII 383a); IV, c.65(ed. Leonina XV 209b); Aegidius Romanus, *Quodlib.*, I, q.11, in corp.(ed. Venice, 1502, f.7ra-b); Godefridus de Fontaines, *Quodlib.*, VII, q.5, *Les Philosophes Belges*, ed. M. De Wulf et J. Hoffmanns(Louvain: Institut Superieur de Philosophie, 1914), III, 328; ID., *Quodlib.*, VI, q.16, in corp.(PhB III, 259); Thomas de Sutton, *Quodlib.*, I, q.21, ed. M. Schmaus(München: Bayerische Akademie der Wissenschaften bei Handlung, C. H. Beck, 1969), pp.140-143, 146. 고드프리드의 입장에 대한 철저한 분석을 보기 위해서는: Cf. John F. Wippel, *The Metaphysical Thought of Godfrey of Fontaines*, Washington, The Catholic University of America Press, 1981, pp.349-369.

개체화의 원리로서의 질료에 관해서: Cf. Aristoteles, *Metaphysica*, VII, t.28(AL XXV 137; Z c.8, 1034a4-8). 이 이론을 위한 아퀴나스의 주요 본문은 초창기의 *De ente et essentia*, c.2(ed. Leonina XXXXIII 371a-b)이지만, 그 외에도: Cf. *In Sent.*, IV, d.11, q.1, a.3, qc.1(ed. Mandonnet-Moos, 445); *ST*, I, q.7, a.3(ed. Leon. IV, 75b); III, q.77, a.2(ed. Leon. XII, 196b); *ScG*, II, c.75, arg.1(ed. Leonina XIII, 473a); c.83, arg.20(ed. Leon. XIII, 523b); c.93, arg.2(ed. Leon. XIII, 563a); III, c.65, arg.3(ed. Leon. XIV, 183b); IV, c.63(ed. Leon. XV, 201 ab); Aegidius Romanus, *Quodlib.*, I, q.11, in corp.(f.7ra-b); Godefroid de Fontaines, *Quodlib.*, VII, q.5, in corp.(PhB III, 324).

'존재' 이론에 관해서는: Cf. Thomas Aquinas, *Responsio ad Fr. Joannem Vercellensem de 108 articulis*, q.108(ed. Leon. XXXII, 294b); *Compendium theologiae*, c.71(ed. Leon. XXXXII, 104a); Aegidius Romanus, *In Sent.*, I, d.36, princ.1, q.1(ed. Venetia, 1521, f.185v N). 에지디우스의 이론에 대한 분석을 보기 위해서는: Cf. Peter E. Nash, "Gils of Rome, Auditor and Critic of St. Thomas", *The Modern Schoolman* 28(1950-1951), 1-20.

12. Scotus, *Quaestiones*, VII, q.13, n.20[ed. Vives, n.3]: "Istud autem quod videtur commune omnibus, aut saltem tribus primis opinionibus de individuatione, 'per accidens formaliter', potest improbari quadruplici via satis rationabili."

질서의 통합성.

제일실체라는 의미에서의 실체는 1차적이고 가장 참된 의미에서의 '그 자체 존재자'(ens per se)이다. 그것은 활동과 작용의 원천일 뿐만 아니라 또한 빈술의 궁극적 주체이기도 하다. 만일 그렇다면, 실체와 우유의 어떠한 결합 또는 모음은 그 자체로 '그 자체 존재자'가 아니라 '우유적으로'(per accidens) 한 존재자이다. 따라서 어떤 우유(심지어는 양)와 실체의 모음은 일차적인 그 자체 존재자로서의 실체를 개별 존재자로 만드는 것이 무엇인지를 설명할 수 없다. 우유는 말하자면 그 자체 존재자로서의 실체의 반열 바깥에 있다.[13]

두 번째 고찰은 이 고찰과 밀접히 연관되어 있다. 실체는 우유보다 우위를 차지한다. 실체는 어떤 본성의 우위에 의하여 우유보다 우위를 점한다. 그러므로 이 실체는 실체인 한, 본성상 이 우유보다 우위에 있다. 그러나 만일 이것이 사실이라면, 이 우유(즉 이 양)는 그것이 의존하고 있는 실체를 이것이 되게 만들 수 없다. 왜냐하면 그 설명에 따르면 존재론적으로 뒤따르는 것이 존재론적으로 우위에 있는 것보다 본성적으로 우위에 있다는 말인데, 이것은 불가능하기 때문이다.[14]

세 번째 고찰은 개별성을 비계기화 가능성(non-instantiabilitas: 이것을 스코투스는 자주 '단수성'[singularitas]이라고 부르고 있다)으로 간주하는 스코투스 자신의 강조로부터 발생한다. 만일 어떤 단수적 개별 존재성이라는 것이 비계기화적이고, 문제의 그 존재성이 어떤 실체라면, 어떠한 우유적 변형을 겪는다고 하더라도 실체적

---

13. Scotus, *Quaestiones*, VII, q.13, n.21[ed. Vives, n.3].
14. Ibid., q.13, n.24[ed. Vives, n.3].

변화만 겪지 않는다면 문제의 그 존재성은 '이것'으로 남아있지, '비-이것'이 되지는 않는다. 그러나 어떤 특정 실체에 속하는 우유들은 그 실체의 지속 내내, 때로는 근본적으로까지 변화를 겪는다. 그렇다면 그때 그 변화하는 우유들이 규모적 양처럼 개체화의 원인으로 예증되는 것들이어야 한다면, 그 실체는 어떠한 실체적 변화가 포함되지 않은 채 '비-이것'이 될 것인데, 이것은 실체의 경우에 수적으로 하나 또는 단수적이라는 것이 의미하는 관념에 모순되는 셈이 될 것이다.[15]

네 번째 고찰은, 각각의 범주적 또는 빈사적 질서가 (그 범주적 질서에 대한 해석과는 무관하게) 또 다른 질서의 구성원들과 혼동됨이 없이 완성되어야 한다는 관념으로부터 이끌려 나온다. 예를 들면, 우리는 질이나 또는 다른 범주에 주의를 기울임이 없이, '양'으로부터 '지속적 양'으로, '선'에서 '이 선'으로 움직일 수 있어야 한다. 그렇지만 만일 실체의 범주를 취해 그 범주적 하강을 보충하고자 시도한다면, 우리는 토미스트적 방식들에 기초해서 다만 종(즉 인간)에 도달할 수 있을 뿐이다. 우리는 어떤 우유적 범주에 주의를 기울임이 없이는 '이 사람'에 도달할 수 없다. 왜냐하면 개체화에 관한 토미스트적 이론들에 비추어볼 때, 그것은 '사람'으로부터 '이 사람'을 산출하는 실체의 질서 바깥에 있는 어떤 것이기 때문이다.[16]

스코투스가 여기서 수행하고 있는, 아마도 가장 논란적이지만 일반적인 비판에 핵심적인 것은 양, 질료, 존재 현실력이라는 세 가지 길 모두를, 어떤 우유적인 것을 통하여 개체화를 설명하려는 것으로 보고 있는 그의 성격 규정이다. 그러나 이것은 적어도 질료

---

15. Ibid., q.13, n.27[ed.Vives, n.4].
16. Ibid., q.13, n.28-30[ed.Vives, n.4].

를 개체화의 원리로 제시하는 방식에 있어서 명백하지 못한 것으로 보인다. 분명 질료가 개체화의 원리라고 주장하는 것은 어떤 실체적 원리가 개체화의 열쇠라고 설정하는 셈이고, '존재'에 대해서도 같은 것이 말해질 수 있을 것이다. 토미스트적 방법들에 대한 스코투스의 요약을 듣고, 그것들이 우유를 개체화의 원리로 만드는 것이라는 그의 성격 규정의 타당성을 평가하기로 하자.

앞의 두 가지 방식[우유들의 다발과 양]은 분명히 하나의 우유가 개체화의 원리라고 설정하고 있다. 세 번째 방식[질료]도 통상적으로는 두 번째 것을 포함하고 있는 것으로 이해된다. 왜냐하면 절대적으로 취해진 질료에 있어서의 차이는 그 가능성의 본성에 따라 [다만] 물리적 유형들[만]을 구별하기 때문이다. …그러므로 [어떤 종 내에서의] 개체들을 구별하는 것은 동일한 종류의 부분들의[이성의] 차이다(그 가운데 하나는 다른 것의 바깥에 있고 다른 형상을 수용한다). 그러나 부분들 바깥의 부분들의 이런 다름은 양을 통한 질료에 속하는 것으로 설정된다. 네 번째 방식도 그 존재 현실력(esse)이 하나의 우유로 설정된다면, 역시 하나의 우유를 설정하는 것이다.[17]

이 본문에서 스코투스는 개체화에 관한 '질료주의적 이론'(Materialist Theory)이 당시 요한 드 파리(Joannes de Paris)와 윌리엄

---

17. "Primae duae viae patet quod ponunt accidens formaliter individuare. Tertia etiam communiter ponitur includere secundam, quia differentia in materia absolute secundum rationem potentialitatis distinguit genera physica, ex fine X. Ergo illa, quae distinguit individua, est differentia partium eiusdem rationis, quarum una est extra aliam, et aliam formam recipit. Sed ista diversitas ponitur in materia esse per quantitatem. Quarta etiam ponit accidens, si illud 'esse' ponitur accidens"(Ioannes Duns Scotus, *Quaestinones*, VII, q.13, n.19[ed.Vives, n.2]).

고디누스 같은 대변자들에 의하여 설명되고 있던 방식을 암시하고 있다. 질료는 다만 개체화의 먼 원리일 뿐이다. 왜냐하면 질료 그 자체는 물리적 형상들 전체에 개방되어 있기 때문이다. 질료가 어떻게 이 개체로 규정되는지를 설명하는 데 있어서, 우리는 질료를 '이 질료'(materia signata)로 만드는 결정적 요인, 즉 그 질료를 구별되는 조각들로 만드는 어떤 원리를 설정해야 한다. 토마스 자신은 (비록 그 양이 결정적인 것인지 아니면 비결정적인 것인지에 대해서는 망설였지만) 이 역할을 여러 본문 속에서 양에 돌렸다.[18] 참으로 토마스는 그의 『명제집 주해』에서 질료와 양의 규모적 특성을 개체화의 두 구별되는 원리라고 말하고 있다. 질료는 1차적 원리이고, 규모는 2차적 원리다.[19] 후대의 토미스트들은 이 점에 대해서 보다 더 명시적이었다. 단지 하나의 예를 든다면, 고디누스는 수적 다수성의 원천이 궁극적으로는 질료라고 논한다. 왜냐하면 질료는 동일한 종의 여러 형상에 대한 수용력을 소유하고 있기 때문이다. 그러나 이 수용력을 현실화로 이끄는(그래서 어떤 종에 속하는 특정 개체가 산출되게 되는) 가까운 원인은 질료에 연장(범위)을 제공하는 양이다.[20] 따라서 개체화에 관한 질료주의적 이론이 어떻게

---

18. Cf. *In Sent.*, IV, d.12, q.1, a.3, Resp.1(ed. Mandonnet-Moos, 520); *In Sent.*, III, d.1, q.2, a.5, ad1(ed. Mandonnet-Moos, 45).
   규정적 양과 비규정적 양에 관한 확장적 논의를 위해서는: Cf. Anonymus, *De natura materiae*(ed. critica): *De natura materiae Attributed to St. Thomas Aquinas*, ed. Joseph M. Wyss (Fribourg-Louvain, Soceiete Philosophique-Nauwelaerts, 1953). 『질료의 본성』은 아마도 토마스에 의해서 집필된 것 같지는 않지만, 물리적 사물들 안에서 개체화의 원리로서의 질료에 대한, 매우 열성적인 토미스트적 옹호를 제공하고 있다. 이 작품은 프레데릭 뢴쉬에 의해서 초기 영국의 토미스트였던 로버트 오르포드(Robert Orford)의 것으로 추정되었다(Frederick J. Roensch, *Early Thomistic School*, Dubuque, Iowa, The Priory Press, 1964, p.43).
19. *In Sent.*, IV, d.12, q.1, a.1, ad3(ed.Mandonnet-Moos, 503): "Et ideo primum individuationis principium est materia, qua acquiritur esse in actu cuilibet tali formae, sive substantiali sive accidentali. Et secundarium principium individuationis est dimensio, quia es ipsa habet materia quod dividatur."
20. Scotus/Godinus, "Utrum materia"(ed. Stroick, 589): "Nam licet prima radix et causa

질료가 개체화의 원리 역할을 하는지 묘사하는 데 있어서 양이라는 우유에 호소한다는 스코투스의 주장에는 (전거적, 역사적, 그리고 체계적인) 타당한 토대가 있는 것처럼 보인다. 존재를 하나의 우유로 보는 스코투스의 해석에 대해서는, 아마도 이 까다로운 점에 대한 토론을 이 논술의 마지막 부분으로 미루는 것이 가장 좋을 것이다.

이 일반적인 비판의 노선을 설정한 다음에, 스코투스는 『형이상학 문제들』과 다른 곳에서 개체화를 설명하는 특수한 토마스의 방식들 각각에 대해 이의를 제기한다. 이것들에 대한 요약적 논술 이상의 어떤 것을 지면이 허락하지 않기 때문에, 나는 다만 좀 더 중요한 것들만을 언급하려 한다.

양(量)이라는 명제를 거슬러서, 스코투스는 양이 '완결될'(terminata) 수도 있고 또 '미결될'(interminata) 수도 있다고 추론한다. 만일 후자라면, 양은 해당 물리적 개체를 선행하기도 하고 또 수행하기도 한다. 이리하여 그것은 그 개체의 유일함을 설명하는 것일 수 없다. 또는 만일 양이 '완결된' 것이라면 그런 결정적 규모는 그 개체의 실체적 형상의 표현이고, 따라서 그 규모가 그 존재성을 위해서 실체적 형상에 의존하지, 실체적 형상이 그 규모에 의존하는 것이 아니다.[21]

---

dictae pluralitatis sit natura ipsius materiae, inquantum apta nata est habere plures habilitates ad formas eiusdem rationis, tamen ad hoc quod haec potentia reducatur in actum, oportet materiam esse cum quodam alio, scilicet quantitate, ut extensa est. Et divisione enim quantitatis sequitur divisio omnis extensi." 요한 드 파리는 질료와 양의 개체화의 원리로서의 역할과 다수화의 원리로서의 역할을 구별하고 있다. Jean de Paris[Quidort], OP, *Comentaire sur les Sentences: Reportation, livre II*, Studia Anselmiana, fasc.LII, ed. Jean-Pierre Muller, Roma, Herder 'Orbis Cathoilicus', 1964), q.15(d.3, q.3), resp., 67-68: "Quia aliud est principium individuationis et aliud est principium multiplicationis individuorum sub una specie, quia hoc habet fieri per quantitatem materiam dividentem per partes."

21. Scotus, *Quaestiones*, VII, q.13, n.33[ed. Vives, n.5].

개체화에 관한 질료주의적 명제와 관련해 스코투스가 좋아하는 비판 가운데 하나는 가능성의 원리인 질료가 그 개별적 사물을 위한 규정화와 현실화의 원천 기능을 하기에 부적합하다는 것이다. 왜냐하면 질료를 개체화의 원리로 놓는 것은 개별적 단일성(unitas maxima)과 현실성의 원천을 통상적으로는 다수성과 가능성의 원천인 한 원리에 두는 것을 포함하고 있는 듯이 보이기 때문이다.[22]

이제 마지막으로, 우리는 존재 이론에 대한 스코투스의 두 가지 주요 비판에 이르게 되었다. 첫째, 비록 그 이론이 현실성의 원천을 개체화의 원리로서 추구하는 것이 정확하기는 하지만, 존재는 개체화하는 원리 안에서도 역시 요구되는 규정화의 특성을 결하고 있는 듯이 보인다. 왜냐하면 존재는 그것이 현실화시키는 본질로부터 자신의 규정화를 받기 때문이다.[23] 둘째, 만일 존재가 개체화의 원리 역할을 한다면, 엄밀하게 말해서 존재하지 않는 것은 그 어느 것도 개별적일 수 없을 것이다. 왜냐하면 정확히 그것을 개체로 만드는 것을 결하고 있는 셈이기 때문이다. 마지막의 요점은 문제적이다. 왜냐하면 그것이 우리가 어떻게 존재하지 않는 개체들(가령 나의 쌍둥이 형제)에 대해 의미있게 말할 수 있는지를 설명하기 어렵게 만들기 때문에도 그렇고, 또 개별적 사물들이 이 세상에 현실적 존재를 가지기에 앞서서 신이 그것을 아는 것을 위험에 빠

---

22. Godinus/Scotus, "Utrum materia"(ed. Stroick 588): "…quod non est per se hoc, habet causam suae distinctionis; ex quo sequitur, quod non est causa prima distinctionis. Sed materia non est se ipsa haec, nam si sit, non posset esse communis multis, ergo…."
23. Scotus, *Quaestiones*, VII, q.13, n.48[ed. Vives, n.5]: "Contra quartam viam: quod solummodo aliunde determinatur, non est ultimum determinans. Esse non deter-minatur in diversis generibus et speciebus nisi per determinationem essentiarum quarum est esse; alioquin dabimus ipsi esse proprias differentias et species et genera praeter illa quae sunt quiditatis." 개체화에 관한 '본질주의적 이론'에 대한 스코투스의 비판에 관한 연구를 위해서는: Cf. O.J. Brown, "Individuation and Actual Existence in Scotus", *The New Scholasticism* 53(1979), 347-361.

뜨리는 것 같기 때문에도 그렇다.

이쯤에서 걸음을 멈추고, 개체화 문제와 관련하여 대립적 해결책들에 대한 스코투스의 비판으로부터 배운 것이 무엇인지를 살펴보자.

첫째, 실체들의 개체화를 설명하고자 애쓰는 가운데, 스코투스는 어떤 원리가 그것들의 개별성에 대하여 가장 널리 말해지는 특성, 즉 그의 용어로 '계기화 불가능성'을 설명해주는지 발견하고자 한다.

둘째, 스코투스는 아퀴나스에게 연결되어 있는 명제들이 실체들의 경우에 개체화 문제의 깊이를 (여러 방식으로) 포착하는 데 실패하였다고 지적한다. 왜냐하면 각각의 경우에 실체적 개체화의 궁극적 토대로 우유의 질서에 호소하고 있기 때문이다.

셋째, 우리는 대립적 입장들의 강점과 단점들을 성찰함으로써, 개체화의 원리 안에서 우리가 무엇을 찾고 있는지를 함축적으로 알고 있다. 우리는 다음과 같은 특성을 가지고 있어야만 하는 개체 내의 한 긍정적인 요소인 원리를 찾고 있는 중이다. 1) 그 원리는 실체적 질서에 있어야 한다(이것은 우유적 존재자에게 호소하는 결함을 피하기 위한 것이다). 2) 그것은 하나의 현실성 원리여야 한다(질료주의적 이론이 잘못한 것은 바로 이런 원리에의 호소에 실패한 점이다. 한편 이런 원리를 설정하고 있는 것은 '존재' 이론의 강점이다). 3) 그것은 규정화의 원리여야 한다(존재 이론의 결함은 바로 이 특성을 추가하는 데 실패한 점이다). 4) 마지막으로, 그것은 그 자체가 다시 개체화될 필요가 없는 것으로서, 그 자체로 개별적이어야 한다(이것은 양적 설명의 강점이다. 왜냐하면 양은 조각들의 원천으로서, 그 자체로 개별적이기 때문이다).

2. 스코투스 자신의 해결책

여러 방식으로 우리는 이미 스코투스 자신의 입장에 도달했다. 왜냐하면 그가 개체화의 원리로 제안하는 것은, 방금 언급한 것과 같은 개체화의 원리로서 바람직한 요구 사항들에 적합한 하나의 이론적 구상인 원리이기 때문이다. 그럼에도 불구하고 그의 입장의 충만한 함축들이 무엇인지를 정확하게 설명하기 위해서는 상당한 노력이 필요하다.

먼저, 스코투스가 그의 원리를 설명하기 위해서 사용하고 있는 용어들에 관한 예비적 명료화가 이루어져야 한다. 초창기 『강독』에서 스코투스가 자기 자신의 개체화 원리를 설명하는 데 선호한 용어는 "적극적 실재성"(realitas positiva)이었다. 이것은 그 뒤 『정본』에서 "적극적 존재성"(entitas positiva)으로 계승되어 자주 나타난다. 단 한 번 스코투스는 신학적 작품들에서 그의 개체화 원리를 묘사하기 위해 형상이라는 단어를 사용하였다. 즉 『정본』 제2권 제3편 제1부 제5-6문, n.180에서 그는 "형상의 궁극적 실재성"(ultima realitas formae)이라는 용어를 사용하고 있다. 그러나 『형이상학 문제들』에서는 개체화의 원리를 진술하는 데서 형상이라는 용어를 일관되게 사용하고 있다: 즉 '개별적 형상'(forma incividualis), '형상의 궁극적 등급'(ultimus gradus formae), '이것성' 등이 제7권 13문에서 사용된 용어들이다. 이런 용어상의 흔들림을 어떻게 생각해야 한단 말인가? 용어의 변경에 상응하는 사상적인 변화가 있는 것일까? 내가 여기서 취하는 입장은, 사상적인 변화는 없고 다만 강조와 표현상의 변화만 있다는 것이다. 그러나 거기에는 분명 의견불일치의 여지가 남아있고, 흥미있는 독자는 이 문제와 관련해서 용어상 변경의 전거에 대하여 탁월한 스티븐 뒤몽

교수의 논문을 참조해야 할 것이다.[24]

스코투스의 본문 속에서 규칙적으로 발견하는 것은 그의 개체화 원리에 대한 직접적 논거들이고, 그가 '개별적 형상', '형상의 궁극적 등급', '적극적 존재성', '이것성' 등으로 부르고 있는 그 원리로써 의미하고 있는 것이 무엇인지를 설명하기 위한 일련의 유비들이다. 지면 관계상, 직접적 논거들 가운데 단 한 가지만 언급할 것이다. 단일성 일반이 존재자를 수반하는 것처럼, 어떤 특정 단일성도 어떤 유형의 존재자를 수반한다. 스코투스는 모든 사람이 개별적 단일성이 있다는 것을 인정한다고, 그리고 적어도 함축적으로는 그런 단일성이 개별 사물의 계기화 불가능성에서 성립된다는 것을 인정한다고 말한다. 그러나 만일 개별적 단일성이 있다면 그런 단일성의 존재론적 토대를 제공하기 위해서는 그것에 상응하는 어떤 적극적 존재자가 있어야만 한다. 그런 적극적 존재자는 종적 본성의 존재자일 수 없다. 왜냐하면 그 종의 형상적 단일성은, 그 종적 본성의 형상적 단일성이 비결정적이고 다수의 계기화에 개방되어 있는 한에서, 그 개체의 단일성과는 전혀 다르기 때문이다. 반면 개별적 사물의 단일성은 정확하게 어떤 식으로든 다수의 계기화에 개방되어 있지 않은 그런 단일성이다. 그러므로 개별적 단일성의 존재론적 토대 역할을 하는 어떤 개별적 존재성이 있어

---

24. Cf. Stephen D. Dumont, "The Question on Individuation in Scotus's Quaestiones super Metaphysicam", in *Via Scoti, Methodologica ad mentem Joannis Duns Scoti(Atti del Congresso Scotistico Internazionale, Roma 9-11 marzo 1993)*, cura Leonardo Sileo, vol.1, Roma, Edizioni Antonianum, 1995, pp.193-227. 스코투스의 개체화에 대한 관점을 개체화의 원리에 집중하고 있는 것으로 묘사하기 위한 전거적 보장으로「고디누스-스코투스 논쟁」에서 스코투스가 "개체화의 원인"(causa individuationis)이라는 표현을 사용하는 것을 들 수 있을 것이다: "Item, de ratione essentiali individuationis dictum est, quod duplex est causa vel ratio individuationis: una communis materiae et formae, quia sunt [sicut=Stroick] terminus actionis; alia est propria materiae, quae est 'non esse receptum in alio'"(Godinus/Scotus, "Utrum materia", E, f.73v[ed.Stroick, 596]).

야만 한다.[25]

그런 존재성이 있다는 것을 추론한 다음에, 스코투스는 그것이 무엇인지를 묘사하려고 애쓰고 있다. 그가 제안하고 있는 이론의 용어에 따르면, 개별 단일성의 궁극적 원천인 적극적 존재성은 과학적 지식의 대상일 수 없다. 왜냐하면 그것은 우리가 그것에 대해서 '무엇임'적 개념, 즉 본질적으로 여럿에게 빈술될 수 있는 개념을 형성할 수 있는 그런 어떤 것이 아니기 때문이다. 만일 개별적 존재성이 현생에서 우리의 지성을 촉발했다면, 그것은 그 개체들이 (그러한 그대로) (실재적이건 가능적이건 간에) 여하한 다른 모든 개체로부터 구별된다는 것의 표지일 것이다.[26] 우리가 개체화의 원천 역할을 하는 적극적 존재성적 원리를 직접적으로 인식할 수 없기 때문에, 스코투스는 우리가 더 잘 알 수 있는 것에 견주어 그것이 유비적으로 어떠한지를 설명해야 하고, 그것이 어떻게 작동하는지에 초점을 맞추어야 한다. 왜냐하면 우리는 적어도 이 존재성이 원인이 되는 단일성을 잘 알고 있기 때문이다.

스코투스는 그가 개체화 원리에 의해서 수행된다고 이해하고 있는 규정화(determinatio)의 역할을 종적 차이가 포르피리우스의 계통수에서 다른 항목들과 맺고 있는 상호관계와 비교하고 있다. 즉 종적 차이는 포르피리우스의 계통수에서 그보다 아래에 있는 것, 그보다 위에 있는 것, 그것과 인접하고 있는 것 등에 비교될 수 있다. 만일 종적 차이가 그보다 아래에 있는 것, 즉 종적 본성과 연관 지어 고찰된다면, 그 차이에 의해서 규정되거나 형상화되는 종적 본성은 더 이상 종적 차원에서 다수성에 개방되어 있지 않게 될

---

25. Scotus, *Ordinatio*, II, d.3, pars 1, qq.5-6, n.169(Civitas Vaticana: Typis Polyglottis Vaticanis, 1973), cura Commissionis Scotisticae, pp.474-475.
26. Scotus, *Quaestiones*, VII, q.15, nn.14-17[ed. Vives, nn.4-8].

것이다. 그것은 다른 것이 아니라 바로 그 종에게 규정되어 있다. 마찬가지로 개별적 차이는 그 개체가 더 이상 수적 다수성에 개방되어 있지 않는 방식으로 그 개체를 규정하는 것이 아니다. 그것은 다른 것이 아니라 바로 이 개체로 규정된다. 즉 그것은 비계기화적이다. 만일 종적 차이가 그보다 위에 있는 것과의 연관 속에서 고찰된다면, 우리는 그것이 유를 종으로(즉 유에 의해서 표상되는 가능성에 비교되는 일종의 현실로서) 수축시킨다고 말할 수 있을 것이다.[27] 그 때문에도 역시, 우리는 개별적 차이가 종적 본성에 대해서 비슷한 방식으로(그러나 중요하고 주목할 만한 성격규정과 함께) 기능한다고 말할 수 있다. 종적 차이와 유의 경우에, 어떤 형상적 규정화가 어떤 형상적 규정화에 덧붙여진다. 그러나 개별적 차이의 경우에는 어떤 형상이 어떤 형상에 덧붙여지지 않는다. 오히려 추가는 바로 형상의 실재 그 자체로부터 오며(개별적 존재성은 그 사물 형상의 궁극적 표현이다), 거기서 결과되는 합성체는 무엇임적 존재자 안에서 구성되는 것이 아니라, 스코투스가 물질적 존재자 또는 수축된 존재자라고 부르는 것 안에 구성된다.[28] 마지막으로 만일 종적 차이를 포르피리우스 계통수에서 그것에 인접한 항목들, 즉 다른 종적 차이들과 비교한다면, 우리는 모든 궁극적 종적 차이가 (동시에 그 종 내의 다른 항목들에게 어떤 특정 구별적인 특성을 주고, 또 그 종 내의 항목들을 그것들이 가지고 있는 존재 안에 설정하면서도) 그럼에도 불구하고 다른 차이들과 다르다고 말할 수 있을 것이다. 결

---

27. 스코투스에 의해서 사용된 "수축"(contractio)이라는 용어는 스코투스 시대에 전통적이었던 것으로 보인다. 그것의 문헌적 확인은 베이컨에게까지 소급해 올라가는 것 같다. Cf. Bacon, *Quaestiones super libros primae philosophiae Aristotelis*, pp.226-239; Jeremiah M. Hackett, "Roger Bacon(B.ca.1214/20; d.1292)", in Gracia(ed.), *Individuation in Scholasticism*, pp.117-139.
28. Scotus, *Ordinatio*, II, d.3, qq.5-6, n.182(ed. Vaticana, 480-481).

과적으로, 만일 우리가 동물을 나누는 '이성적'과 '비이성적'에 공통되는 것이 무엇인지를 묻는다면, 그 적절한 답은 (만일 무한 소급을 피하고자 한다면) 그것들이 아무것도 공유하지 않고 다만 다르다는 것뿐이다. 마찬가지로 개별적 차이들은 일차적으로 그리고 단적으로 다르다(비록 그 차이들에 의해 구성된 개체들이 동일한 종적 본성을 공유하고 있는 항목들이기는 하지만, 이것은 상이한 종 내에 있는 항목들이 그것들이 각각 일차적으로 다른 차이들에 의해서 각각의 종 내에 설정된다는 사실에도 불구하고 그 유에 참여하는 것과 마찬가지다).[29]

3. 스코투스와 아퀴나스 사이의 차이점에 대한 성찰

개체화의 원리에 대한 아퀴나스와 스코투스 사이의 차이에 관해서 우리는 무슨 말을 할 수 있을까? 거기에는 더 많은 논의를 위한 기초 역할을 하는 어떤 공통의 지반과 같은 것이 있는가? 성 토마스 자신의 관점들이 어떻게 해석되느냐에 상당히 좌우되기는 하지만, 만일 우리가 토마스의 개체화 논술에 대해 조셉 오웬스가 최근 논문에서 제안한 해석을 채택한다면, 주목할 만한 병행점들을 발견할 수 있을 것이다. 성 토마스의 개체화 이론에 대한 대다수의 해석자와는 반대로, 오웬스 신부의 해석에 따르면, 아퀴나스는 참으로 개체화 문제에 관한 보편적 이론가이다. 그가 실제로 주장하고 있는 것은, 오웬스의 견해에 따르면, '존재'가 모든 피조물 안에서 현실성의 궁극적 원천인 것과 마찬가지로, 개체화의 궁극적인 존재론적 원리라는 것이다.[30] 만일 그렇다면, 토마스는 (물리적이건

---

29. 이 단락 전체를 위해서는: Cf. Scotus, *Ordinatio*, II, d.3, pars 1, qq.5-6, nn.176-186(ed. Vaticana, 478-483); *Quaestiones*, VII, q.13, nn.115-153(ed. Vives, 17-22).

비물리적이건 간에) 개체로서의 개체에 관한 일반적 설명을 발전시키는 데 실패했다는 도전(이것은 스코투스와 고디누스의 논쟁에서 스코투스가 내세운 방법적 이의제기 가운데 하나다)을 직접적으로 벗어난다. 더욱이 만일 오웬스가 정확하다면, 아퀴나스가 궁극적으로 호소하고 있는 원리는 스코투스 자신의 '이것성'과 놀랄만한 유사성을 띠고 있다. 1) 존재는 아퀴나스에게서 적어도 현생에서는 본질적 인식의 대상일 수 없다. 2) 존재는 피조물에서 궁극적 현실성의 원천이다. 3) 존재는 다시 더 이상 개체화될 필요가 없고, 그 자체로 개별적이다. 4) 존재는 어떤 형상에 추가된 어떤 형상이 아니라 소크라테스의 '이것성'처럼 그 형상의 궁극적 현실성이다.

지적된 병행점들에도 불구하고, 우리는 또한 차이점들을 염두에 두어야 한다. 1) 그 규정화를 그것이 현실화시키는 본질로부터 수용하는 아퀴나스의 존재와는 달리, 스코투스의 '이것성'은 현실성과 규정화 둘 다의 원천이다. 2) 스코투스의 '이것성'은 토미스트의 존재와는 달리 실체의 질서, 또는 (토미스트의 용어로 말하자면) 본질의 질서 안에 있다. 3) 스코투스의 이것성은, 토미스트의 존재처럼 우리가 이승에서 (판단을 통해서가 아니라) 직접적으로 취득하게 되는 대상이다.

분명 이 차이들 가운데 앞의 두 가지는 존재를 하나의 우유로 간주하는 스코투스의 입장과 관련된다. 스코투스가 피조물 안에서 존재와 본질의 실재적 합성을 부정하기 때문에, 그는 아퀴나스가 설명하는 것과 같은 방식으로 존재가 기능하는 것을 허용할 수 없

---

30. J. Owens, "Thomas Aquinas", in *Individuation in Scholasticism*, p.186: "먼저 그 사물의 가장 기본적 현실성인 존재가 온다. …존재는 본질적 차원과 우유적 차원 양측에서 그 사물 안에 있는 모든 것을 하나의 단일한 단위로 종합함으로써 그 사물에게 철저한 개체화를 제공한다."

다. 즉 그것은 범주적인 의미에서 우유적이 아닌, 그러나 그렇다고 본질의 질서에 속하지도 않는, 공동-원리(co-principle)이다.

아퀴나스와 스코투스의 개체화 이론 사이의 차이점들에 관한 이 성찰을 마무리하면서, 잠시 여유를 부려 제3의 인물인 성 보나벤투라의 지혜를 들어보기로 하자. 그는 그들의 접근법들을 모두 강조하면서 그 문제들을 진술하고 있다. 형상과 질료를 각각 개체화의 원리라고 주장하는 대립적 이론들을 소개한 뒤에, 보나벤투라는 다음과 같은 영리한 말을 하고 있다.

> 각각의 입장이, 그것을 깊이 이해하지 못하는 사람에게는 그럴싸하지 못한 점들을 포함하고 있다. 왜냐하면 질료가 어떻게 모든 사물에 공통적이면서 구별의 주요 원천이고 원인인지를 이해하기 어렵기 때문이다. 또한 어떻게 형상이 수적 구별의 총체적이고 주된 원천일 수 있는지도 이해하기 어렵다. 각각의 피조된 형상은 자신의 본성 안에 그것 자체는 물론, '철학자' 역시 태양과 달의 경우를 언급하고 있는 것처럼, 또 다른 것을 가질 수 있기 때문이다.[31]

토마스와 스코투스가 그들의 개체화 이론을 가지고 수행하는 것을 보는 일은 보나벤투라에 의해서 그토록 잘 묘사된 딜레마를 극복하려는 노력이다. 토마스는 (수적 단일성의 그럴싸한 원천이기 위하

---

31. "Quodlibet istarum positionem aliquid habet, quod homini non multum intelligenti rationabiliter videri poterit improbabile. Quomodo enim materia, quae omnibus est communis, erit principale principium et causa distinctionis, valde difficile est videre. Rursus, quomodo forma sit tota et praecipua causa numeralis distinctionis, valde est difficile capere, cum omnis forma creata, quantum est de sui natura, nata sit habere aliam similem, sicut et ipse Philosophus dicit etiam in sole et luna esse"(Sanctus Bonaventura, *In Sent.*, II, d.13, paer 1, art.2, q.3[Quaracchi, prope Florentiam]: Collegium S. Bonaventurae, 1885, 109b).

여 필요로 하는) 규모적 양(과 궁극적으로는 존재)을 통하여 질료에게 현실성과 구별됨을 주고자 노력한다. 반대로, 스코투스는 '무엇임'적인 종적 형상과 개별적 형상(또는 적극적 존재성) 사이를 구별함으로써 형상의 관념을 수정하고 있다. 후자는 규정화와 현실성의 특성을 지니고 있지만, 그것으로 하여금 개체화의 원리 역할을 하지 못하게 막을 공통성과 수교가능성은 전혀 가지고 있지 않다. 토마스의 이론이나 스코투스의 이론을 선호하기 위해서는 먼저 보나벤투라처럼, 그들이 둘 다 딜레마를 넘어 전진시키기에 충분히 그럴듯한 설명을 하고 있는지를 가려내는 것이 필요하다.

6. 토마스의 개체화 원리에 대한 수아레스의 비판

조지 그라시아

철학자들은 과거에 자주 개체화의 원리와 개별성의 원리를 혼동하였다. 현대적 논의들조차도 하나를 다른 것으로 간주하거나 전자와 관련된 문제를 후자와 관련된 문제로 동일시하는 잘못을 범하고 있다. 특별히 비판적인 논의에서 개체화 이론에 대한 반론들은 가끔 개별성 이론을 거스르는 반론들로 간주되고, 그 역(逆)도 마찬가지다. 아리스토텔레스의 개체화 이론에 관한 한 유명한 논문에서 앤스컴(E. Anscombe)은 이 일반적인 혼란에 대해 경각심을 일깨우고 있다.

> 질료가 개체화의 원리라는 언명은 어떤 개체의 동일성이 질료의 동일성에서 성립된다는 것을 의미하는 것이 아니다. 따라서 한 사람의 육체가 그의 생애 과정에서 변한다는 것은 그것에 대한 한 반론이 아니다.[1]

당연히 이것은 '개체화의 원리'가 무엇을 의미하는지에 달려 있

---

1. G.E.M. Anscombe, "Symposium: The Principle of Individuation II", in *Berkeley and Modern Problems*, Aristotelian Society, Suppl. 27[1953], 1953, p.93.

다. 앤스컴은 다음과 같이 정당하게 말하고 있다.

> 그러나 …만일 '개체화의 원리가 무엇인가?'라는 질문이 '한 사람을 상이한 순간에 동일한 사람으로 만드는 것이 무엇인가?'를 의미하거나 적어도 그것을 포함하는 것으로 이해된다면, 그때 '질료!'라는 대답은 부조리한 것이 될 것이다. …나는 여기에 섞여서는 안 되는 두 개의 전혀 다른 문제가 있다고 말해야 한다.[2]

참으로 변하고 성장하거나 쇠퇴하는 것은 질료가 아니다. 왜냐하면 질료는 아리스토텔레스의 틀 안에서 실체라고 간주되지 않기 때문이다.[3] 변하는 것은 개체이다. 이리하여 질료의 동일성은, 만일 같은 용어들을 사용해야 한다면, (그 형이상학적 구성에서 질료가 중요한 역할을 하는) 개체의 동일성과는 다른 어떤 것이다.

개체화와 동일성을 혼동하는 가장 흥미있는 경우 가운데 하나는 토마스의 개체화론에 대한 프란시스코 수아레스의 비판 속에 현존하고 있다. 수아레스의 비판은 『형이상학 토론』(1597) 제5토론 제3절에 나타난다. 거기에서 그는 "표시된 질료가 물질적 실체들의 개체화의 원리인가?"를 묻고 있다.[4] 비판은 '해결' 안에서 일반적인 형식으로 진술되고 있다.

---

2. Ibid., p.94.
3. Aristoteles, *Metaphysica*, II, 1029a, pp.26-30.
4. 나는 여기서 라바데 로메로(S. Rabade Romero), 카발레로 산체스(S. Caballero Sanchez), 푸이세르베르 자논(A. Puigcerver Zanon)이 스페인철학도서관(Biblioteca Hispanica de Filosofia)을 위해서 편찬한 판본을 이용하고 있다(Madrid: Gredos, 1960). 이 판본은 비베(Vives) 판에서는 감지하지 못했던 중요한 수정들과 수사본 상의 이견들을 포함하고 있다. 나는 또한 재쇄된(Hildesheim, G. Olms, 1965) 1866년 파리판의 본문들도 검토하였다.

이 견해 전체는 그 자체로 볼 때 참으로 개연적이고, 일단 나로서도 받아들일 수 있다. 그렇지만 나는 이것이 아리스토텔레스와 성 토마스의 사상을 만족할 만하게 표현하지 않을지도 모른다는 두려움을 가지고 있다. 그것은 첫째, (그렇지 않다면) 만일 참으로 그리고 그 자체로 개체의 구성적 원리인 것을 생략했다면, 그들은 기껏해야 개체를 구별하거나 산출하는 '후험적'(a posteriori) 표지 또는 기회들만을 제공하고 있어서, 매우 결함이 있고 대단히 다의적인 개체화 원리를 우리에게 제공한 셈이기 때문이다. 특히 둘째로, 이 원리에 의해 그들은 질료로부터 분리된 사물들이 이런 종류의 개체화 원리를 가지고 있지 않기 때문에 여러 개체가 아니라고 결론지었기 때문이다.[5]

여기서 수아레스가 말하는 것을 그가 아리스토텔레스와 토마스에 의해 제안된 개체화에 관한 가르침을 공격하고 있는 것이라고 결론지어서는 안 된다. 그의 언명은 가르침 자체보다는 그런 가르침에 대한 해석을 가리키는 것으로 이해해야 한다. 그렇지만 그 '해결' 이전의 긴 논의에서 수아레스는 풍부한 전거 참조들과 날카로운 직접적 인용구들을 통해서, 토마스와 아리스토텔레스가 적어도 그가 공격하고 있는 가르침의 몇몇 번안들을 주장한 것처럼 보인다는 것을 보여주려고 애쓰고 있다. 그는 또한 아리스토텔레스적 또는 토미스트적 주해자들이 어디서 갈라지는지, 그리고 그

---

5. "Haec tota opinio in se quidem probabilis est, et mihi aliquando placuit; vereor tamen an iuxta illam satis explicetur mens Aristotelis et D. Thomae, tum quia, alioqui valde diminute, et cum magna aequivocatione, tradidissent nobis individuationis principium, si omisso eo, quod vere et in se est principium constitutivum individui, solum nobis tradidissent, vel signa a posteriori, vel occasiones distinguendi, aut producendi individua; tum maxime quia ex hoc principio videntur intulisse in separatis a materia non dari plura individua, quia non datur huiusmodi principium individuationis"(Ibid., p.631a-b).

들의 이론들에 대한 가능한 해석은 무엇인지를 상세하게 보여주고 있다. 더욱이 수아레스는 적어도 비판의 두 번째 측면이 직접적으로 토마스에게로 향하고 있다는 것을 기꺼이 명시적으로 언명할 태세가 되어 있다. 왜냐하면 이 주제에 대한 토마스의 수많은 언급들을 달리 해석할 길이 없기 때문이다. 그렇지만 아리스토텔레스에 관한 한 사정은 그리 분명하지 않다.

> 아리스토텔레스와 성 토마스의 사상에 관련되는 다른 문제에 관해서, 성 토마스에 대해서는, 그 해석이 달리는 서로 조화될 수 없는 그의 다른 작품과 용어들에 기초하고 있다는 것이 명백하다. 아리스토텔레스에 대해서는, 그는 이 원리를 명시적으로 그리고 형이상학적으로 연구하고 설명한 적이 없고, 다만 감각적인 사물들로부터만 물리적인 방식으로, 한 물질적 개체가 다른 것과 구별된다고 가르친 것처럼 보인다. 그렇지만 두 사상가가 이로부터 결론지은 것, 즉 비물질적 실체들 안에는 동일한 종 내에서의 개체들의 다수화가 없다는 주장은 기껏해야 개연적 힘만 지닐 뿐이다. 즉 우리가 물질적 실체들에 대해서 가지고 있는 것과 같이, 영적 실체들을 수적으로 구분되는 것으로 구별할 근거와 원리들을 가지고 있지 못하다는 사실만을 말해줄 뿐이다.[6]

인용된 본문이 말하고 있듯이, 수아레스는 토마스와 아리스토텔

---

6. "De alio vere pertinente ad mentem Aristotelis et D. Thomae, quod ad D. Thomam pertinet, constat expositionem illam fundatam esse in aliis locis et verbis eius, quae aliter conciliari non possunt. Quod vero ad Aristotelem attinet, non videtur unquam ex professo et metaphysice principium hoc investigasse et declarasse, sed solum ex sensibilibus physico more docuisse unum individuum materiale ab alio distinguere. Quod vero inde intulerunt dicti auctores, in substantiis immaterialibus non esse multiplicationem individuorum in eadem specie, hunc potest ad summum habere probabilem sensum"(Ibid., pp.631b-632a).

레스에 대한 그의 관점에서 그들의 가르침을 대단히 결함 있고 혼란스러운 것으로 만드는 두 개의 일반적 문제점을 보고 있다. 첫째는 그 가르침이 진정한 개체화의 원리보다는 개체의 구별 또는 산출의 '후험적인' 표지 또는 기회를 지적하고 있다는 것이고, 둘째는 그것이 이로부터 비물질적 존재자들 안에는 개체화가 발생하지 않는다고 결론짓는다는 것이다.

수아레스에게 두 번째 반론이 중요하다는 것은 의심의 여지가 없다. 왜냐하면 그는 이미 제2절에서 개체 개념이 천사들과 같은 분리된 실체들에게 적용될 수 있다고 결론지었기 때문이다.[7] 그렇지만 그 절에서 이 점에 충분한 주의를 기울였기 때문에, 그것을 제3절에서는 더 이상 길게 논하지 않고 있다. 후자는 전적으로 첫 번째 반론(즉 표시된 질료가 진정한 개체화의 원리라기보다는 구분의 후험적 표지 또는 기회를 가리킨다는 반론)에 대한 설명과 그 외연(확장)에만 집중하고 있다. 이것은 제3절의 한 핵심적 구절에서 분명해진다.

> 그것[즉 이 관점]에 관한 어려움의 첫 번째 원천(ratio)은 질료가 그 자체로 공통적이라는 것일 수 있다. 즉 그것은 종적 관념에 따라 질료의 많은 개체들에 공통적일 뿐만 아니라, 수적으로 동일한 질료가 (종적으로 구분되거나, 아니면 수적으로 다르거나, 아니면 적어도 연속적으로 다른) 여러 형상 아래에 있을 수도 있기 때문이다. 그렇다면 그러한 질료가 개체화의 원리일 수 있는가? 왜냐하면 개체화의 원리는 대단히 높은 정도로 특수해야(proprium) 하고 결코 많은 개체에게 (동시적으로든, 연속적으로든) 공통적

---

7. 특히 Cf. §§ 18-30, ed. cit., pp.583-593.

이지 않아야 하기 때문이다.[8]

그러므로 개체화의 원리가 표시된 질료라고 보는 견해의 지지자들이 직면하는 문제는 두 겹이다. 첫째, 수아레스에 따르면, 질료가 공통적이기 때문에 그것만으로는 개체화의 원리라고 간주될 수 없다는 것이 분명하다. 질료의 공통성은 그것 때문에 그것이 모든 물질적 사물에 공통적이게 되는 '질료로서의 질료'라는 종적 관념으로 한정되지 않는다. 그것은 동일한 수적 질료에까지 확장된다. 왜냐하면 후자는 동시적으로 상이한 종적 형상들에게나 또는 연속적으로 상이한 개체들에게 속할 수 있기 때문이다. 질료는 개체화의 원리일 수 없다. 왜냐하면 근본적으로 개별적이라는 것은 후자의 본성에 속하기 때문이다. 개체화의 원리를 구성하는 것은 (그것이 무엇이든지) 연속적으로든 동시적으로든 공통적일 수 없다.

수아레스의 요점은, 그의 이전이나 이후에 철학사의 많은 사상가들에게 인상을 심어주었던 바로 그것이다. 수아레스의 선배들 가운데 하나인 스코투스는 그것을 너무도 의미심장하다고 보아 개체화의 원리는 개체화하는 이외의 다른 아무런 기능도 가지고 있지 않다고 결론지었다. 그는 이 원리를 '이것성'(haecceitas)이라고 불렀다.[9]

---

8. "Et prima ratio difficultatis circa illam esse potest, quia materia de se communis est, non solum quatenus eadem secundum rationem specificam communis est multis individuis materiae, sed etiam quia eadem numero materia subesse potest multis formis, vel specie distinctis, vel solo numero diversis, saltem successive; quomodo ergo potest materia esse principium individuationis? Nam principium individuationis debet esse maxime proprium, et nullo modo commune, multis individuis, nec simul, nec successive"(Ibid., p.608a).
9. 스코투스가 '이것성'이라는 용어를 실제로 사용하였는지는 아직까지 불투명하다. 이 문제를 해결하기 위해서는 그의 작품들에 대한 비판본을 기다려야 한다. 우리가 지적하고 싶은 중요한 점은 그가 개별화 기능만을 담당하는 어떤 형이상학적 원리를 가지고 있다는 사실이다.

여러 면에서 수아레스의 논거는 토미스트의 가르침에 대한 스코투스의 공격을 상기시켜준다.[10] 그가 제시하는 요점은 대단히 단순하다. 질료는 형상이나 인간처럼, 여럿에게 적용될 수 있는 일반적 관념이고, 이리하여 그 여럿의 여럿성의 뿌리일 수 없다. 인간, 개, 쥐 같은 모든 물질적 사물은 질료에 참여하고 있다. 따라서 질료는 그것들을 개별적으로 다르게 만드는 것일 수 없다. 이 종적 공동성보다 더 중요한 것은 질료의 연속적인 수적 공동성이다. 어제 나의 개가 먹어 치운 쥐의 질료는 수적으로 오늘 나의 개의 부분이 되어 있다. 그리고 나의 질료는 어느 날 내 무덤에 자라날 잔디의 질료가 될 것이다. 그렇다면 질료가 개체화한다는 것이 어떻게 지탱될 수 있단 말인가? 나의 질료를 내 무덤에 자라날 잔디의 질료로부터 구별하는 것은 오직 시간과(또는) 공간이라는 우유적 정황뿐이지 질료 그 자체가 아닌 것이다. 왜냐하면 수적으로든 종적으로든 한 질료와 다른 질료 사이에는 아무런 차이도 없기 때문이다.

수아레스는 그 절의 끄트머리에서 이 요점을 강조하고 있다.

> 더욱이 많은 박학한 사람들이 그 행위의 정황과 함께 있는 질료로부터 행위자의 특정 결과들과 형상들이 결정된다는 관점에서 표현되는 것을 믿기 어렵다고 보고 있다. 왜냐하면 그 쟁점을 주의 깊게 살펴보면, 모든 정황은 이 규정화가 그것으로부터 오기에는 너무 외부적인 듯이 보이는, 시간이라는 정황으로 환원되기 때문이다.[11]

---

10. Scotus, *Opus Oxoniense*, II, d.3, 1-6(ed. Wadding, vol.9)에 있는 토론들 참조.
11. "Illud etiam, quod in ea sententia dicebatur de determinatione agentium ad particulares effectus et formas, ex materia cum circumstantiis actionis, multis et doctis viris difficile creditu videtur, quia, si attente res consideretur, omnia reducuntur ad circumstantiam temporis, quae videtur valde extrinseca, ut ab ea possit haec deter-

그러나 수아레스의 비판은 앤스컴에 의해서 지적된 혼동 속에 자리 잡고 있다. 왜냐하면 그는 '왜 x가 개체인가?'라는 질문에 대한 대답을 '왜 x는 여기와 저기, 또는 이제와 그때 동일한 개체인가?'라는 질문에 대한 대답으로 간주하고 있기 때문이다. 그는 ① 질료가 공통적이기 때문만이 아니라, 또한 ②질료가 동시적으로 그리고 연속적으로 공통적일 수 있기 때문에도, 질료가 개체화의 원리라는 것을 배격한다. 만일 질료로서의 질료가 유일한 개체화 요인으로 간주된다면, 동시적 공동성에 대한 설명은 참으로 이 관점을 위한 문제를 구성한다. 그러나 연속적 공동성의 경우에는 사정이 다르다. 후자는 필연적으로 논리적 특수성 또는 개별성, 즉 시간과는 무관하게 고찰된 개별성을 변경하는 것이 아니다. 동일한 질료를 연속적으로 소유하고 있는 두 개체 사이의 차이는 바로 그 연속이나 아니면 어떤 다른 것으로부터 올지 모른다. 마찬가지로, 시간을 관통하는 어떤 개체의 동일함은 필연적으로 질료 또는 그 개체화 원리로부터 와야 하는 것이 아니다. 이리하여 어떤 것이 왜 특수하거나 개별적인가라는 질문은 왜 어떤 것이 시간을 관통하는(또는 그 질료의 경우에는, 공간을 관통하는) 동일한 것인가라는 것과는 다른 질문이다. 아리스토텔레스의 틀 내에서 질료는 결코, 그것에 의해서 어떤 것이 시간을 관통하여 동일한 것이 되는 원리, 즉 동일성의 원리일 수 없다. 만일 그렇지 않다면, 어떤 생물체도 모든 살아있는 것들이 영양을 섭취하고 배설을 하기 때문에 동일성을 유지할 수 없었을 것이다. 그럼에도 불구하고 질료가 동일한 종류 안에서 '이것'과 '저것'을 구별하는 것이라는 논거가 아직도 가능하다.

---

minatio provenire"(op. cit., p.631b).

수아레스가 개체화하는 것이 질료도 아니고 표시된 질료도 아니며 사물들이 그 자체로 또는 그 존재성에 의해서 개별적이라고 주장한 점에서, 어쩌면 질료가 개체화의 원리라는 주장을 비판한 것은 옳았을지 모른다.

> 위에서 말한 관점들을 거슬러 이제까지 길게 논의된 것으로부터, 그리고 말하자면 일련의 제거 과정 이후에, 모든 단독 실체는 "그 자체로, 즉 그 존재성에 의해서 단수적"인 것 같고, 그 존재성에 덧붙여[다시 말해, 그 존재성을 구성하는 내밀한 원리에 덧붙여서] 어떤 다른 개체화의 원리도 필요로 하는 것 같지 않다.[12]

수아레스의 잘못은 이 점에 있는 것이 아니라, 그가 자신의 비판을 정당화하기 위해서 사용한 근거들에 있다. 그는 또한 그 문제의 또 하나의 중요한 측면에서도 잘못하였다. 그는 같은 구절에서, 이 관점의 지지자들이 양을 질료에 덧붙이도록 강요되었던 것은 그가 검토하고 있는 것들과 비슷한 고찰들 때문이라고 말하면서, 그러나 그는 이 경향이 문제를 해결하기보다는 오히려 더 큰 문제를 낳는다고 지적한다.

> 이 난점 때문에, 그 관점은 여하한 질료가 아니라 오직 양으로 표시된 [질료]가 개체화의 원리라고 덧붙이고 있다. 그러나 그 용어('표시된 질료')에 의해 표시되는 것은 너무도 모호해서 이 관점의

---

12. "Ex hactenus dictis contra superiores sententias, videtur quasi a sufficienti partium enumeratione, relinqui, omnem substantiam singularem (se ipsa, seu per entitatem suam, esse singularem), necque alio indigere individuationis principio praeter suam entitatem, vel praeter principia intrinseca quibus eius entitas constat"(Ibid., pp.644b-645a, Sect.VI). 괄호 속의 구절은 비베판을 비롯한 『토론』의 여러 판본들에서 누락되고 있다.

옹호자들은 그것을 설명할수록 서로 의견을 더욱 달리하게 된다. 그러므로 이 관점의 적합성을 더 명료하게 검토하기 위해서는 그들의 다양한 해석을 비교 검토하는 것이 필요하다.[13]

만일 수아레스의 평가가 옳다면, 그것은 그 자신뿐만 아니라 아리스토텔레스와 토마스도 개체화 문제를 동일성 문제와 혼동하였다는 것을 의미한다. 왜냐하면 시간을 관통하는 동일성을 보장하기 위해서 양을 질료에 덧붙이는 것은 동일성을 개별성과 혼동하는 것이기 때문이다. 그러나 이미 말한 것처럼, 수아레스는 여기서도 착각하고 있다. 양은 개체화 또는 동일 종 내에서의 구분을 보장하기 위해서 질료에 부가되는 것이지, 시간을 관통하는 동일성을 보장하기 위해서가 아니다. 수아레스는 페라렌시스, 카프레올루스, 토마스, 아리스토텔레스를 언급할 때, 바로 그것을 놓치고 있는 것으로 보인다.

첫 번째 해석은 양으로 표시된 질료가 양과 함께 있는 질료 또는 양에 의해서 영향을 받은 질료 이외에 아무것도 아니라는 것이다. 왜냐하면 그들은 개체화의 원리가 말하자면 이 두 가지로 합성되어 있고, 그래서 이미 말한 것처럼, 질료가 통교불가능성을 주고 양이 구분을 주는 것이라고 주장하기 때문이다.[14]

---

13. "Propter hanc difficultatem additum est in illa sententia, materiam non utcumque, sed signatam quantitate, esse principium individuationis. Quid autem illa voce significetur, tam est obscurum, ut in ea re explicanda defensores huius sententiae inter se mirum in modum dissideant. Quorum expositiones varias referre opportet et examinare, ut quanta sit probabilitas huius sententiae, clarius appareat"(ed. cit., p.608a-b. sect.III).
14. "Prima expositio est, materiam signata quantitate nihil aliud esse quam materiam cum quantitate seu quantitate affectam; ex his enim duobus censent, hoc principium individuationis quasi integrari, ut materia det incommunicabilitatem, quantitas dis-

토마스는 이 점을 『악론』에서 분명히 밝히고 있다.

규모에 예속된 질료가 수적 구분의 원리이고, 이 구분 속에서 한 종의 여러 개체들이 나오게 된다.[15]

그리고 『삼위일체론 주해』에서는 이렇게 말하고 있다.

따라서 형상은 질료 속에 받아들여졌다는 사실 때문에 '이 형상'이 된다. 그러나 질료가 (그 자체로는 구분되지 않기에) 수용되는 형상을 규정한다는 것은 질료 자체의 구분될 수 있음에 따라서가 아니라면 불가능하다. 실상 형상은 공간과 시간 속에서 구분되고 규정된 이 질료 안에 수용되지 않는 한, 질료 속에 수용되었다는 사실만 가지고는 개별화되지 않는다. 그런데 질료는 오직 양 때문에만 나누어질 수 있다. 그래서 아리스토텔레스는 『자연학』 제1권에서 질료가 제거되면 양은 분할할 수 없는 실체로 남게 된다고 말하는 것이다. 따라서 질료는 규모에 예속되는 한에서 '[양으로] 표시된 이 질료'가 된다.[16]

---

tinctionem, ut supra dicebamus"(Ibid.).
15. "···quod materia dimensionibus subiecta est principium distinctionis numeralis in his quibus inveniuntur multa individua unius speciei···"(*De malo*, q.16, a.1, ad18, ed. Vives, 1875, p.517a).
16. "Unde forma fit haec per hoc quod recipitur in materia. Sed cum materia in se sit indistincta, non potest esse quod formam receptam individuet, nisi secundum quod est distinguibilis. Non enim forma, individuatur per hoc quod recipitur in materia, nisi quatenus recipitur in hac materia distincta et determinata ad hic et nunc. Materia autem non est divisibilis nisi per quantitatem. Unde Philosophus dicit in I Physicorum quod subtracta quantitate remanebit substantia indivisibilis. Et ideo materia efficitur haec et signata, secundum quod subest dimensionibus"(*In de Trin.*, q.4, a.2: B. Decker(ed.), *Sancti Thomae de Aquino Expositio Super Librum Boethii de Trinitate*, Leiden, Brill, 1959, pp.142-143).

토마스에게 있어서 동일성은 실체와 상관이 있지, 질료와 상관되는 것이 아니다.

> …실체의 단일성이 있는 곳에서는, 유사성이나 동등성이 있다고 말하지 않고 오직 동일성만 있다고 말한다.[17]

이런 단일성은 질료가 아니라 형상을 통한 그 실체의 존재로 소급해야 한다. 질료는 개체화하지만, 존재는 시간을 통한 동일성을, 그리고 인간의 경우에는 그의 현세에서의 삶과 내세에서의 삶에 있어서의 동일성을 보장해준다.

수아레즈의 논의의 나머지 부분은, 표시된 질료의 의미와 개체화 원리로서의 기능에 대한 여러 상이한 해석들에 대한 공격으로 구성되어 있다. 그의 논거들은 깊고 설득력이 있다. 그러나 이 모임에 부과되는 시간-공간적인 제약 때문에 나는 그 검토를 다른 기회로 미룰 수밖에 없다.[18]

---

17. "…ubi est unitas substantiae, non dicitur esse similitudo vel aequalitas, sed identitas tantum"(*In Metaph.*, X, 4-5).
18. 나는 지금 수아레즈의 제5토론을 연구하며 그 영어 번역본을 준비하는 중이다[이 작품은 다음과 같은 제목으로 출간되었다: *Suárez on Individuation. Metaphysical Disputation V: Individual Unity and its Principle*, Milwaukee, Marquette University Press, 1982].

7. 그라시아와 아퀴나스: 개체화의 원리

앤드류 페인

최근에 조지 그라시아는 개별성(individualitas)의 본성과 개체화의 원리에 관한 섬세하면서도 복잡한 설명을 발전시켰다. 그는 이 관점을, 부분적으로는 개체화의 원리가 '규모적 양'(quantitas dimensiva)이라는 토마스의 표준적 설명을 비판하면서 발전시켰다. 본고에서는 그라시아를 거슬러, 올바로 이해되기만 한다면 규모적 양이 물질적 실체의 개체화를 설명할 수 있다고 논할 것이다.

이것은 이중의 전략을 요한다. 첫째, 아리스토텔레스의 『범주론』과 『자연학』에 있는 규모적 양 개념을 검토하면서 그 진정한 의미를 복원해야 한다. 조셉 오웬스와 조셉 보빅(Joseph Bobik)의 작품 속에 있는 규모적 양에 대한 표준적인 토마스주의적 개진은 그라시아가 제기한 반론들에 의해 상처를 입게 되는데, 이것은 양을 논하고 있는 아리스토텔레스로부터 선별된 구절들에 대한 검토를 필수적인 것으로 만든다. 특히 규모적 양 개념의 뚜렷한 내용을 포착하기 위해서는 이 텍스트들 속에 포함되어 있는 '위치'(positio) 관념을 집중적으로 조명해야 한다.

둘째, 토마스의 개체화 원리에 대한 그라시아의 반론들은 규모적 양에 대한 충만한 이해의 빛 속에서 고찰해야 한다. 그럼으로써 그 반론들이 필연적인 것이 아니라는 것, 그리고 규모적 양이 물질적 실체들을 위해 만족스러운 개체화의 원리를 제공한다는 것이 드러난다. 특히 『삼위일체론 주해』에서의 '수적 차이'(differentia numerica)에 대한 아퀴나스의 논의가 변론된다. 이 구절들의 결말은, 양과 위치로 표시된 질료가 어떤 규정적인(지정된) 자리를 차지할 것이지만, 구별되는 두 물질적 실체는 동시에 똑같은 자리를 차지할 수 없다는 것이다. 결국 규모적 양에 의해서 변화된 질료는 어떤 규정적인 장소와 시간으로 지정되는데, 바로 이것이 물질적 실체들을 개별화하기에 충분하다.

이 계획의 목표를 제한하기 위해서 나는 규모적 양을 오직 물체들 또는 물질적 실체들을 위한 개체화의 원리로서만 옹호할 것이다. 스콜라철학에서의 용어로, 이것들은 형상과 질료의 결합으로 구성된 합성 실체들이다. 그라시아는 규모적 양이 개체화의 원리라는 것을 배격하는데, 그것은 부분적으로는 그것이 보편적인 개체화 원리 역할을 할 수 없기 때문이다. 다시 말해, 그것은 천사, 신, 데카르트의 영혼들, 추상적 존재성들 같은 비물질적 실체들을 개체화할 수 없다.[1] 그라시아에 따르면, 개체화의 원리인 것은 각 존재자의 존재이다. 우리가 어떤 보편적 개체화 원리를 추적해야 하느냐 아니면 다양한 종류의 존재성들에 적합한 상이한 개체화의 원리를 찾아 나서야 하느냐 하는 문제는[2] 지금으로서는 옆

---

1. Cf. Jorge Gracia, *Individuality: An Essay on the Foundation of Metaphysics*, Albany(N.Y.), State University of New York Press, 1988, p.155. 그라시아가 개체화에 대한 자신의 설명을 발전시키고 있는 다른 작품들: *Suárez on Individuation*, ed. J. Gracia, Milwaukee, Marquette University Press, 1982; "Individuals as Instances", *Review of Metaphysics* 37(1983), 39-59; "Introduction: The Problem of Individuation", in *Individuation in Scholasticism: The Later Middle Ages and the Counter-Reformation (1150-1650)*, ed. J. Gracia, Albany(N.Y.), State University of New York Press, 1994, pp.1-20[=국역본: J. 그라시아(편), 『스콜라철학에서의 개체화』, 이재룡·이재경 옮김, 가톨릭출판사, 2003, 19-51쪽].
2. 드완이 바로 이런 접근법을 택하고 있다. 그는 아퀴나스의 사상에서 개별성은 하나의 존재 방식이라고 말하고 있는데, 거기서 존재는 여러 방식으로 말해진다. 그는

으로 치워두고 싶다(비록 나는 후자를 강하게 선호하기는 하지만 말이다). 대신에 나는 규모적 양이 물질적 실체들에 대해서 만족스러운 개체화 원리를 제공하는지에 초점을 맞출 것이다.

더욱이 나는 그의 작품들에 대한 역사적 탐구에 기초해서 규모적 양에 관한 아퀴나스의 충만한 가르침을 제시하려고 시도하지도 않을 것이다. 주해자들이 지적한 것처럼, 아퀴나스는 그의 마음을 바꾸었거나 아니면 적어도 개체화 원리에 관하여 집필할 때 그의 생애의 경과에 따라 자기 마음을 달리 표현한 것으로 보인다.[3] 나는 『삼위일체론 주해』에 초점을 맞추었는데, 그것이 개체화 원리에 관한 아퀴나스의 가르침 전체를 포함하고 있기 때문이 아니라, 아리스토텔레스의 자연학으로부터 추출된 관념들에 대한 결실 풍부한 노작을 볼 수 있는 곳이 바로 그 작품이기 때문이다. 이것은 개체화 원리로서의 규모적 양에 대한 철학적 변론을 정초하는 데 요구되는 것이다.

1. 규모적 양: 전통적 관점과 그라시아의 반론

개체화의 원리에 대한 검토는 사변적 통찰의 가장 결실 풍부한 원

"존재의 다양한 차원들에 따라 다양한 개체화 원리들이 있다"는 사실에 비추어서, 아퀴나스 안에서 개체에 대한 보편적 접근법을 보고 있다(Lawrence Dewan, OP, "The Individual as a Mode of Being According to Thomas Aquinas", *The Thomist* 63(1999), 424)[=국역본: 「성 토마스에 따른 존재 방식으로서의 개체」(이재룡 옮김), 『가톨릭 신학과 사상』 51(2005/봄), 355쪽].

3. 아퀴나스가 개체화 문제를 논하고 있는 텍스트들의 범위에 대한 감각을 얻기 위해서는: Cf. Joseph Owens, "Thomas Aquinas (b. ca 1225; d. 1274)", in J. Gracia(ed.), *Individuation in Scholasticism*, op. cit., pp.173-194[=국역본, 303-340쪽]. 오웬스는 아퀴나스의 초창기 작품들 가운데서도 특히 『명제집 주해』에 대해서 세심한 주의를 기울이고 있다: J. Owens, "Thomas Aquinas: Dimensive Quantity as Individuating Principle", *Medieval Studies* 50(1988), 279-310[=국역본: 「토마스 아퀴나스: 개체화 원리인 규모적 양」(이재룡 옮김), 『가톨릭 신학과 사상』 48(2004/여름), 235-279쪽].

천 가운데 하나였고, 또 계속해서 그러하다. 분명히 세계는 개별적인 사물들로 가득 차 있지만, 그것들의 개별성을 우리는 어떻게 묘사해야 한단 말인가? 서로 차이가 나는 개체들의 구별성의 원천은 무엇일까? 합성 실체들에 대한 아퀴나스의 개체화 원리가 질료의 양 또는 표시된 질료라는 사실은 잘 알려져 있다. 이 용어들은 질료가 양과 규모 또는 규모적 양이라는 우유들에 의해서 변화될 때, 형상과 질료로 이루어져 있는 어느 특정 합성체를 동일한 종에 속하는 다른 것으로부터 구별하는 역할을 한다는 것을 의미한다. 얼마간의 변경들과 더불어, 이 관점은 아퀴나스의 여러 작품 속에 나타나고, 조셉 보빅과 좀 더 최근에는 조셉 오웬스에 의해서 정교하게 묘사되었다. 그렇지만 질료 안에 수용되는 규모적 양이라는 우유가 어떻게 실제로 물질적 실체들 가운데 어느 한 종의 다양한 구성원들을 개별화하는 역할을 하는지는 아직도 명료하지 않다. 부분적으로는 이런 이유 때문에, 그라시아는 규모적 양이 물질적 실체들의 개체화 원리라는 관점을 배격했던 것이다.

이 논쟁에 가담하기 위해서 우리는, 어떤 개체성의 원리를 정식화하려는 모든 시도가 어떤 공통의 설명 부담을 감당해야 한다는 관찰로 시작할 수 있다. 그것들은 개체화 원리에 빛을 던질 수 있어야 하고, 그래서 예컨대 다양한 인간 존재자들의 개별성을 설명할 수 있어야 한다. 개체화 원리는, 그것 때문에 베드로가 1) 불가분적이거나, 또는 계기화될 수 없다(noninstantiable)는 전문적인 의미에서 수교될 수 없는 그런 것이거나, 또는 둘 이상의 사물들이 베드로라는 속성을 공유할 수 없는 그런 것이다. 2) 그리고 그것이 속한 종의 다른 모든 구성원으로부터 구별되고 다른 모든 사물로부터 구별된다. 개체화 원리는 1)과 2), 즉 불가분성(indivisibility)과 구별성(distinctness)을 위한 충만한 토대를 제공해야 한다. 만일 우리가 베드로의 불가분성과 구별성을 설명하는 데 있어서 개체화 원리 외에 어떤 것을 더 설정할 필요가 있게 된다면, 우리는 아직도 적절한 개체화 원리에 도달한 것이 아닌 셈이다.

 아퀴나스는 합성 실체들을 위한 개체화의 원리를 다양한 텍스트 속에서 다양하게 묘사하고 있지만, 언제나 양에 의해서 변화된 질료 위에 자리 잡는다. 이 관점의 표준적 제시를 우리는 『삼위일체론 주해』에서 찾아볼 수 있다. 거기서 아퀴나스는 질료를, 동일한 종의 다양한 개체들을 낳는 형상의 개체화 원천이라고 말한다.

> 실체의 유(類) 내에서 수적으로 차이가 나는 실재들은 우유들 때문에 다를 뿐만 아니라, 형상과 질료 때문에도 다르다. 그렇지만 그것들의 형상이 무엇 때문에 다르냐고 묻게 되면, 그 형상이 어떤 차이가 나는 '표시된 질료' 안에 있다는 것 외에는 다른 이유를 발견할 수 없다. 그리고 '이' 질료가 '저' 질료로부터 구분되는 이유는 양 이외에는 달리 없다. 따라서 이런 다름의 원리는 양의 주체인 질료라는 것을 알 수 있다.[4]

 한 반론에 대한 이런 답변은 개체화 원리에 대한 아퀴나스의 묘사의 주요 사상을 압축된 형태로 포함하고 있다(표시된 질료, 지적할 수 있는 물질적 사물의 종류, 표시된 질료를 차별화하는 데 있어서, 또는 이 질료를 저 질료로부터 구분하는 데 있어서의 양의 역할, 양과 규모

---

4. *In de Trinitate*, q.4, a.2, ad4: "Ad quartum dicendum quod illa, quae different numero in genere substantiae, non solum different accidentibus, sed etiam forma et materia. Sed si quaeratur, quare differens est eorum forma, non erit alia ratio, nisi quia est in alia materia signata. Nec invenitur alia ratio, quare haec materia sit divisa ab illa, nisi propter quantitatem. Et ideo materia subjecta dimensioni intelligitur esse principium huius diversitatis"(Thomas Aquinas, *Expositio super librum Boethii de Trinitate*, ed. Bruno Decker, Leiden, Brill, 1965, pp.144-145). 이 텍스트로부터의 모든 번역문은 필자 자신의 것이다.

의 연관 등). 형상이든 질료든 혼자서는 형상과 질료로 합성되어 있는 개별적 합성체들을 설명하는 데 충분하지 못하다. 형상(forma)은 동일한 종에 속하는 상이한 개체들 가운데 공유되는 것이고, 질료(materia)는 상이한 종에 속하는 개체들에 의해서 공유되는 것이다. 오직 양(quantitas)이 질료를 변경시키는 것으로, 그리고 그와 더불어 규모를 가져오는 것으로 이 그림 속에 뛰어들 때만 우리는 수적 다름이라는 사실에 대한 충분한 설명에 이를 수 있다. 오웬스는 다음과 같이 말하고 있다.

> 질료는 3차원적 팽창을 촉발할 수 있지만 그 자체만으로는 그 안에 있는 것들을 서로서로 구별할 능력을 결하고 있는 가능성으로 가시화되는 것 같다. 그것은 먼저 양에 의하여 각각 그 자체 안에 봉인된 부분들 또는 단위들로 구분된 것으로 개념되어야 한다. 그 각각은 그로써 고유의 원리를 지니고 있는 개별적 대상들로 구성된다.[5]

지금까지, 이것은 규모적 양을 아퀴나스 안에서의 개체화 원리로 제시하는 전통적 제시법이다. 동일한 종에 속하는 다양한 합성된 개체들이 어떻게 차별화되느냐는 질문에 대한 이 임시적 답변은, 합성된 개체들을 설정하는 것이 규모를 지니고 있는 양들로 질료를 나누는 것이라고 말하고 있다. 개체화 원리에 대한 아퀴나스 사상의 한 가지 개진법은 개체화 원리에 대한 탐구를 이쯤에서 멈추고, 규모적 양에 의해서 표시된 질료 안에 머물라고 명하는 것이다. 보빅은 질료를 구별되게 만들고 그 질료의 구별을 통해서 실체

---

5. Owens, "Dimensive Quantity", art. cit., p.280[=국역본, 237-238쪽].

적 형상을 개별적인 것으로 만드는 양의 역할을 다음과 같이 요약하고 있다.

> 이리하여 제일 질료는, 질료가 구별되는 부분들로 나뉘고 다양한 위치 속에 자리 잡는다는 사실 덕분에 양이라는 우유적 형상을 수용할 수 있는 역량이기 때문에, 그 자체 안에 (그렇게 구분되기에) '이' 실체적 형상들, '이' 부분 안에 있는 '이' 형상, '이 다른' 부분 안에 있는 '이 다른' 형상… 등을 수용할 수 있게 된다. 만일 어떤 물체적 실체가 사실상 하나의 개체라면, 이것은 바로 그것이 (제일 질료에 참여함 덕분에) 그것의 주체인 저 실체를 개별적으로 또는 수적으로 구별되는 것으로 만드는 바로 그런 성격의 조건에 참여하기 때문이다. 이 조건이 바로 어떤 자연적 물체의 양이다.[6]

이 접근법은 질료, 실체적 형상, 그리고 양 같은 개념들 사이의 관계를 설정한다는 점에서 유용하다. 그렇지만 그것으로 충분하지는 않다. 양이 왜 그리고 어떻게 그것을 수용하는 질료를 개별적인 것으로 만들 수 있는지가 애매한 채로 남아있다. 오웬스는 이 쟁점을 다뤄야 할 필요성을 인정하고 있다.

---

6. "Ainsi, parce que la matiere premiere est puissance pour la forme accidentelle de quantite, grace a laquelle cette matiere est divisee en parties distinctes et placee en des lieux divers, elle est rendue capable de recevoir en elle, etant ainsi divisee, telles formes substantielles, telle formee dans telle partie, telle autre formee dans telle autre partie. …Si une substance corporelle est actuellement un individu, c'est precisment parce qu'elle participe (en raison de sa participation a la matiere premiere) a un acte dont la nature meme est de rendre individuee, ou numeriquement distincte, cette substance qui est son sujet. Cet acte est la quantite corporeele naturelle"(Joseph Bobik, "La doctrine de saint Thomas sur l'individuation des substances corporelles"(*Revue philosophique de Louvain* 51(1953), 18).

실체에서든, 다른 모든 우유에서든, 한 물체의 개체화 전체는 양에 의존하도록 되어 있다. 그러나 양은 하나의 우유로서, 그 존재를 위해서, 그것이 그 존재를 의존하고 있는 개별적 실체를 전제하고 있다.[7]

그리고 오웬스는 물질적 실체들이 규모에 예속되어 있는 질료 안에 실존할 필요성을 설득력 있게 말하고 있음에도 불구하고, 어떻게 이것이 하나의 우유인 규모적 양에게 실체를 개별화하는 역할을 보장할 것인지를 보여주지 않는다.[8] 어떤 물질적인 개별 실체로서 존재하는 것이라면 무엇이든지 어떤 특정 규모를 지니고 있는 것이 사실이겠지만, 왜 이 사실에 저 물질적 사물의 개체화를 담당하는 특별한 책임이 주어진단 말인가?

물질적 실체들을 개별화하는 데 있어서 규모적 양의 역할을 명료화할 때의 이 실패가 주목되지 않은 채 넘어가지는 않았다. 그것은 개체화 원리에 있어서 토마스주의적 이해에 대한 16세기의 수아레스와 최근 그라시아의 반론들의 기초를 제공한다. 수아레스는 규모적 양이 전형적으로 하나의 우유로 해석되고 따라서 하나 이상의 주체 안에 현존할 수 있다는 점을 지적한다. 그의 복잡한 추론을 압축적으로 요약하면, 그는 토마스주의의 개체화 입장에 대해서 하나의 딜레마를 설정하고 있다: 1) 혹은 양이라는 우유가 어떻게든 어떤 개체 안에 자리 잡게 되든가(이 경우에 그 우유로서의 지위가, 그것으로 하여금 사물의 개체로서 실존의 원천이 되는 것을 막는다), 2) 아니면 그것이 구별되는 개체들에 수교될 수 있게 되든가 할 것이다(이 경우에 그것은 개체들이 왜 수교될 수 없는 것으로서

---

7. Owens, "Thomas Aquinas (b. ca 1225; d. 1274)", p.182[=국역본, 326쪽].
8. Ibid., p.185[=국역본, 330쪽].

존재하는지를 설명해야 하는 개체화의 원리가 될 수 없다).[9] 어느 특정 규모적 양이 어떤 주체 안에 내속하는 한, 그 주체는 규모적 양이라는 우유와는 무관한 하나의 개체로서 구성해야 하는데, 그렇게 되면 규모적 양은 더 이상 핵심적인 개체화의 역할을 수행하지 못한다.

이 반론의 힘을 볼 수 있는 또 하나의 길은, 그렇게 묘사된 규모적 양이 적절한 개체화 원리 역할을 수행하지 못할 것이라고 관찰하는 것이다. 그것은 어떤 개체가 동일한 종에 속하는 다른 구성원들로부터 어떻게 구별될 것인지를 설명하고 있는, 위에서 진술된 조건 2)와 마주치게 된다. 베드로는 한 조각의 질료를 가지고 있거나 부분적으로 그것으로 구성되어 있을 것이고, 바오로는 부분적으로 다른 한 조각의 질료로 구성되어 있을 것이다. 그러나 규모적 양이라는 관념은 아직까지 조건 1)을 마주치지 않았다. 아직까지는 두 개의 개체가 동시에 동일한 규모적 양을 공유할 가능성을 배

---

9. 수아레스가 『형이상학적 토론』(*Disputationes metaphysicae*) 제5토론 제3편 제11장에서 딜레마를 어떻게 설정하고 그 각각을 어떻게 차례로 공격하고 있는지를 보여주는 논거의 한 사례를 살펴보자. "첫째, …양은 제일 질료 안에 있지 않고 그 합성체 전체 안에 있다는 것, 그것은 그 실체가 소멸되면 파괴된다는 것, 그리고 그것은 실체의 생성을 위해 새로이 취득된다는 것을 가정하며 전개하는 것이다. 이로부터 절대적으로 달해서 수적으로 이 실체적 형상이 먼저 이 질료 안에 도입되고, (그다음에) 양이 뒤따른다는 결론이 나온다. 거기서 그 논거는 완성된다. 왜냐하면 이 형상은, 그것이 이 질료 안에 받아들여지는 것으로 이해될 때, 또한 다른 것으로부터 구별되는 어떤 질료 안에 수용되는 것으로 이해되기도 하기 때문이다. 그러므로 그것(즉 그 실체적 개체)은 그러한 것으로서 하나이지만, 개념적 단일성을 지니고 있는 것이 아니라, 실재적이고 개별적이며 초월적인 단일성을 지니고 있다. 그러므로 그것이 그 실체적 존재성 덕분에 그 자체로 구분되지 않는 것과 마찬가지로, 그것은 또한 실체적으로 그리고 본질적으로 다른 모든 것으로부터 구별된다. 따라서 그것은 양을 통해서 구별을 가지는 것이 아니다… 둘째, 우리는 다른 길을 따라 전개하여, 양이 제일 질료 안에 있고, 생성되고 소멸되는 것 안에서 동일한 채로 남아있다고 논할 수 있다. 그리고 그때 못지않게 효과적인 한 논거가 또 다른 장소로부터 취해진다. 왜냐하면 이 질료 자체뿐만 아니라 이 양의 영향을 받은 질료도 또 다른 형상들 아래 있을 수 있고, 따라서 수적으로 구별되는 개체들 안에 있을 수 있기 때문이다. 그러므로 양으로 표시된 질료라고 해서 질료가 독자적으로 할 수 있는 것 이상으로 개체화 원리일 수 없다"(J. Gracia(ed.), *Suárez on Individuation*, op. cit., pp.81-83).

제할 길이 없다. 양이란 "얼마나 많은가?"라는 질문에 대한 답으로서 '두 말' 또는 '1미터 1미터×1미터' 등은 양을 가리키는 용어들이다. 이 양들은 다음과 같이 구별되는 개체들로 계기화될 수도 있을 것이다: '우유 두 되'와 '커피 두 말', 또는 가로와 세로와 높이가 각각 1미터씩인 목재 육면체(큐빅)와 동일한 규모의 철제 육면체, 또는 동일한 규모와 양을 가지고 있는 두 번째의 목재 육면체. 이 고찰들에 비추어볼 때, 규모적 양은 수교될 수 있을 것이고, 동일한 규모적 양이 동일한 종에 속하는 두 개체로 계기화될 수도 있을 것이다. 그라시아는 다음과 같이 말하고 있다.

> 그것은 또한 개체화를 설명한다고 추정되는 양 자체의 계기화 불가능성을 설명하는 데 곤혹을 겪어야 할 것이다. 실상 우리는 규모가 가끔, 독립적으로든 아니면 함께이든, 어디선가 계기화된다는 것을 알고 있는데, 도대체 무엇이 그 규모들을 비계기화시킨단 말인가?[10]

이 구절은 개체화의 원리로서 규모적 양을 배격하는 그라시아의 입장과 논거에 대한 보다 체계적인 개진의 기회를 제공해준다. 그는 먼저 개체화 및 개체성의 본성을 다룸으로써 개체성의 원리 문제에 관해 보다 든든한 입지를 얻는 것이 필요하다고 보고 있다. 개체들의 특성이 있다면, 그것들이 계기화될 수 없다는 점이다. 다른 철학자들이 각 개체가 다른 개체들로부터 구별된다는 사실과 우리의 경험 속에서 각 개체가 어떤 면에서는 질적으로 유일하다는 사실을 전면에 내세우는 데 반해, 그라시아는 1) 개체들의

---

10. Gracia, *Individuality*, op. cit., p.155.

형이상학에 보다 깊이 뿌리박고 있고, 2) 어느 한 개체만을 포함하고 있는 우주나 오로지 질적으로 구별될 수 있는 두 대상만을 포함하고 있는 우주와 같은 가능한 세계들에 의해서 영향을 덜 받을 수 있는, 개체들의 특성에 초점을 맞추고 있다. 개체들은 보편자들을 계기화 또는 사례화(事例化)시키는 존재성이지만, 그것들 자체는 계기화되지 않고 또 계기화될 수도 없다.[11] 또한 그는 개체화 원리를 규명하는 과제가, 계기화할 수 없는 어떤 개체가 보편자를 사례화하는 데 필요한 필요충분 조건들을 규명하는 과제라고 보고 있다. 그의 표현을 따르면, "어떤 보편자는 결(缺)하고 있고 또 그럴 수밖에 없지만, 개체는 가지고 있고 또 가지고 있어야 하는 것이 무엇인지, 그래서 보편자는 계기화될 수 있지만(instantiable) 개별자는 계기화될 수 없는 그것이 무엇인지에 대해서 관심을 기울일 것이다."[12] 이런 해석에서는 개체화의 원리가 그것을 특수하고 비계기화적인 것으로 만들며, 그것을 보편자의 반대로 만드는 어떤 개체의 한 측면 또는 구성 요소일 것이다.

이런 전망으로부터, 그라시아는 개체화의 원리로서의 규모적 양에 대해 일련의 반론을 제기하고 있다. 그는 양적인 개체화 이론을 (개체의 어떤 우유를 개체화의 원리로 삼는) 다른 우유적 이론들 가운데 하나로 분류한다.[13] 그런 모든 우유적 이론은 그것들이 어떤 사물의 한 외부적 특성인 우유를 어떤 내밀한 특성을 설명하는 데 사용하고 있다는 반론에 예속되어 있다. 그라시아에 따르면, "어떤 특정 양(예컨대 어떤 사람의 어느 특정 시점에서의 몸무게)은 어떤 사

---

11. Ibid., pp.45-46.
12. Ibid., p.141.
13. 개체화의 또 하나의 우유적 이론은 시공 이론(Spatio-Temporal Theory)인데, 이에 따르면 개체화는 한 사물이 시간과 공간 안에서 차지하고 있는 자리에서 생겨난다.

물에 우유적인 것이고, 따라서 그 사물의 근본적인 존재론적 특성들 가운데 하나(즉 그 개별성)를 설명할 수 없다."[14] 또한 이미 지적한 것처럼, 그라시아는 양이 계기화 불가능성이라는 의미에서의 개별성을 설명할 수 없다고 논하고 있다. 왜냐하면 양은 반복되고 계기화될 수 있는 특성이기 때문이다. '두 말' 또는 '1미터×1미터×1미터'처럼 용어로 표시되는 양들은 상이한 개체들에 의해서 공유되고 사물화될 수 있으며, 그래서 그것들은 어느 개체의 비계기화 가능성의 필요충분 조건일 수 없다.

2. 양과 위치에 관한 아리스토텔레스의 가르침

그라시아의 반론들에 답하고 규모적 양 관념의 충만한 원천을 가려내기 위해서는 '양'이라는 범주에 대한 아리스토텔레스적 배경을 검토하는 것이 필요하다. 아리스토텔레스는 범주의 테두리 안에서 두 개의 상이한 구분이 있음을 선언하는 것으로 『범주론』제6장의 논의를 시작하고 있다. 첫째는 양이 지속양과 식별양으로 나누어지는 구분이다. 아리스토텔레스는 지속양의 예로 선, 면, 물체들, 그리고 시간과 장소를 들고 있다. 이것들은 모두 동일한 양의 하나나 여러 부분과 직접적으로 접촉하고 있는 부분들로 구성된 양들이다. 하나의 선(線)은 지속양이다. 왜냐하면 그것은 각각이 동일한 선 위의 다른 구간에까지 지속적인 구간들로 이루어져 있기 때문이다. 식별양들은 동일한 양의 어떠한 다른 부분과도 접촉하고 있지 않은 부분들에 부수된다. 식별양들의 예는 수와 발설된 연설이다. 이것들은, 발설된 연설의 음

---

14. Gracia, *Individuality,* op. cit., p.155.

절들이 서로서로 구별되고, 또 수의 어떤 부분들이 양편이 접촉하는 공동의 경계선과 같은 것을 결하고 있는 것처럼, 각각 다른 모든 부분으로부터 동떨어져 있을 수 있는 부분들에 부수된다.[15]

양에 대한 두 번째 구분은, 서로 연관되는 위치에 참여하고 있는 양들과, 서로 연관되는 어떠한 위치에도 참여하고 있지 않은 양들 사이의 구분이다. 지속양인 어떤 물체는 서로 연관되는 위치에 참여하고 있을 것이다: 나의 몸은 나의 허리나 그 밑의 부분들과 허리 위의 부분들로 구성되어 있는 것으로 간주될 수 있다. 그것들이 서로 구체적인 규정적 공간적 관계를 가진다는 것은 이 부분들의 본성에 속한다. 다른 한편, 수는 서로 연관되는 위치에 참여하고 있지 않을 것이다. 5와 5는 10의 부분들이지만, 그것들이 서로 공간적 관계를 맺고 있는 것은 이 부분들의 본성 안에서가 아니다. 3 더하기 4는 7의 부분들이다. 그러나 3의 본성은 4에 관계되는 공간 안에서의 그것의 위치에 의해서 정의되지 않는다.

이 예들이 보여주는 것처럼, 지속양 일반은 서로 관계되는 위치를 가지고 있는 부분들로 구성된 것들이고, 식별적 양은 그 부분들이 서로 관계되는 위치를 가지고 있지 않은 것들이다. 양의 두 차이의 이 일치에 유일한 예외가 있다면 그것은 시간이다. 시간은 부분들(과거, 현재, 미래)을 가지고 있고 그 가운데 현재는 과거와 미래 양쪽에 접촉하고 있다. 하지만 오로지 시간의 한 부분인 현재만 실존하고 있기 때문에, 그것이 다른 부분들과 연관된 위치를 가지고 있다고 말할 수는 없다.[16]

---

15. Aristoteles, *Categoriae*, 4b20-5a14. 『범주론』의 인용구들은 클라렌던 출판사에서 출판된 미니오-팔로엘로의 번역본에서 따온 것들이다(editio critica: L. Minio-Paluello, Oxford, Clarendon Press, 1949).
16. *Categoriae*, 5a15-37.

『범주론』 제6장에서의 양에 관한 논의로부터 결과되는 한 가지 중요 요점은 양이 단순히 측량 이상을 포함하고 있다는 것이다. 앞에서 우리는 양이 '얼마나 많이?'라는 질문에 대한 답으로서, '두 되' 또는 '1미터×1미터×1미터' 등의 형식을 취할 것이라고 말했다. 이런 대답들은 어떤 사물에 크기 또는 규모를 주지만, 그 사물이 무엇으로 만들어졌는지라든가, 아니면 그 부분들이 서로 어떤 관계를 맺고 있는지에 대해서는 아무것도 말해주지 않는다. 참으로 크기로서의 양은 어떠한 질료에 의해서도 전혀 점유되지 않은 공간의 어떤 텅 빈 확장에 적용될 수 있다(비록 그런 텅 빈 확장이 오로지 비정상적인 상황에서만 우리의 경험 속에 발생하기는 하지만 말이다). 비록 양을 이런 식으로 이해하는 것이 분명히 타당하기는 하지만, 아리스토텔레스의 양에 대한 두 구분은 또한 양을 다르게, 즉 크기로서가 아니라 측정된 사물의 양으로 이해하는 방법도 함축하고 있다. 이런 유형의 양을 위해서, 측정된 규모는 질료의 규모이고, 질료는 서로 공간적 관계를 맺고 있는 부분들로 구성되어 있다. 이 두 번째 이해 방식에서 우유 두 되는 (비록 각각의 규모가 동일하다고 하더라도) 커피 두 되와는 다른 것이다. 양이 부분들로 구성되어 있는 어떤 사물을 함축할 수 있다는 사실은 규모적 양을 개체화의 원리로 삼는 데 대한 그라시아의 반론이 고찰될 때 중요해질 것이다.

『범주론』 제6장으로부터 결과되는 또 한 가지 중요한 요점은 물체들의 자리매김과 그것들의 장소에의 참여이다.

> 장소는 또다시 하나의 지속양이다. 왜냐하면 어떤 물체의 부분들은 어떤 장소를 차지하고, 그것들은 공동의 경계에서 만나기 때문이다. 그래서 육체의 다양한 부분 각각이 차지하고 있는 장

소의 부분들은 육체의 부분들이 마주치는 동일한 경계에서 만난다.[17]

그래서 각각의 물체와 한 물체의 각 부분은 어떤 장소에 연결된다(물론 비록 그것이 어떤 물체의 장소가 운동을 통해서 변하는 데에 따라, 단지 일시적일지라도 말이다). 동일한 추론이 선과 면에도 해당된다. 이리하여 시간을 제외한 모든 지속양은 어떤 장소를 차지할 것이다.

아리스토텔레스가 『범주론』 제6장에서 채택하고 있는 한 가지 개념은 위치 개념이다. 이 개념이 규모적 양을 묘사하는 데 있어서 핵심적 역할을 담당하기 때문에, 그것이 『범주론』에 나타나는 대로 그것에 대한 임시적 개요를 제공하는 것이 도움이 될 것이다. 위치는 양의 차이들 가운데 하나로서 어떤 유형의 물체, 즉 지속적 물체들의 한 속성이다. 위치는 서로에게 관계되는 물체의 부분들의 구성 또는 배열에서 성립된다. 그래서 아퀴나스가 질료나 양이 위치를 가지고 있다고 말할 때, 이것은 문제의 그 물체가 서로 상관되는 위치를 가진 부분들로 구성되어 있음을 가리키는 것으로 이해해야 한다. 이것은 위치에 대한 전문적 의미와 일상어법에서 그 단어의 통상적 의미 사이의 관계 문제를 제기한다. 영어에서 '위치'(positio)라는 용어는 '장소'(locus)라는 용어와 동의어이거나 혹은 동의어에 가깝지만, 위치를 가리키는 아리스토텔레스의 단어 '테시스'(*thesis*)에 의해 지시되는 개념과 장소를 가리키는 단어 '토포스'(*topos*)에 의해 지시되는 개념을 구별되는 채로 유지하는 것

---

17. *Categoriae*, 5a8-10. 『범주론』의 번역문들은 아크릴(J.L. Ackrill)의 것으로서 반즈가 편집한 전집으로부터 인용한 것들이다(Jonathan Barnes, ed., *Complete Works of Aristotle*, Princeton, Princeton University Press, 1984).

이 중요하다. 이제껏 묘사된 것처럼 위치는, 어떤 물체가 그 물체의 한계 테두리 안에서 맺고 있는 부분들의 공간적 상호 관계와 관련이 있다. 반면에 아리스토텔레스는 『자연학』(212 a6-7)에서 어떤 사물의 장소를 "포함되는 물체와 접촉하고 있는, 포함하는 물체의 경계"라고 정의하고 있다. 장소는 여기서 어떤 물체를 포함하는 것의 모델에 따라 그 물체의 외부 표면과 일치하는 것으로 이해되고 있다. 더욱이 장소란 언제나 어떤 것의 장소, 즉 어떤 것이 차지하거나 채우고 있는 것이다. 그러한 것으로서 그것은 우리의 공간 관념, 즉 물리적 대상들이 그 범위 안에서 움직이지만 개념적으로는 잠시 또는 일정 시간 동안 비워질 수도 있는 공간이나 허공과는 다르다.

이제까지 고찰한 것과 같은 의미에서 위치의 또 다른 측면은, 어떤 물체의 부분들이 서로 상대적인 위치를 가질 때 그 부분들은 직접, 간접으로 서로서로 동일한 지속체의 부분들로서 결합되어 있어야 한다는 요구이다. 그렇지 않으면, 고찰되고 있는 관념은 서로 상관적인 어떤 물체의 부분들의 위치 개념이 아니라, 그 물체 바깥의 어떤 것에 관계되는 어떤 물체의 부분들의 위치 개념일 것이다. 그것의 부분들이 물리적으로 서로 결합되어 있지 않거나 결합될 필요가 없는 식별적 양들과는 달리, 지속적 양들은 각각 그 동일한 물체의 적어도 하나의 다른 부분에 물리적으로 결합되어 있어야 하는 부분들을 가지고 있다. 한 부분이 다른 부분에 결합되어 있을 때, 그 둘은 서로 접촉하고 있을 뿐만 아니라 그것들 각각의 한계가 문제의 그 물체 전체의 또 다른 부분을 형성하기 위해 결합되거나 겹치게(overlap) 된다. 비록 어떤 지속체의 각 부분이 그 물체의 모든 다른 특수 부분과 접촉할 필요는 없고, 또 그래서 그 물체의 다른 모든 부분과 직접적으로 접촉할 필요도 없지만, 어떤 지속적 양의 각 부분은 또 다른 부분에 결합되어 있는 다른 부분과 결합되어 있을 것이고, 어떤 지속적 양의 각 부분이 그 양의 다른 모든 부분과 직접적이거나 간접적으로 접촉하기까지 계속될 것이다.[18]

비록 여기서 상세하게 추적하지는 않겠지만, 위치 관념의 세 번째 측면도 지적할 수 있을 것이다. 이것은 어떤 물체의 부분들이 서로 상관적인 위치를 가지기 위해서는, 그것들이 구성하는 물체의 테두리 안에서 (비록 제한되어 있기는 하지만) 그 부분들이 어떤 항구한 지속을 가지고 있어야 한다는 생각이다. 이 암시는 위치가 각각 필요하고 또 모두 합쳐져서는 충분한 세 요소를 가지고 있다고 주장하는 알베르투스 마뉴스에게서 온다. 어떤 물체 안에서의 위치 또는 공간적 관계와 서로서로 결합되어 있음 외에도, 그 물체의 부분들이 위치를 가지기 위해서는 "한 부분은 동일한 지속체 안에 있는 또 다른 부분과 부단히 연결되어 있는 채로 남아있어야 하고, 그래서 그 다른 부분과 결합해야 한다."[19] 어쩌면 알베르

---

18. 혹시 시대착오적인 발상일지도 모르지만, 지속양의 부분들이 서로 상관되는 위치를 가진다는 것이 무엇인지에 관한 『범주론』에서의 이 설명은 『자연학』에서의 인접성의 관계와 연속성의 관계에 대한 아리스토텔레스의 묘사를 반영하려는 의도를 가지고 있다. 연속성은 인접성의 한 특수한 경우다. 만일 두 사물이 인접하고 있다면 그 두 사물의 한계(경계)는 서로 맞닿아 있지만, 연속성의 경우 경계(한계)는 또한 하나의 단일성을 형성하고 그래서 하나의 사물을 형성한다. Cf. *Physica* V, 227 a6-17.
19. 알베르투스는 위치의 상이한 측면들에 대해서 다음과 같이 말하고 있다. "Positionem autem habere tria concernit, scilicet ut assignetur ubi in continuo sita sit particula, et ut una pars permaneat stans in eodem continuo cum altera, et ut teneatur cum altera copulatione. Et quodcumque horum trium deficiat, non habebit in partibus positionem. …Positio autem in continuo dicit permanentiam, quia positum est fixum immobile, secundum esse, et ideo oportet ut dicat permanentiam"(위치를 가지고 있다는 것은 세 가지와 관련된다. 1) 어떤 특수한 것이 지속적으로 자리를 차지하고 있는 것을 가리키고, 2) 어느 부분이 다른 부분과 동일하게 지속적인 관계를 영속적으로 유지하는 것을 가리키며, 3) 다른 부분과의 연계를 유지하는 것을 가리킨다. 이 세 가지 가운데 어느 것이 부족되더라도 부분들 안에 위치를 가지지 못할 것이다. …지속적 위치는 '영속성'이라고 불린다. 왜냐하면 자리를 차지하고 있는 것은 존재상 부동의 고정이고, 따라서 영속성이라고 불려야 마땅하기 때문이다)(Albertus Magnus, *Commentaria in Praedicamenta Aristotelis*, II, trac.3, cap.6, in ed. Vives, Paris, 1890, p.81).

투스의 추론은, 어떤 물체의 부분들이 서로 상관되는 위치를 가지기 위해서는 그 부분들이 적어도 최소한의 시간 동안 그러한 것처럼 그 물체가 함께 실존하고 있어야 한다는 것이다. 이런 사상 노선은 부분적으로는, 위치를 어떤 지역에 설정되는 사물들과 결합시키는, 위치에 대한 용어들(아리스토텔레스의 용어 *thesis*, 라틴어의 positio)의 어원에 의존하고 있다. 만일 다만 어떤 물체의 한 부분이 일순간 동안만 그 부분으로서 실존했으며, 그 물체의 다른 부분들과 동일한 공간적 관계 안에 머물지 않고 다른 부분들과 맺고 있는 위치 관계를 항구하게 변경시켰다면, 그것이 심지어 그 물체의 부분이었다는 것을 얼마든지 부정할 수도 있을 것이다. 그것은 본래의 물체 일부가 아니라, 얼마든지 당당한 권리를 지니고 있는 하나의 물체 또는 어떤 다른 물체의 부분이라고 불릴 수 있다. 그래서 어떤 물체의 부분들이 서로 상관되는 위치를 가지기 위해서는, 적어도 그 물체의 어떤 다른 부분들과 공간적 관계를 맺고 있는 부분들로서 최소한의 항구성을 지니고 있어야 한다. 위치의 이 세 번째 측면은 상당히 흥미롭다. 왜냐하면 그것은 위치 관념과 물질적 실체들의 시간 지속적 동일성 사이의 연결고리를 이루기 때문이다. 바로 그렇기 때문에, 그것은 물질적 실체들의 시간 지속적 동일성이 아니라 개체화에 집중하고 있는 현재 논문의 초점을 벗어난다. 그렇지만 위치 개념의 이 세 번째 측면은 우리로 하여금 왜 아퀴나스가, 자신의 개체화 원리인 규모적 양이 또한 물질적 실체들의 시간 지속적 동일성의 한 원천 역할을 할 수도 있다고 생각하였는지를 이해할 수 있게 해준다.[20]

---

20. 『삼위일체론 주해』에 있는 규모적 양에 대한 논의의 한 가지 까다로운 측면은, 아퀴나스가 자신의 개체화 원리로 하여금 물질적 실체들의 시간 지속적 동일성의 원천으로서 이중적 역할을 하도록 만들고 있다는 점이다. 그는 개체화의 원리가 비규정

앞에서 우리는 위치가 서로 상관되는 어떤 물체의 부분들의 상대적 위치 또는 공간적 정위와 관련된다는 점을 지적하였다. 이런 식으로 고찰될 때, 어떤 물체의 부분들의 위치는 그것들의 장소로부터 구별되고 또 그것들 및 그것들이 구성하고 있는 물체 전체가 바깥 세계와 맺고 있는 다양한 공간적 관계로부터도 구별된다. 여러 해가 지나도 여전히 인기를 끌고 있는 '루빅 큐브'(Rubik's Cube)는 어떤 대상의 부분들이, 심지어는 전체로서의 그 대상이, 크게 보아 동일한 장소에 고스란히 남아있을 정도로 재구성될 수 있다는 사실에 기초하고 있다. 그래서 서로 상관적인 육면체(cube) 부분들의 위치는 그 육면체의 장소가 항구한 채로 남아있음에도 불구하고 변할 수 있다. 위치와 장소의 개념들을 더 이상으로 구별하

적인 규모이지 규정적인 규모가 아니라고 말한다. 왜냐하면 후자는 개체들이 시간을 넘어 수적으로 동일한 채로 남아있는 것을 보장하지 못하기 때문이다. "규모는 두 가지 측면에서 고찰될 수 있다. 첫째는 그것들의 끝에 따라 고찰될 수 있다. 나는 그것들이 어떤 규정된 크기와 모양 때문에 어떤 끝을 가지고 있다고 이해한다. 그리고 이렇게 해서 완성된 존재자들로서 양의 유 안에 자리 잡게 된다. 이 측면에 따르면, 규모는 개체화의 원리일 수 없다. 실상 만일 그랬더라면, 규모의 어떤 끝이 개체 안에서 자주 달라지기 때문에, 개체가 수에 있어서 언제나 동일하지 않다고 결론지었어야 할 것이다. 그러나 규모는 다른 측면에서도, 즉 그런 규정 없이, 오직 규모의 본성 속에서만 고찰될 수도 있다. 비록 이것은, 색깔의 본성이 흰 것과 검은 것의 규정이 없이는 있을 수 없는 것과 마찬가지로, 어떤 규정이 없이는 결코 있을 수 없지만 말이다. 이 측면에서 그것은 불완전한 실재로서의 양의 유에 들게 된다. 이런 비규정적 규모로부터 질료는 '(양으로) 표시된 질료'가 되며, 그러한 것으로서 그것은 형상을 개체화한다. 이처럼 동일한 종의 수에 따른 다름은 질료로부터 기인한다"(*In de Trinit.*, q.4, a.2, ed. Decker, 143). 이 구절에 대한 한 가지 독법에 따르면, 아퀴나스는 개체화와 시간 지속적 동일성이라는 쟁점들이 구별된다고 보는 데에 단적으로 실패하였다. 그래서 그는 정당한 이유도 없이 개체화 원리가 시간 지속적 동일성의 원천 역할도 할 수 있는 것으로 기대된다고 주장한다. 하지만 좀 더 유연한 독법에 따라, 만일 규모적 양이 서로 상관되는 어떤 물체의 부분들의 위치라고 정의된다면, 그리고 만일 아퀴나스가, 위치를 어떤 물체의 부분들의 시간 지속적 영속성을 요구하는 것으로 보는 그의 스승 알베르투스의 분석을 채택하고 있는 것이라면, 그때 그는 개체화와 시간 지속적 동일성이라는 쟁점들이 구별된다는 것을 인정하면서도, 여전히 위치 안에서 개체화 원리와 물질적 실체들의 시간 지속적 동일성의 척도를 발견하였다고 주장할 수 있다. 이 주장과 그것의 충만한 토대를 상세히 논하는 것은 이 논문의 범위를 넘어갈 것이다. 하지만 위치를 개체화 원리이자 시간 지속적 동일성의 척도로서 사용할 수 있다는 가능성은 그 개념의 풍부함으로 보여주기에 충분하다.

기 위해서, 예컨대 필라델피아에서 시카고로 향하는 비행기 좌석에서 편안히 자고 있는 어떤 사람을 생각해보자. 그 비행기가 시속 수백 킬로미터 속도로 그를 실어 나르는 데에 따라 그 사람이 있는 장소는 급속도로 바뀌고 있다. 그렇지만 그의 위치는 전혀 바뀌지 않는다. 그가 동일한 자세를 유지하는 한, 그의 몸의 부분들은 서로 상관되는 상대적 위치를 변경하지 않는다. 이제 그 비행기가 시카고에 도착하여 활주로에 멈추어 서서 승객이 내릴 수 있도록 준비 태세가 완료되기를 기다리고 있다고 하자. 그는 깨어나 자기 좌석에 앉은 채로 기지개를 켠다. 그 사람은 이제 거의 동일한 장소에 남아있지만, 그가 기지개를 켤 때 그의 몸 부분들의 위치가 바뀐다. 이 예들에 기초해서 우리는 위치와 장소가 어떤 물질적 실체의 상이한 속성들이라고 말할 수 있다. 두 속성은 어떤 면에서는 그 물질적 실체가 공간 속에 퍼져 있음과 움직이고 변할 수 있는 역량을 지니고 있음에 의존하고 있지만, 그것들이 다르게 정의돼야 한다는 의미에서 그리고 각각 상대가 항구한 채로 남아있는 동안에 변할 수 있다는 의미에서 서로 독립적이다. 이것은 장소나 위치가 서로 상대방으로 환원될 수 없다는 귀결을 낳는다. 또한 그것들 사이에 보다 약한 수반 관계가 유지될 수도 없다. 만일 위치가 장소에 수반되거나 장소가 위치에 수반된다면, 장소가 항구한 채로 남아있는 동안에 위치가 변하는 것은 가능하지 않을 것이다.

이 점에서 위치와 장소 사이의 관계에 대한 더 이상의 통찰을 보기 위해 아리스토텔레스의 『자연학』과 그 안에 있는 장소에 관한 논의에 주목하는 것은 분명히 자연스러운 일이다. 이 텍스트에서의 위치와 장소 사이의 한 가지 공통점은 둘 다 규모성(dimensionalitas)과 연관되어 있다는 점이다. 아리스토텔레스는 물리 세계 안에서 여섯 개의 규모(차원)를 말하며, 그 여섯을 대립되는 세 쌍

(위와 아래, 앞과 뒤, 좌와 우)으로 묶고 있다. 그는 상이한 구절들 안에서 이 규모들이 위치와 장소를 둘 다 특징짓고 있다고 말하고 있다. 모든 자연철학자가 대립되는 것들을 원리로 활용하였다는 것을 지적하면서, 그는 위치를 대립되는 규모들을 재는 하나의 유(類)로 취급하고 있다.

> 하나는 존재자로서, 그리고 다른 하나는 비존재로서 존재한다고 말하는 데모크리토스의 충일과 허공의 경우에도 마찬가지다. 그는 또다시 위치, 모습, 질서의 차이들에 대해서 말하며, 이것들이 위치의 대립자들인 위와 아래, 앞과 뒤의 유(類)들이라고 언급하고 있다(188a22-25).[21]

제3권 제5장의 무한자에 관한 논의에서 아리스토텔레스는 이와 비슷하게, 장소를 규모들을 포함하고 있는 하나의 유라고 말하고 있다. "또한 모든 감각적 물체는 장소 안에 있고, 장소의 종류 또는 차이들은 위와 아래, 앞과 뒤, 좌와 우이다"(205b31-33).

이 구절들의 메시지는, 그 부분들이 서로 연관되는 위치를 가지고 있는 어떤 물체와, 그 물체가 차지하고 있는 장소는 둘 다 (그 영역들이 서로 위나 아래, 앞이나 뒤, 왼쪽이나 오른쪽에 있게 되는 관계를 맺고 있는) 상이한 영역 또는 지역을 가지고 있는 것으로 묘사해야 한다는 것이다.[22]

---

21. 별도의 지시가 없는 한, 『자연학』으로부터의 인용문들은 모두 하디(R.P. Hardie)와 게이예(R.K. Gaye)의 것인데, 반즈가 편집한 전집을 이용하였다: J. Barnes(ed.), *The Complete Works of Aristotle*.
22. 여섯 차원(규모)과 그것들이 아리스토텔레스의 장소에 관한 설명에서 차지하는 역할에 관한 충분한 논의를 보기 위해서는: Cf. Benjamin Morison, *On Location*, New York, Clarendon Press, 2002, pp.35-47.

규모들이 장소와 위치에 다같이 적용된다는 사실을 전제할 때, 우리는 어떤 장소에 있는 물질적 물체가, 그것이 서로 상관되는 위치를 가지고 있는 부분들로 구성될 수 있는 충분조건이라는 것을 관찰할 수 있다. 만일 어떤 물체가 어떤 장소에 있다면, 그 장소는 여섯 규모로 특징지어질 것이다. 아리스토텔레스는 다음과 같이 말한다. "(네 요소) 각각은, 만일 방해를 받지 않는다면 (하나는 위에, 그리고 다른 하나는 아래에) 그 고유의 장소로 옮겨진다. 그런데 이것들은 장소의 영역들(또는 부분들: mere) 또는 종류들로서, 위와 아래, 그리고 여섯 규모의 나머지들이다"(208b11-14). 만일 어떤 물체가 차지하고 있는 장소가 위와 아래, 또는 윗부분과 아랫부분을 가지고 있다면, 그 장소를 차지하고 있는 물체도 또한 위나 아랫부분을 가지고 있을 것이다. 이 부분들은 어떤 규정적인 방식으로 공간적으로 서로 상관되게, 예컨대 어느 한 부분이 다른 부분 위에 있는 식으로 형성되어, 서로 상관되는 위치를 가지게 된다.

만일 어떤 장소에 있는 물질적 물체가, 서로 상관되는 위치를 가지고 있는 부분들로 구성되기에 충분하다면, 자연히 그 역도 가능하냐는 질문이 제기된다. 서로 상관되는 위치를 지니고 있는 부분들로 이루어진 물체라는 것 또한 그 물체가 어떤 장소에 있다는 것의 충분조건일까? 이것은 직관적으로 사실인 것처럼 보인다. 만일 어떤 물체가 서로 상관되는 위치를 가진 부분들을 가지고 있다면, 그 부분들은 어딘가에 있어야 하고 전체로서의 그 물체는 전체로서의 그 부분들이 있는 곳이라면 어디든 있을 것이며, 그래서 어떤 장소에 있을 것이다. 여기서 열쇠가 되는 생각은, 어떤 물체가 어딘가에 있고, 따라서 어떤 장소를 차지한다는 것이다. 하나의 물체는, 부분적으로는 그 부분들이 서로 상관되는 위치를 가진 방식 때문에 어떤 특정 연장과 모양을 가지고 있는 물체'로서'(qua) 의 본질이다. 그래서 서로 상관되는 위치를 가진 부분들로 이루어진 물체라는 것은 그 물체가 어떤 장소에 있기에 충분할 것이다.[23]

하나의 성질 규정은 위치와 장소 사이의 관계에 대해 말할 때 제자리가 잡힌다. 엄밀히 말해, 서로 상관되는 위치를 가지고 있는 것은 어떤 물체의 부분들이다. 그렇기 때문에 아리스토텔레스는 『범주론』에서 위치를 '상관적인 어떤 것'(*pros ti*: 6b2-14)이라고 말하고 있다. 하지만 장소는 아리스토텔레스에게 물체들 전체의 비상관적 속성이다. 불, 공기, 물, 흙 같은 단순 요소들이 저지되지 않을 때 우주의 특정 영역으로, 즉 그 장소가 어떤 관찰자 또는 우주 내의 어떤 인위적인 점과 연관되어 정의되지 않는 그런 영역들로 간다는 사실에서 드러나는 것처럼, 우주 안에는 비상관적인 위와 아래가 있다. 또한 장소는 물체들 전체의 속성이지, 엄밀히 말해 그것들 부분들의 속성이 아니다. 어떤 물체의 부분들이 어딘가에 있고 어떤 장소를 차지한다는 사실을 부인하는 것은 이상할 것이다. 하지만 그것들이 부분들이라는 사실 덕분에 자기들 고유의 장소에 있는 것은 아니다. 그것들은 그것들이 함께 모여 구성하고 있는 전체가 있는 곳에 있고, 그것들이 어떤 다른 것, 즉 그것들이 소속되어 있는 전체와 맺고 있는 관계 덕분에 장소를 가지고 있다. 이것이 제4권 제5장에 있는 아리스토텔레스의 신비스런 주해 뒤에 깔려 있는 생각이다. "각각이 자연적으로 고유의 자리에 남아

---

23. 서로 상관되는 위치를 차지하고 있는 부분들을 가진 것은 무엇이든지 다 어떤 장소에 있다는 일반 규칙에 한 가지 예외가 있다. 수학적 존재성들에 대한 아리스토텔레스의 관점에 비추어볼 때, 선분(유한직선)과 평면 등은 정신이 그것들을 질료로부터 갈라내어 자기 자신에게 재현시킬 수 있도록 수학적 대상들로부터 추상된다. 이 조건에서 그것들은 장소가 아니라 위치를 가지고 있다. 그래서 아퀴나스는 수학적 대상들이 적절하게가 아니라 오로지 유비적으로 장소에 있을 뿐이라고 말한다(*In De Trin.*, q.4, a.3). 이 특별한 경우 때문에, 나는 오직 위치를 가지고 있는 어떤 물체 또는 물질적 실체가 어떤 장소에 있다고 말할 뿐이다.

있어야 하는 것이 이유 없는 것이 아니다. 이것은 부분들에 대해서도 마찬가지다. 그 부분은, 전체와 연관되는 어떤 구분될 수 있는 부분처럼 어떤 장소에 있다"(212b33-35). 이 성격 규정들의 한 결과로서, 위치를 장소와 비교할 때는 적절한 주의를 기울여야 한다. 이것은 "서로 상관되는 위치를 가지고 있는 부분들로 구성되어 있는 어떤 물체"가 "어떤 장소에 있는 물체"에 상관된다는 것과 같이 매끄럽지 못한 언급의 원천이다.

『자연학』의 다른 구절들은 위치에 관한 이 상대적 개념 이상의 용법을 보여준다. 이 용법은 서로 상관되는 위치를 가지고 있는 어떤 물체의 부분들을 넘어가, 서로 상관되는 위치를 가지고 있는 물체들 관념을 수용한다. 아리스토텔레스가 장소를 어떤 절대적인 것으로 여기는 자기 나름의 근거를 발전시킴에 따라, 그는 어떤 사물의 장소를 (상대적인 어떤 것인) 그 위치와 대조시키고 있다. 여섯 규모를 장소들의 영역이나 부분 또는 종류라고 말하고 있는 제3권 제5장을 다시 한번 살펴보면, 다음과 같은 사실을 알 수 있다. "장소의 종류 또는 차이는 위와 아래, 앞과 뒤, 좌와 우이다. 그리고 이 구별들은 우리와의 연관성과 위치에 의해서(*pros hemas kai thesei*)뿐만 아니라 또한 그 전체 자체 안에도 존재한다"(205b31-34).[24] 그래서 우주에는 위와 아래가 있고, 좌와 우가 있다. 결과적으로 각 물체는 우주 전체 안에서 어떤 특정 장소 안에 있다. 그러나 그 구절은 또한 규모들이 상대적인 의미에서 위치에 의한 적용을 가지고

---

24. 여기서 나는 하디와 게이예의 번역문을 약간 변경하였다. 그들은 'thesei'를 "위치에 의해서"가 아니라 "관습에 의해서"(by convention)로 옮기고 있다. 그러나 사물들이 우리 자신 및 우리의 위치와 관련해서 위나 아래 또는 왼쪽이나 오른쪽에 있다고 말하거나, 만일 내가 어떤 대상의 아래쪽에서부터 그것의 위쪽으로까지 움직이고 그래서 그것에 대한 나의 위치를 바꾼다면, 그 동일한 대상은 전혀 움직이지 않았는데도 불구하고, 나보다 위에 있거나 아래에 있을 것이다. 이것이 바로 아래 각주에서 논의될 텍스트(208 b15-19)에서 아리스토텔레스가 강조하고 있는 요점이다.

있다는 것을 시사한다. 어쩌면 이것은 하나의 물체가 또한 영화표를 끊기 위해 줄을 서 있는 또 다른 물체에 직면하거나 아니면 고속도로에서 좌측 차선을 달리고 있는 자동차의 오른편을 달리고 있다는 것을 의미할 수도 있다. 이런 종류의 상대적 위치와 절대적 장소 사이의 구별은 아리스토텔레스가 제4권 제1장에서 장소를 절대적으로 이해된 규모와 결합시키고자 시도하는 곳에서 또다시 나타난다.

> 그런데 위와 아래, 그리고 여섯 방향의 나머지들은 장소의 영역들(또는 부분들, mere) 또는 종류들이다. 또한 이런 구별들(위와 아래, 좌와 우)은 오로지 우리와 관련해서만 효과가 있는 것이 아니라('우리'에게 그것들은 언제나 동일한 것이 아니라, 우리가 우리의 위치를 바꿈에 따라 변한다. 그렇기 때문에 그 동일한 것이 때로는 오른쪽에 있고 또 때로는 왼쪽에 있으며, 때로는 위에, 때로는 아래, 그리고 때로는 앞이나 뒤에 있다), '자연' 안에서 각각 어떤 특수한 자연적 규정을 가지고 있기도 하다(208 b11-19).[25]

우리가 어떤 집의 지붕 위로 솟아오른 굴뚝과 관련하여 움직일 때, 그 굴뚝은 먼저 우리 위에 있다가 나중에는 아래에 있을 수 있고, 오른쪽에 있다가 왼쪽에 있을 수 있다. 이것은 그 굴뚝이 장소를 바꾸었다는 의미가 아니라, 다만 그것이 우리와 맺고 있는(그리고 우리가 그것과 맺고 있는) 위치가 변했다는 것을 의미할 뿐이다.

---

25. 나는 여기서 'alla kata ten thesin, hopos an straphonen, gignetai'와 위치에 관한 언급의 의미를 정확히 포착하기 위해서 또다시 하디와 가이예의 번역문을 변경한다. 구절 전체의 강점은 위와 아래 등이 그 본성에 있어서 항구하다는 것이고, 우리가 움직이거나 우리 자신을 바꾸는 데에 따라, 동일한 것이 우리 자신과 관련해서 그리고 우리의 위치와 관련해서 위에 있다가 아래에 있을 수 있다는 것이다.

3. 규모적 양에 관한 아퀴나스의 가르침

이제까지 우리는 어떤 물체가 어떤 장소에 있는 것이, 그것이 위치를 가지고 있기 위한 충분조건이라는 것을 살펴보았고, 또 어떤 물체가 위치를 가지고 있는 것이 그 물체가 어떤 장소에 있기 위한 충분조건이라는 것도 살펴보았다. 이것은 위치를 가지고 있는 어떤 물체가 그것이 어떤 장소에 있기 위한 필요충분조건이라는 것을 의미한다. 동시에, 우리가 비행기 좌석에 앉아 있는 사람의 예에서 살펴본 것처럼, 위치와 장소는 물질적 실체의 상이한 속성들이고, 서로 상대방과 무관하게 변할 수 있다. 또한 서로 상관되는 위치를 가지고 있는 어떤 물질적 실체의 부분들에 덧붙여서, 물질적 실체는 어떤 또 다른 실체에 상대적인 위치를 가질 수도 있다. 그렇다면 이제 아퀴나스가 어떻게 양, 위치, 장소의 관념들을 활용하여, '위치를 가지고 있는 양'으로 이해된 규모적 양이 물질적 실체들의 개체화 원리라고 논하는지를 살펴보는 일이 남아있다. 그라시아의 용어를 사용하자면, 우리는 규모적 양이 어떤 물질적 실체가 비계기화되기 위한 필요충분 조건을 제공한다고 논할 수 있다.

그라시아에 대한 이 응수의 주요 원천은 아퀴나스의 『삼위일체론 주해』이다. 동일한 종의 구성원들 가운데 다양성 또는 수적 다양성의 원천에 대한 그의 관점을 펼쳐 보이는 데 있어서, 아퀴나스는 질료의 양에 초점을 맞추고 있다. 이런 어떤 개별적인 것은 바로 이 질료 안에 있는 이 형상이지만, 형상도 질료도 그 자체로는 그 개체의 '이것임'을 설명할 수 없다. 질료는 이 질료로서 형상을 수용함으로써 형상을 개체화하는데, 그것은 아퀴나스가 말하고 있는 것처럼 오직 그것이 구분될 수 있는 한에서만 이 질료이다.

실상 형상은 지금 여기에서(공간과 시간 속에서) 구별되고 규정된 이 질료 안에 수용되지 않는 한, 질료 속에 수용되었다는 사실만 가지고는 개별화되지 않는다. 그런데 질료는 양을 통해서가 아니라면 나누어질 수 없다. 그렇기 때문에 철학자는 『자연학』 제1권에서 일단 질료가 제거되면 어떤 구분될 수 없는 실체가 남는다고 말하고 있다. 그리고 이것에 비추어서 질료는 그것이 규모에 예속되는 한에서 '표시된 이것'이 된다.[26]

그래서 동일한 종에 속하는 구별되는 물질적 존재자들 안에서 발견되는 질료를 구분함 또는 구별함은 양을 요구하며, 질료의 이 구별되는 양들에 어떤 규모를 돌리는 것으로 진행해 나간다. 동시에 우리는 규모적 양이 반드시 '두 말' 또는 '1미터×1미터×1미터'를 의미하는, 크기라는 의미의 양이어야 할 필요는 없고, 또한 측정된 그 사물의 양(서로 상관되는 위치를 가지고 있는 부분들로 이루어진 양)일 수도 있다는 점을 염두에 두어야 한다.

이것은 아퀴나스가 자신의 주해서 제4문 제1항에서 질료의 구분을 어떻게 이해하고 있는지를 자세히 살펴보면 분명해진다. 이 문(問)은 다수성의 원인을 논하고 있는데, 제1항은 사물들의 다수성을 그 구분 가능성 또는 구분됨과 연결시키는 것으로 시작하고 있다. 이것에 비추어볼 때, 구분의 원인은 또한 다수성의 원인으로 간주될 수도 있을 것이다. 합성된 사물들의 구분을 조명하기 위해서 아퀴나스는 양의 구분, 특히 선(線)을 예로 들고 있다. 케빈 화이트

---

26. Cf. *In De Trin.*, q.4, a.2: "Non enim forma individuatur per hoc quod recipitur in materia, nisi quatenus recipitur in hac materia distincta et determinata ad hic et nunc. Materia autem non est divisibilis nisi per quantitatem. Unde Philosophus dicit in *I Physicorum* quod subtracta quantitate remanebit substantia indivisibilis. Et ideo materia efficitur haec et signata, secundum quod subest dimensionibus"(ed. Decker, p.143).

가 지적하고 있듯이 이 예가 다수성과 개체화에 관한 아퀴나스 논의의 도입부에 오고 있다는 사실과 그 텍스트북의 질은, 그것이 그 문 전체에 대한 이해를 명시적으로 안내하기 위하여 고안되었다는 것을 알려준다.[27] "하나의 선분(유한직선)은 다른 부분으로부터 그것들이, 말하자면 위치를 가지고 있는 양의 형상적 차이인 서로 다른 자리(diversum situm)를 차지하고 있다는 사실을 통하여 구분된다."[28] 이 예는 합성된 후대의 사물들 안에서 구분의 원인이 단순한 최초의 사물들의 다양성이라는 생각을 조명하기 위해 제시된다.

만일 우리가 그 항의 광범위한 목적들로부터 물러서서 이 문장에 초점을 맞춘다면, 두 가지 중요한 요점이 개체화에 대한 아퀴나스의 접근법을 조명하는 데 도움이 될 것이다. 첫째, 다양한 개체들로 이끄는 구분은 결정적으로 1미터 길이의 어떤 것을 잰다는 의미로 질료의 양들을 나누는 문제가 아니다. 개별성은 오히려 질료의 어떤 양이 서로 상관되는 다양한 위치를 가지고 있는 다양한 부분들을 가진 사물의 종류라는 사실에 달려 있다. 양의 구분의 형상적 원인은, 그 원인이 그것에 의해서 발생하게 되는 본성의 의미에서, "단순한 최초의 것들"의 다양성이다. 이어지는 예인 두 부분으로 나누어지는 선분은 (거기에서 자리가 위치를 가지는 양의 형상적 본성인) 다른 위치를 지니고 있는 부분들 안에서 결과되는 것으로 묘사되고 있다. 그래서 자리와 위치는 최초의 단순한 것들, 또는 물질적 실체들처럼 나중에 합성된 사물들 안에서의 구분을 설명하는 다양성이다.

---

27. Kevin White, "Individuation in Aquinas's *Super Boetium De Trinitate*, Q.4", *American Catholic Philosophical Quarterly* 69(1995), 547.
28. *In De Trin.*, q.4, a.1: "Dividitur enim una pars lineae ab alia per hoc quod habet diversum situm, qui est quasi formalis differentia quantitatis continuae positionem habentis"(ed. Decker, p.134).

둘째 요점은 용어와 관련된 것이다. 여기서 그리고 『삼위일체론 주해』의 후기 구절들 속에서 아퀴나스는 물질적 실체들의 개별성을 설명하는 데 '자리'(situs)라는 용어를 사용할 것이다. 나는 이것을 번역하기 위해 어떤 사물이 공간 속에 위치하거나 자리 잡고 있다는 의미에서 'situation'이라는 말을 사용하였지만, 그 용어와 (장소로부터 독립된) 그것과 결합되어 있는 개념과 장소를 가리키기 위한 용어들을 유지하는 것이 중요하다. 자리(situs 또는 situation)는 지속양의 형상적 차이라고 말해지고, 그래서 그것은 서로 상관적인 위치를 가지고 있는 부분들로 합성된 지속양에 의해서 참여되고 있는 특수한 본성이다. 어떤 선분의 상이한 부분들은 다양한 자리를 가질 것이다. 왜냐하면 그것들은 그 선분 전체의 범위 내에서 서로 다른 자리를 잡고 있기 때문이다. 그러한 것으로서, 자리는 질료의 양들로 가득 채워지기에 적합한 어떤 용기(容器)라는 모델에 입각해서 개념되는 장소일 수 없다. 아리스토텔레스의 『자연학』에 대한 아퀴나스의 주해에 의해서 자리와 장소 사이의 관계에 빛이 비친다. 즉 자리는 '어디에'라는 범주에 어떤 장소 안에서 부분들의 질서라는 생각을 덧붙인다.[29] 결과적으로, 자리는 위치가 그러하듯이 물질적 실체의 부분들의 공간적 관계와 연관된다. 이것은 '단순히' 용어와 관련된 요점만은 아니다. 왜냐하면 자리의 의미에 대해 명료해진다는 것은 개체화에 관한 아퀴나스의 관점을 명료화하고 그것을 가장 강한 의미로 제시하는 데 도움이 되기 때문이다. 화이트에 따르면 아퀴나스가 양의 구분이, 다양한 자리를 가지고 있는 선분의 부분들에 의해서 어떤 선분 안에서 발생한다고 말할 때, 이것은 "장소란 말하자면 위치 지정된 지속양의 형

---

29. Cf. *In Phys.*, VIII, c.322, Torino-Roma, Marietti, 1954, p.159.

상적 차이이기 때문에, 어떤 선분의 상이한 부분들은 그것들이 상이한 장소들을 가지고 있기 때문에 구분된다"는 것을 의미한다. 여기서 화이트는 '자리'를 장소와 동의어로 간주하고, 결과적으로 규모적 양에 의한 아퀴나스의 개체화 가르침을 궁극적으로 장소에 의한 개체화 이론으로 제시한다.[30] 이것은 자리의 의미에 대한 만족할 만한 개진이 못 된다. 어떤 대상은 그것이 장소에 있어서 변한다고 하더라도 그 부분들의 동일한 질서를 유지할 수 있고, 그래서 장소는 변하더라도 그 자리는 변하지 않는 채 남아있을 수 있다.

그리고 시공적 개체화 이론에 대한 그라시아의 비판에 비추어서, 우리는 한편으로는 자리 및 위치와 다른 한편으로는 장소 사이의 차이에 조심해야 하고, 그래서 규모적 양에 의한 아퀴나스의 개체화 이론을 시공 이론과는 다른 어떤 것으로 해석할 수 있어야 한다. 『범주론』에서의 양에 관한 아리스토텔레스의 논의에 대한 우리의 평가에 기초해서, 우리는 질료가, 서로 상관되는 위치를 가지고 있는 부분들로 구성되어 있는 하나의 지속양이라는 것을 관찰할 수 있다. 아퀴나스가 질료를 이런 아리스토텔레스적 빛 안에서 바라보고 있다는 것이, 제4문의 핵심적인 제2절 반론3에 대한 그의 응답에 의해서 드러난다. 반론3은 모든 우유들이 그 자체로 수교 가능하고, 그래서 개체화 원리 역할을 할 수 없다고 제언함으로써 그라시아를 앞지르고 있다. 이 반론에 대한 아퀴나스의 응수는 규모적 양이라는 우유의 특별한 성격을 지적한다. "양 이외에

---

30. "아퀴나스는 장소가 바로 규모의 근거(ratio)에 깊이 관여한다고 말함으로써, 그것이 규모보다 더 단순하다는 것을 암시하고, 따라서 제1절의 논거에 따라 장소의 구분이 어쨌든 규모의 다름의 원인이 된다고 말하려는 것 같다. 인간 인식의 관점에서 볼 때, 적어도 장소는 개체 식별 그리고 바로 개체화 관념 자체의 궁극적 뿌리로서의 패권을 놓고 양과 다투는 것 같다"(K. White, "Individuation in Aquinas's *Super Boetium De Trinitate*, Q.4", art. cit., p.555).

는 다른 어떤 우유도 스스로 구분의 고유 근거를 가지고 있지 못하다. 따라서 규모는, 그 자리가 양의 차이를 구성함에 따라, 스스로 특정 자리에 따른 어떤 개체화의 근거를 지니고 있다."[31] 자리는 여기서 (양의 차이 가운데 하나인) 위치를 가지고 있는 양의 본성 또는 속성이다. 그래서 물질적 실체들 안에서 개체화를 만드는 것은 단순히 규모를 가지고 있다는 사실이 아니라, 그에 덧붙여 규모가 그것들의 연쇄 안에서 운반하는 규정적 위치를 가짐이다. 아직도 『범주론』과 『자연학』 안에서 전개된 일련의 개념적 연관 관계들 안에서 작업할 때, 우리는 어떤 양을 가지고 있는 질료가 어떤 규모에 의해서 특징지어질 것이라고 말할 수 있다. 규모적 양은 위치를 가지고 있는 질료를, 또는 좀 더 정확하게는 서로 연관된 위치를 담지하고 있는 부분들로 만들어진 질료를 포함하고 있다. 서로 상관적인 규정적 위치를 가지고 있는 부분들로 이루어진 어떤 물질적 실체는 또한 어떤 규정된 장소에 있을 것이다. 그렇기 때문에 규모들 아래에서 고찰되는 질료는 어느 특정 '지금 여기'에 묶여 있음으로써 이 질료로 규정된다.

아퀴나스의 작품을 좀 더 깊이 바라볼 때, 우리는 또한 그가 왜 규모적 양을 개체화의 원천이라고 말하고 또 이것을 위치 관념을 이용하여 설명하는지를 이해할 수 있다. 『신학대전』 제3부에서 성체 안의 우유들의 현존을 논하면서, 그는 규모적 양이 그 성사 안에 남아있는 다른 우유들의 주체라고 말하고 있다. 규모적 양은 그것이 위치에 연결되어 있기 때문에 개별화의 역할을 할 수 있다.

---

31. *In De Trin.*, q.4, a.2, ad3: "Nullum autem accidens habet ex se proprium rationem divisionis nisi quantitas. Unde dimensiones ex se ipsis habent quondam rationem individuationis secundum determinatum situm, prout situs est differentia quantitatis"(ed. Decker, p.144).

그러므로 규모적 양은 그 자체로 개체화를 가지고 있다. 똑같은 종류이지만 위치가 서로 다른 여러 선분을 상상해볼 수 있는데, 여기서 위치는 이 양의 관념의 일부이다. 왜냐하면 규모의 정의는 바로 '위치를 차지하는 양'이기 때문이다.[32]

이 구절은 아퀴나스가 어떻게 그라시아에게 응수할 수 있는지를 보여준다. 똑같은 길이의 여러 선분은 모두 똑같은 양을 가지고 있을 것이다. 그것은 각각의 길이를 재는 것이 '그 선분의 길이는 얼마나 되느냐?'라는 질문에 대해 똑같은 대답을 낳을 것이라는 의미에서 그러하다. 그것들은 단지 크기로서의 양에 의해서뿐만 아니라 서로 다른 장소에 있게 만드는 서로 상관적인 위치상의 차이에 의해서도 개별화된다. 그러나 규모적 양을 개체화의 원천 또는 원리라고 말하는 것은 아직도 적합하다. 왜냐하면 위치는 규모적 양을 다른 종류의 양으로부터 구별하는 종적 차이이기 때문이다. 이것은 규모적 양의 본성에 대한 언명을 지적하고 있다. 하나의 본성이 유(類)와 종차에 의해서 정의된다는 생각을 따를 때, 규모의 본성은 위치를 가지고 있는 양이다. 올바르게 이해되기만 한다면, 규모적 양의 본성은 위치를 포함하고 있고, 그래서 규모적 양을 가지고 있는 것은 무엇이나 다 서로 상관적인 위치를 가지고 있는 부분들로 이루어져 있을 것이며, 따라서 어떤 특정 장소를 차지할 것이다. 구분과 수교불가능성은 규모적 양으로부터 결과된다. 왜냐

---

32. *ST*, III, q.77, a.2: "Unde et ipsa quantitas dimensiva secundum se habet quandam individuationem; ita quod possumus imaginari plures lineas ejusdem speciei differentes positione, quae cadit in ratione hujus quantitatis; convenit enim dimensioni quod sit *quantitas positionem habens*." Cf. Thomas Aquinas, *Summa Theologiae* III (London, Blackfriars, 1965), vol.57, p.134. 번역문은 윌리엄 바든(William Barden, OP)의 것이고, 강조도 원서 그대로이다.

하면 규모적 양이라는 우유 아래에 있는 질료는 어떤 특정 자리를 차지할 것이기 때문이다.

개체화에 관한 이 성찰들이 아퀴나스 자신의 사상을 따르고 있다는 한 표지가 보에티우스에 대한 주해서 제4문 제3절에서 주어진다. 내가 그 논거를 구성한 것처럼, 질료의 양은 규모적 양을 포함하고 있는데, 이것은 그 질료가 (어느 특정 질료의 양을 어느 특정 장소에 지정하는) 서로 상관적인 위치를 지니고 있는 부분들로 이루어져 있다는 것을 함축한다. 이 결과가 물질적 실체들을 성공적으로 개체화하기 위해서는, 두 개의 물질적 실체가 동시에 똑같은 장소를 차지할 수 없어야 한다. 만일 두 개의 물질적 실체가 동시에 동일한 장소를 차지할 수 있다면, 그것은 둘 다 동일한 양의 질료를 가지고 있을 것이고, 동일한 규정된 장소에 지정될 수 있을 것이다. 그 사건에서 질료의 양은 두 실체의 개체화를 설명하는 데 도움이 되지 못한다. 그리고 실상 아퀴나스는 제4문 제3항을 바로 이 가능성을 배제하는 데 헌정하고 있다. 그는 다음과 같이 말하고 있다. 신의 개입을 배제할 때 두 물체는 동시에 동일한 장소에 있을 수 없고, 그렇게 이해될 수도 없다. 이것은 그것들의 농도나 불순성이나 소멸 가능성 같은 어떤 피상적인 특성 때문이 아니라, 바로 물체들의 본성 자체 때문이다. 오히려 우리는 물체들을 질료의 구분을 통해서 구별하였는데, 이 질료의 구분은 오로지 두 개의 물체가 자리에 따라 구별될 때라야만 발생할 수 있다.

질료의 구분은 오로지 (그것의 본성으로부터 자리가 있게 되는) 규모를 통해서만 발생하기 때문에, 이 질료가 저 질료로부터 구별된다는 것은, 그것을 구분하는 것이 자리가 아니라면(그리고 이것은 두 개의 물체가 동일한 장소에 있다고 설정될 때는 일어나지 않는

다) 불가능하다. 그렇게 되면 그 두 물체는 하나의 물체인 셈인데, 이것은 불가능하다.[33]

이것은 아퀴나스가 동일한 항에서 두 개의 물체가 동시에 동일한 장소에 있을 수 있는지를 묻고 자리와 위치 관념들에 입각해서 그 가능성을 배제하고 있는 입장에 대한 나의 해석을 지지한다.

4. 규모적 양에 대한 변론

규모적 양 관념을 좀 더 심층적으로 정식화하려고 시도하였으니, 우리는 이제 이 속성을 물질적 실체들의 개체화 원리로 삼는 것에 대한 그라시아의 반론을 재검토할 수 있는 입장에 서 있다. 이미 살펴본 것처럼, 이 반론은 두 가지다. 첫째, 개체화 원리로서의 규모적 양에 의존하는 것은 어떤 사물의 내밀한 특성들 가운데 하나인 개별성을 설명하기 위해서 그것의 어떤 외부적 특성을 활용한다는 것을 포함하고 있다. 둘째, 규모적 양은 그 자체로 계기화될 수 있는(instantiable) 어떤 것이고, 그래서 어떤 사물의 개별성 또는 계기화 불가능성(noninstantiability)을 설명할 수 없다.

첫 번째 반론은 규모적 양을 다른 우유들과 동일한 것으로, 다시 말해 그 주체에 외부적인 어떤 것으로 간주한다. 이것은 규모적 양을 하나의 크기로, 즉 '두 말' 또는 '1미터×1미터×1미터'에 의해

---

33. *In De Trin.*, q.4, a.3: "Oportet enim esse plura corpora, in quibus forma corporeitatis invenitur divisa, quae quidem non dividitur nisi secundum divisionem materiae, cuius divisio cum sit solum per dimensiones, de quarum ratione est situs, impossibile est esse hanc materiam distinctam ab illa, nisi quando distincta secundum situm, quod non est quando duo corpora ponuntur esse in eodem loco. Unde sequitur illa duo corpora esse unum corpus, quod est impossibile"(ed. Decker, pp.150-151).

서 지시되는 것으로 이해하는 데 의존하고 있다. 이에 대해서 나는 규모적 양이 올바로 이해되기만 한다면 물질적 실체에 참으로 외부적인 색깔이나 모양 같은 다른 우유들과는 다르다는 점을 보여줄 것이다. 규모적 양은, 서로 상관되는 3차원의 공간 안에 있는 어떤 물질적 실체의 부분들의 구성인 위치를 함축하고 있다. 이 부분들의 특수한 구성 때문에 물질적 실체는 '두 말'로 측정되거나 '1미터×1미터×1미터'의 규모를 가질 것이다. 그러나 이 부분들의 위치는 이 측량들의 원천이고, 따라서 그것들과 동일시되어서는 안 된다. 오히려 어떤 물체의 위치는 그 물질적 실체의 구성의 한 통전적 부분이다. 그러한 것으로서 물질적 실체는 여섯 규모 속에 연장되어 있고 서로 어떻게든 상관되는 방식으로 구조화된 부분들로 구성되어 있다. 어떤 물체의 위치는 그것을 그 물체 자체로, 다시 말해 어떤 장소 안에 자리 잡고 있는 연장된 사물로 구성되도록 도와준다. 어떤 물질적 실체의 질료는 규모들 속에 연장됨과 단순히 어떤 외부적 원천으로부터만 부분들로 구성되어 있음의 이 특성들을 가지고 있지 않다. 오히려 그것의 위치 또는 그 부분들의 구성이 그것을 그 물체 자체로 만드는 것을 도와준다. 같은 이유로 그 질료는 어떤 물질적 실체의 한 내밀한 원리이고, 물질적 실체의 부분들 위치와 거기서부터 결과되는 그 물질적 실체의 규모적 양은 그 실체의 내밀한 특성들이다.

그라시아는 사실상 위치가 진정한 내밀한 특성이라기보다는 어떤 사물의 그런 외부적 특성들과 좀 더 흡사하다고 논할 것이다. 소크라테스가 만일 그리스의 뜨거운 태양 아래 아테네 광장에서 보내는 시간을 좀 줄였더라면 피부 색깔이 좀 더 희었을 것이다. 그러나 그렇더라도 그는 여전히 소크라테스인데, 다만 좀 더 하얄 뿐이다. 비슷하게, 소크라테스가 서로 상관되는 자기 몸의 부분들을 약간 다른 규정적 위치로 이끌렸더라면 키가 조금 작았을지 모른다. 그렇다고 해도 그는 여전히 소크라테스이고, 다만 키가 좀 작을 뿐이다. 만일 사정이 그러하다면, 또는 가능한 응수가 그러하다면, 위치는 그것이 특징짓는 개체들에 내밀하지 않다. 그러나 이 응수는, 개체화의 원리에서는 어떤 종류의 내밀한 특성이 요구되느냐는 문제에 대한 어떤 오해에 근거하고 있다. 이 응수가 내다보고 있는 방식으로 내밀하기 위해서는, 특성은 그것의 주체인 그 개별적인 것의 필수적 속성으로서, 이 특수한 개체를 개체화하기 위해서 필시 어떤 규정적인 방식으로 현존하고 있어야 했을 것이다. 그 개별화하는 특성에 대하여 조금만 변화가 주어진다고 하더라도, 어떤 다른 개체로 이끌게 된다. 그러나 이것은 개체화의 원리가 어떻게 작용하는지에 대한 그라시아의 이해가 아니다. 그는 개체화의 원리가 그 개체의 (유일성이나 그것이 어떤 규정된 일련의 특성들을 가지고 있음이 아니라) 계기화 불가능성을 보장하는 것이라고 생각한다. 제시된 응수는 소크라테스의 개별성으로 하여금 그의 소크라테스임, 그의 소크라테스성에 내밀한 특성들을 예증함(exemplify)에서 성립되도록 만들지만, 소크라테스가 그 특성들을 정확히 어떻게 예증하는지, 또 어떻게 계기화가 불가능한지를 모호한 채로 남겨놓는다. 그러한 것으로서 개체화에 대한 이 접근법은, 각 개체가 일련의 특성들 또는 어떤 적절한 복합적 특성을 담지함으로써 한 개체로 구성된다고 보는 '개체화의 다발 이론'(Bundle Theory of Individuation)으로 떨어지고 만다. 그라시아는 개체화 문제에 대한 그런 접근법의 약점을 잘 깨닫고 있고, 그래서 그것을 기각한다.[34]

---

34. J. Gracia, *Individuality: An Essay on the Foundation of Metaphysics*, op. cit., pp.92-94,

규모적 양에 대한 그라시아의 두 번째 반론은 문제의 심장부에 더 가까이 다가간다. '두 말' 또는 '1미터×1미터×1미터' 같은 용어들에 의해서 지시되는 양은 여러 개체에 의해 공유될 수 있어 계기화가 가능하거나 수교가 가능한 것으로 보이고, 그래서 그것들은 개체들의 계기화 불가능성을 설명하기에 적절하지 못한 것으로 보인다. 우리가 설령 규모적 양을 위치(즉 서로 상관되는 어떤 물질적 실체의 부분들의 구성)를 포함하고 있는 것으로 해석한다고 하더라도, 이것은 위치 자체가 계기화가 가능하고 수교 가능한 특성이라는 본질적 사실을 변경시키지 않는다. 동일한 '1미터×1미터×1미터'라는 외면적 규모를 지니고 있는 두 개의 물질적 실체는, 비록 그것들이 상이한 장소에 자리 잡고 있더라도, 서로 상관되는 부분들의 동일한 내면적 구성을 공유할 수 있다. 이 예에서 개체화를 수행하는 것은 그 두 실체의 상이한 자리들이고, 실상 우리는 (그 결점들을 이미 그라시아가 상세하게 밝힌 바 있는) '시공적 개체화 이론'(Spatio-Temporal Theory of Individuation)을 만나고 있는 셈이다. 그래서 위치를 포함하고 있는 것으로 이해된 규모적 양은 우리에게 적절한 개체화 원리를 제공하지 못한다.

이에 대한 응수로, 나는 규모적 양이 계기화가 가능한, 또는 일반적인 특성이라는 점은 인정할 수 있지만, 계기화가 가능한 특성은 무엇이든 적절한 개체화 원리 역할을 할 수 없다는 가정에는 도전하고 싶다. 그라시아의 틀 속에서 개체화 원리는, 그것이 무엇이든, 그 자체가 하나의 개별적인 것이거나 아니면 하나의 보편자 또는 계기화가 가능한 특성이다. 그라시아는 그것이 보편자일 수 없다고 주장한다. 개체화 원리는 개체들이 어떻게 보편자들과는 달

144-150.

리 계기화가 불가능한지를 설명하는 과제를 가지고 있기 때문이다. 그러나 나는 이것이 대부분의 보편자에게는 타당하지만, 위치는 특별한 경우라는 점을 지적하고 싶다. 그것은 계기화가 가능한 특성 또는 하나의 보편자이다. 그러나 그것은 규정적인 장소들에 배정되는 질료에 대해서 책임이 있다.

위치와 같이 계기화가 가능한 특성이 어떻게 물질적 실체들을 개별화할 수 있는지를 설명하기 위해서는 먼저 위치와 장소를 묘사하는 데 사용된 개념적 장치를 풍부하게 만드는 것이 필요하다. 그라시아는 보편자와 계기(사례)들 사이의 구별을 이용하여 개체화 문제에 접근한다. 보편자들은 계기화가 가능한 특성들이지만, 개체들은 보편자들의 계기화가 불가능한 계기(사례)들이다. 그러나 또한 어떤 규정 가능한 사물 또는 성질과, 어떤 규정된 사물 또는 성질 사이의 구별도 고려한다. 예컨대 색깔은 규정 가능한 특성이다. 어떤 사물이 색깔을 가지고 있다는 것은 그것이 검은지, 아니면 하얀지, 또는 노란지를 열려진 채로 남겨놓고 있다. 그러나 어떤 특수한 것은 단순히 색깔을 가지는 것이 아니라, 어느 특정 색깔을 가질 것이다. 비슷하게, 위치와 장소도 규정 가능한 것들이다. 모든 물질적 실체는 어떤 위치를 가지고 있는데, 그것은 그것이 서로 공간적 관계를 맺고 있고 규모적으로 연장되어 있는 부분들로 이루어졌으며, 모든 물질적 실체는 장소 안에 있다는 의미다. 그러나 모든 물질적 실체는 단순히 위치를 가지고 있거나 장소 일반을 차지하기만 하지는 않을 것이다. 모든 물질적 실체는 서로 특수하고 규정된 공간적 관계를 맺고 있는 부분들로 구성되어 있을 것이고, 어느 특정 장소에 있을 것이다.

나는 색깔과 보편자 또는 계기화가 가능한 특성의 예를 이용하여 규정 가능한 것들과 규정적인 것들 사이의 대조를 도입하였다.

규정적인 색깔은 또한 보편자이다. 어느 특수하고 규정적인 녹색을 예증하는 수천의 개체들이 있을 수 있는데, 이 개체들은 모두 비슷하게 색깔을 가지고 있는 것으로 고찰될 것이다. 동일한 것이 예컨대 인간임, 납으로 만들어져 있음, '1미터×1미터×1미터'의 규모를 가지고 있음에도 해당되는데, 이것들은 모두 규정적이고 계기화가 가능한 특성들이다. 그렇지만 모든 규정적 특성이 다 보편자이거나 계기화가 가능한 특성이 아니라는 것에 주목하는 것이 중요하다. 특히 규정적 특성인 '장소'는 다르다. 어떤 규정적 장소는 보편자가 아니다. 그것은 단지 어떤 물질적 실체가 있거나 있을 수 있는 곳일 뿐이다. 어떤 규정적 장소는 어떤 개체가 예증하거나 여러 개체가 예증하는 어떤 것이 아니다. 물론 많은 상이한 물질적 실체들이 다른 시간에 동일한 장소를 차지할 수 있고, 그래서 어떤 의미에서는 어떤 장소를 공유할 수 있다. 그러나 이것은 더 이상 (한 사람이 자동차를 소유하고 있다가 나중에 두 번째 사람에게 팔았을 때, 두 개인이 어느 특정 자동차를 소유할 수 있다는 사실이 그 자동차를 하나의 보편자로 만드는 것 이상으로) 그 규정적 장소를 보편자로 만들지 않는다. 먼저 물이 항아리를 채웠다가 나중에는 공기가 그 항아리를 채울 때, 그 두 물체는 동일한 장소를 차례로 차지한다. 그러나 이것은 그것들이 동일한 장소를 예증한다는 것을 의미하지 않는다. 만일 그것들이 어떤 보편자를 예증한다면, 그것은 '어느 때에 이 특정 장소에 있음'과 같은 어떤 것일 것이다. 그러나 그 장소는 여기서 언급되는 보편자와 동일하지 않다. 그 장소는 먼저 한 물체를, 그리고 나중에는 다른 물체를 에워싸거나 제한하는 것이고, 그 물체들이 자기들의 부분들로 채우는 그것이다. 그래서 장소는 어떤 개체나 많은 개체에 의해서 예증되는 어떤 것이 아니다. 그것은 단지 어떤 물질적 실체가 있거나 있을 수 있는 특정 지역(영역)이다.

그렇다면 특정 장소는 하나의 개체이다. 더욱이 어떤 규정적 장소를 차지하고 있는 것은 무엇이든 그 자체로 하나의 개체이다. 보편자는 계기화가 가능한 특성인 데 반해, 개체는 어떤 보편자를 예증할 수 있는 것이다. 보편자와 개체를 개념하는 이런 방식에 입각해서 볼 때, 어느 때에 이 규정적 장소를 차지한다는 계기화가 가능한 특성을 예증하는 것은 하나의 개체이다. 우리는 어떤 보편자를 "어느 때에 이 장소를 차지하고 있는" 보편자로 정식화할 수 있는데, 이 보편자는 다른 때에 많은 개체들에 의해서 예증될 수 있지만, 이 사실은 하나의 그리고 오직 하나의 물질적 개체만이 어느 규정적 시간에 어느 규정적 장소를 차지한다는, 그보다 앞선 사실에 기초하고 있다.

만일 어느 규정적 장소가 하나의 개체이고, 그것이 하나나 혹은 그 이상의 개체에 의해 점유된다면, 우리는 어떤 보편적이고 계기화가 가능한 특성이 계기화가 불가능한 개체들에 대해 어떻게 책임이 있는지를 설명할 수 있다. 어떤 규정적 위치는 보편자 또는 계기화가 가능한 특성이지만, 규정적 장소들을 가지거나 차지하는 사물들의 원천(인 보편자)이다. 물질적 실체는 만일 그것이 서로 규정적인 관계를 맺고 있는 부분들로 이루어져 있다면, 어떤 규정적 위치를 가진다. 물질적 실체 내에 있는 부분들의 이 구성은 계기화가 가능한 특성이다. 그것은 상이한 물질적 실체들이 정확히 동일한 방식으로 내적으로 구성될 수 있다는 의미다. 이것은 똑같은 규모를 지니고 있는 두 개의 나무 육면체의 예에 해당될 것이다. 그러나 그런 육면체는 특수한 방식으로 구조화된 부분들을 가짐으로써 여섯 규모로 연장될 것이고 어떤 규정적인 장소를 가지게 될 것이다. 비록 그 두 목재 육면체가 부분들의 동일한 내면적 구성을 가지고 있다고 하더라도, 그것들은 두 물체가 동시에 동일한 장소를 차지할 수 없다는 사실 때문에, 동시에 같은 장소를 차지할 수 없다. 그래서 어떤 규정적 장소를 가지고 있음으로써 각각의 물질적 실체는 수교될 수 없고 계기화될 수 없을 것이다. 규정적인 위치를 가지고 있는 것은 무엇이나 다 어떤 규정적 장소를 가지고 있을 것이고, 오직 하나의 개체만이 어느 특정 시간에 그 규정적 장소를 차지할 수 있다. 이것은 규모적 양 또는 위치를 가지고 있는 양이, 만족할 만한 개체화 원리를 위한 제일 조건을 만난다는 것, 다시 말해 그것이 개체들의 수교불가능성을 설명해야 한다는 것을 보증해준다.

앞 절에서 동일한 규격의 두 육면체의 개체화를 보장하는 것은 장소에서의 차이라는 것이 드러났을 줄로 믿는다. 이것은 위에서 노작된 그라시아의 두 번째 반론의 일부이다. 개체화 원리로서의 위치가 개체화의 시공 이론과 구별될 수 없는 것처럼 보일지 모르겠다. 그러나 그렇지 않다. 왜냐하면 위치는, 어떤 사물이 장소를 차지하고 시공적 자리를 차지함과는 구별되며 그것의 원천이기 때문이다. 어떤 물질적 실체의 위치는, 그 부분들이 서로 공간적 관계를 맺고 있다는 의미에서, 그 실체에 내밀하다. 물질적 실체가 그 실체에 외부적인 어떤 것이 어떤 장소를 차지하거나 점유하는 데 책임이 있는 것은 부분들의 이 구성이다. 어떤 물질적 실체가 개체화되기 위해서는 다른 무엇보다도 어느 규정된 장소에 있다는 것을 포함한다. 그러나 이것은 그 실체를 개체화하는 것, 그것의 개체임을 설명하는 것이 그 물질적 실체가 양과 위치를 가지거나 규모적 양을 가지는 것이라고 주장하는 것과 양립될 수 있다. 그래서 어떤 물체의 장소에 책임이 있는 것은 그 물체의 규모적 양이다. 우리는 물질적 실체들의 개체성을 그것들의 구별되는 장소에 의해서 식별하고, 규모적 양을 개체화의 원리로 고수하는 데 있어서 행복하게도 이것을 주장할 수 있다. 그러나 아직도 어떤 물체의 장소에 책임이 있는 것은 그 위치이다. 결과적으로, 개체화 원리로서의 규모적 양에 의존한다고 해서, 개체화의 시공적 이론으로 환원되지는 않는다.

『삼위일체론 주해』에서 아퀴나스의 개체화 논의에 들어 있는 여러 주요 용어들의 아리스토텔레스적 배경을 탐구함으로써, 나는 규모적 양이, 비록 우유이지만 자신 안에 '어떤 개체화'를 담지하고 있다는 주장에 대한 추가적 지지 근거를 제공하였기를 희망한다. 그라시아는 자신의 입장을 난공불락으로 보이는 논리 위에 정초하고 있다: 즉 만일 하나의 개체라는 것이 계기화 불가능한 것이라면, 또 만일 규모적 양이 하나의 우유이기 때문에 계기화될 수 있는 특성이라면, 그것은 어떤 것의 개별성을 설명할 수 없다는 것이다. 그러나 사정은 그리 간단하지가 않다. 규모적 양, 즉 서로 상관적인 위치를 가지고 있는 부분들로 합성되어 있는 것의 특별한 성격은, 물질적 대상들이 규정적 장소를 가지게 되는 데에 책임이 있는 그런 것이다. 그렇게 함으로써 규모적 양은 물질적 대상들을 개체화한다.[35]

---

35. 초고를 읽고 유익한 지적을 하며 개체화 문제에 관한 내 접근법에 대해 통찰력 있는 비판을 아끼지 않은 다니엘 노보트니(Daniel Novotny)와 조지 그라시아에게 깊이 감사한다.

| 참고 문헌 |

그라시아, 조지, 「수아레즈의 개체화 이론」(졸역), 『가톨릭 신학과 사상』 37 (2001/가을) 132-180쪽.

그라시아, 조지, 『스콜라철학에서의 개체화』, 이재룡·이재경 옮김, 가톨릭출판사, 2003.

마우러, 아먼드, 「오컴의 개체화 이론」(졸역), 『가톨릭 신학과 사상』 38 (2001/겨울), 152-184쪽.

몬딘, 바티스타, 「개체화」, 『성 토마스 개념사전』, 이재룡·안소근·윤주현 옮김, 한국성토마스연구소, 2020.

박우석, 「개체화 문제: 중세인의 가슴앓이」, 『철학과 현실』 12(1992), 148-168쪽.

박우석, 『중세철학의 유혹』, 철학과 현실사, 1997.

볼터, 알랜, 「스코투스의 개체화 이론」(졸역), 『가톨릭 신학과 사상』 36 (2001/여름), 137-175쪽.

오웬스, 조셉, 「토마스 아퀴나스(1225?-1274)」, 조지 그라시아, 『스콜라철학에서의 개체화』, 303-340쪽.

오웬스, 조셉, 『존재 해석』, 졸역, 가톨릭대학교출판부, 2003.

와이스헤이플, 제임스, 『토마스 아퀴나스 수사: 생애, 작품, 사상』, 졸역, 성바오로출판사, 2쇄, 2002.

토마스 아퀴나스, 『有와 本質에 대하여』, 정의채 옮김, 서광사, 1995.

토마스 아퀴나스, 『자연의 원리들』, 김율 옮김, 철학과 현실사, 2005.
토마스 아퀴나스, 『존재자와 본질』, 박승찬 역주, 도서출판 길, 2021.
「포르피리우스의 '이사고게'와 보에시우스의 '두 번째 주해'」(졸역), 『가톨릭 신학과 사상』 26(1998/여름), 166-207쪽.
포르피리오스, 『이사고게』, 김진성 역주, 이제이북스, 2009.
피터슨, 린다, 「카예타누스의 개체화 이론」(졸역), 『가톨릭 신학과 사상』 39(2002/봄), 137-166쪽.

Aertsen, Jean, "Die Thesen zur Individuation in der Verurteilung von 1277, Heinrich von Ghent und Thomas von Aquin", *Miscellanea Mediaevalia* 24(1996), 249-265.
Anscombe, G.E.M., "Symposium: The Principle of Individuation II", in *Berkeley and Modern Problems*(Aristotelian Society, Suppl. 27[1953], 1953), p.93.
Aresi, Giovanni B., "Tomismo ed Edith Stein sul principio di individuazione", *Divus Thomas* 113/3(2010), 211-234.
Assenmacher, J., *Die Gechichte des Individuationsprinzips in der Scholastik*, Leibzig, 1926.
Bobik, Joseph, "Dimensions in the Individuation of Bodily Substances", *Philosophical Studies*(Maynooth) 4(1954), 60-79.
Bobik, Joseph, "La doctrine de saint Thomas sur l'individuation des substances corporelles", *Revue philosophique de Louvain* 51(1953), 5-41.
Brown, O.J., "Individuation and Actual Existence in Scotistic Metaphysics: A Thomistic Assesment", *The New Scholasticism* 53(1979), 347-361.
Degl'Innocenti, Umberto, OP, *Il principio di individuazione nella scuola tomistica*, Roma, Pontificia Universita Lateranense, 1971.
Degl'Innocenti, Umberto, OP, *Il problema della persona nel pensiero di S. Tom-*

maso, Roma, Pontificia Universita Lateranense, 1967.

Degli'Innocenti, Umberto, OP, "Il pensiero di san Tommaso sul principio d'individuazione", *Divus Thomas*(Piacenza) 45(1942), 35-81.

Devereux, D., "Particular and Universal in Aristotle's Conception of Practical Knowledge", *The Review of Metaphysics* 39(1986), 483-504.

Dewan, Lawrence, OP, "Being per se, Being per accidens, and St. Thomas' Metaphysics", *Science et Esprit* 30(1978), 169-184.

Dewan, Lawrence, OP, "St. Thomas, Form, and Incorruptibility", in Jean-Louis Allard(ed.), *Etre et savoir*(Philosophica 37), Ottawa, Les Presses de l'Univerisite d'Ottawa, 1989, pp.77-90.

Dewan, Lawrence, OP, "St. Thomas, Metaphysical Procedure, and the Formal Cause", *The New Scholasticism* 63(1989), 173-182.

Dewan, Lawrence, OP, "Capreolus, saint Thomas et l'être", in *Jean Capreolus et son Temps 1380-1444*(Colloque de Rodez)[special number, no.1 of Memoire dominicaine], ed. G. Bedouelle, R. Cessario, and K. White, Paris, Cerf, 1997, pp.77-86.

Dougherty, Jude P., "Maritain as an Interpretation of Aquinas on the Problem of Individuation", *The Thomist* 60(1996), 19-32.

Dumont, Stephen D., "The Question on Individuation in Scotus's Quaestiones super Metaphysicam", in *Via Scoti. Methodologica ad mentem Johannis Duns Scoti*(Atti del Congresso Scotistico Internazionale, Roma 9-11 marzo 1993, cura Leonardo Sileo, vol.1, Roma, Edizioni Antonianum, 1995), pp.193-227.

Elders, Leo, SVD, *Faith and Science: An Introduction to St. Thomas' Expositio in Boethii De Trinitate*, Roma, 1974.

Gazzana, Adriano, "Individuazione, principio di", in *Enciclopedia filosofica*, Firenze, Sansoni, 1967, III, coll.870-874.

Gazzana, Adriano, "La 'materia signata' di S. Tommaso secondo la diversa interpretazione del Gaetano e del Ferrarese", *Gregorianum* 24(1943), 78-85.

Gilson, Étienne, *Being and Some Philosophers*, Toronto, PIMS, 1949.

Gracia, Jorge J., *Individuality: An Essay on the Foundations of Metaphysics*, Albany(NY), SUNY Press, 1988.

Gracia, Jorge J., *Introduction to the Problem of Individuation in the Early Middle Ages*, Washington, The Catholic University of America Press, 1984.

Gracia, Jorge J., *Suárez on Individuation*, Milwaukee, Marquette University Press, 1982.

Klinger, I., *Das Prinzip der Individuation bei Thomas von Aquin*, Muünsterschwarzach, 1964.

Lorenzini, M., *L'uomo in quanto persona. L'antropologia di Jacques Maritain*, Bologna, ESD, 1990, pp.11-22; 97-120.

Macierovski, E.M., *The Thomistic Critique of Avicennian Emanationism from the Viewpoint of Divine Simplicity, with Special Reference to the Summa contra Gentiles*, Dissert. University of Toronto, 1979, ch.5: "The Cause of Distinctness of Things(CG II 39-45)", pp.174-262.

Mahoney, Edward P., "Metaphysical Foundations of Hierarchy of Being According to Some Late-Medieval and Renaissance Philosophers", in *Philosophies of Existence Ancient and Medieval*, ed. Parviz Morewedge, New York, 1982, pp.164-257.

McInerny, Ralph, *Boethius and Aquinas*, Washington, The Catholic University of America Press, 1990, pp.61-82.

Nash, Peter E., "Gils of Rome, Auditor and Critic of St. Thomas", *The Modern Schoolman* 28(1950-1951), 1-20.

Noone, Thimothy, "Individuation in Scotus", *American Catholic Philosophical Quarterly* 69(1995), 527-542.

Owens, Joseph, CSsR, "Common Nature: A Point of Comparison between Thomistic and Scotistic Metaphysics", in J. Ross(ed.), *Inquiries in Medieval Philosophy*, Westport(Connecticut), Greenwood, 1967, pp.185-209.

Owens, Joseph, CSsR, "Diversificata in diversis: Aquinas, In I Sent., Prol. 1, 2", in *La scholastique: Certitude et recherche. En hommage a louis-Marie Regis*, ed. E. Joos, Montreal, 1980, pp.113-129.

Owens, Joseph, CSsR, "Thomas Aquinas(b.ca. 1225; d.1274)", in *Individuation in Scholasticism: The Later Middle Ages and Counter-Reformation, 1150-1650*, ed. J.J. Gracia, Albany(NY), 1994, pp.173-194.

Paolinetti, Marco, OCD, "Natura, spirito e individualita in Edith Stein", *Rivista di filosofia neoscolastica* 4(2006), 665-712.

Popper, Karl, "The Principle of Individuation", *Prodeedings of Aristotelian Society* 27(1953), 107-112.

Roland-Gosselin, M.-D., OP(ed.), *'De ente et essentia' des s. Thomas d'Aquin*, Paris, 1925, 1948, pp.103-134.

Roland-Gosselin, M.-D., OP, "Le principe de l'individualite", in *Le 'ente et essentia' de s. Thomas d'Aquin*(Le Saulchoir, Revue des sciences philosophiques et theologiques 1926), pp.49-134.

Rosenberg, J.R., "Individuation", in *New Catholic Encyclopedia*, vol.7, pp.476-477.

Rosenberg, J.R., *The Principle of Individuation: A Comparative Study of St. Thomas, Scotus, and Suárez*, Dissert. The Catholic University of America, 1950.

Scaltsas, T., *Substances and Universals in Aristotle's Metaphysics*, Ithaca-London, Cornell University Press, 1994.

Speer, A., "Yliathin quod est principium individuandi. Zur diskussion um das Individuationsprinzip im Anschluss ad prop.8[9] des 'Liber de causis' bei Johannes de Nova Domo, Albertus Magnus und Thomas von Aquin", *Miscellanea Mediaevalia* 24(1996), pp.271-285.

Sweeney, Eileen, "Individuation and the Body in Aquinas", *Miscellanea Mediaevalia* 24(1996), pp.189-194.

Taylor, R., "St. Thomas and the Liber de causis on the Hylomorphic Composition of Separate Substances", *Mediaeval Studies* 41(1979), 510-513.

Thomas Aquinas, *De principiis naturae*, c.3.(*국역본)

Thomas Aquinas, *De principio individuationis*, in *Opuscula philosophica*, ed. R.M., Spiazzi, OP, pp.149-151.

Thomas Aquinas, *Expositio libri boetii De hebdomadibus 2*, Paris, Cerf; Roma, Comm. Leonina, 1992.

Thomas Aquinas, *Expositio super librum Boethii de Trinitate*, ed. Bruno Decker, lLeiden, Brill, 1965.

Weisheipl, James, OP, *Friar Thomas d'Aquino. His Life, Thought, and Works*, Garden City(NY), 1974.(*국역본)

Wippel, John, *The Metaphysical Thought of Thomas Aquinas*, Washington, The Catholic University of America Press, 2000, pp.351-375.

Wippel, John, *Thomas Aquinas on the Divine Ideas*(The Étienne Gilson Series 16), Toronto, 1993.

Wyss, J.M., *De natura materiae Attributed to St. Thomas Aquinas*, Louvain, 1953.

| 인명 색인 |

고디누스, 윌리엄(William Godinus) 131, 165, 166, 169, 170, 175, 184
고슬랭, 롤랑(M.-D. Roland-Gosselin) 154, 158
고드프리드 퐁텐(Godefroid de Fontaines) 170, 171
그라시아, 조지(Jorge J.E. Gracia) 15, 16, 17, 22, 52, 56, 63, 64, 76, 77, 131, 165,
　　167, 187, 199, 200, 201, 202, 206, 208, 209, 210, 212, 224, 228, 229, 230,
　　232, 234, 235, 236, 239, 240
기욤 도베르뉴(Guillaume d'Auvergne) 154
기욤 드 샹포(Guillaume de Champeaux) 20
기욤 들라 마레(Guillaume de la Mare) 21

눈, 티모시(Timothy Noone) 77, 131, 134, 163

다마셰누스(Johannes Damaecnus) 137
델린노첸티, 움베르토(Umberto Degl'Innocenti, OP) 17
두란두스(Dudandus de St. Pourcain) 22

라이프니츠(W.G. Leibniz) 53
로스미니(A. Rosmini) 53
리카르두스 데 미들톤(Richardus de Middleton) 21
마우러, 아먼드(Armand Maurer, CSB) 50

박우석(Park, Woosuk) 15, 16, 20, 23, 24, 26, 51, 53, 56, 57
베이컨, 로저(Roger Bacon) 21, 182
보나벤투라(Bonaventura, OFM) 21, 56, 185, 186
보빅, 조셉(Joseph Bobik) 111, 120, 199, 202, 204

보에티우스(Boethius) 16, 20, 32, 62, 63, 64, 69, 73, 75, 77, 93, 106, 134, 146, 148, 149, 150, 158, 231
볼터(Alan B. Wolter) 51

소크라테스(Socrates) 23, 25, 51, 55, 90, 92, 96, 109, 136, 168, 169, 170, 184, 233, 234
수아레스, 프란시스코(Francisco Suárez, SJ) 50, 51, 52, 56, 60, 187, 188, 189, 190, 191, 192, 193, 194, 195, 196, 198, 206, 207
스코투스, 둔스(Johannes Duns Scotus, FM) 21, 24, 50, 51, 53, 56, 60, 77, **163-186**, 192, 193
시제 브라방(Siger de Brabant) 21

아리스토텔레스(Aristoteles) 18, 19, 20, 21, 24, 25, 42, 51, 53, 64, 72, 79, 81, 84, 85, 87, 88, 89, 90, 93, 99, 101, 103, 106, 121, 137, 138, 147, 148, 149, 151, 163, 166, 187, 188, 189, 190, 194, 196, 197, 199, 201, 210, 212, 213, 214, 215, 216, 218, 219, 220, 221, 222, 223, 227, 228, 240
아베로에스(Averroes=Ibn Rushd) 20, 45, 54, 92, 94, 95, 100, 113, 123, 124, 128, 141
아비체브론(Avicebron) 57
아비첸나(Avicenna=Ibn Sina) 20, 28, 54, 67, 73, 92, 136, 144, 146,
아우레올리, 페트루스(Petrus Aureoli, OFM) 22
안셀무스(Anselmus d'Aosta) 20
알가잘리(Al-Ghazali) 67
알베르투스 마뉴스(Albertus Magnus, OP) 21, 215, 217
알파라비(Alfarabi) 20
앤스컴(E. Anscombe) 187, 188, 194
에지디우스 로마누스(Aegidius Romanus) 21, 170, 171
오웬스, 조셉(Joseph Owens, CSsR) 27, 55, 56, 60, 61, 62, 64, 71, 73, 76, 79, 131, **132-144**, 164, 183, 184, 199, 201, 202, 204, 205, 206
오컴, 윌리엄(William Ockham, OFM) 16, 22, 50, 53, 56
요한 데 산토 토마(Johannes de Sancto Thoma, OP) 22, 50, 56
요한 드 파리(Joannes de Paris) 170, 174, 176
요한 베르첼리(Johannes de Vercelli) 142
요한 살리스베리(Johannes de Salisbury) 20
요한 카프레올루스(Johannes Capreolus, OP) 49, 56, 155, 196
요한 페캄(Johannes Peckham) 21

워어, 윌리엄(William Ware) 168
위펠, 존(John Wippel) 29, 56

질베르(Gilbert de Poitier) 20
질송, 에티엔(Étienne Gilson) 138, 139

카예타누스(Cajetanus=Thomas de Vio, OP) 48, 49, 50, 56

텡피에, 에티엔(Étienne Tempier) 21
티에리(Thiery de Chartre) 20

페라렌시스(Ferrarensis=Francisco Sylvestris, OP) 48, 49, 56, 196
포르피리우스(Porphyrius) 88, 102, 164, 181, 182
플라톤(Plato) 16, 19, 25, 51, 82, 157, 163, 164, 168, 169, 170

헨리쿠스 데 하클레이(Henricus de Harclay) 22
헨리쿠스 드 강(Henricus de Ghent) 21
화이트, 케빈(Kevin White) 59, 131, 225, 227, 228

| 사항 색인 |

가능/가능성(*potentia*, Possibility) 27, 47, 54, 55, 61, 68, 81, 84, 85, 87, 89, 99, 100, 102, 103, 104, 106, 107, 108, 120, 122, 124, 125, 126, 127, 128, 147, 165, 166, 174, 177, 181, 194, 204, 207, 208, 217, 225, 231, 232, 235, 236, 237, 238
가능태(*potentia*) 124, 125, 126
가정(假定, *suppositio*, Supposition) 31, 33, 53, 167, 168, 207, 235
감각(Sense) 34, 36, 41, 42, 43, 45, 98, 103, 122, 123, 130, 157, 190, 201, 219
개념(Concepts) 18, 24, 45, 47, 53, 64, 76, 80, 81, 82, 87, 93, 96, 101, 107, 111, 136, 138, 153, 168, 169, 181, 191, 199, 205, 213, 214, 216, 217, 227, 229, 236
개별 존재자(Individual being) 153, 172
개별성(Individuality) 20, 21, 22, 23, 25, 50, 53, 61, 81, 104, 107, 109, 127, 129, 130, 144, 146, 147, 148, 149, 154, 168, 169, 170, 172, 178, 187, 194, 196, 199, 200, 202, 210, 226, 227, 232, 234, 240 → 개체성
개별성의 존재론적 지위(Ontological status of individuality) 165
개별자(*individuum*, Individuals) 64, 68, 69, 72, 73, 91, 145, 146, 147, 148, 149, 151, 152, 156, 158, 159, 170, 209 → 개체
개별적 단일성(Unitas individualis) 23, 177, 180
개별화(*individuatio*, Individuation) 25, 28, 33, 34, 35, 36, 37, 38, 76, 81, 82, 87, 91, 93, 95, 96, 98, 100, 106, 108, 121, 123, 128, 129, 130, 139, 141, 146, 154, 155, 157, 158, 192, 197, 200, 202, 206, 225, 229, 230, 234, 236 → 개체화
개별화의 원리(*principium individuationis*) 80, 92 → 개체화의 원리
개체 15, 17, 18, 19, 20, 21, 22, 23, 24, 25, 28, 32, 33, 34, 37, 40, 41, 43, 44, 45, 47, 49, 51, 52, 53, 59, 68, 71, 73, 74, 76, 80, 82, 84, 87, 89, 90, 91, 93, 95,

97, 98, 102, 103, 104, 105, 109, 110, 121, 127, 129, **131-159**, 164, 165, 167, 168, 169, 170, 174, 175, 176, 177, 180, 181, 182, 183, 184, 188, 189, 190, 191, 192, 194, 197, 202, 203, 204, 205, 207, 208, 209, 210, 217, 224, 228, 234, 235, 236, 237, 238, 239, 240 → 개별자
개별성의 내포(Intension of 'individual') 22, 23
개체(개별성)의 외연(Extension of 'individual') 20, 22, 23
개체성 95, 97, 202, 208, 239 → 개별성
개체화 15, 16, 17, 18, 19, 20, 21, 22, 23, 24, 25, 26, 27, 28, 30, 31, 32, 33, 34, 35, 36, **38-47**, 48, 49, 50, 51, 53, 54, 55, 56, **59-77**, 82, 83, 84, 85, 87, 88, 89, 90, 91, 92, 93, 94, 95, 96, 97, 98, 99, 100, 101, 102, 103, 104, 105, 106, 107, 108, 109, 110, 112, 113, 114, 115, 116, 117, 118, 119, 120, 121, 122, 126, 127, 128, 129, 131, 132, 135, 137, 139, 140, 141, 142, 143, 144, **145-159**, **163-186**, 187, 188, 189, 191, 192, 194, 195, 196, 198, 199, 200, 203, 206, 207, 208, 209, 216, 217, 224, 226, 227, 229, 230, 231, 232, 234, 236, 239, 240 → 개별화
개체화의 다발 이론'(Bundle Theory of Individuation) 234
개체화의 원리 **15-57**, 60, 61, 62, 64, 69, 70, 72, 76, **79-130**, 131, 147, 166, 170, 171, 174, 175, 176, 177, 178, 179, 180, 181, 183, 186, **187-198**, **199-240**
개체화의 표준 이론(The Standard Theory of Inividuality) 20
결핍(Privation) 62, 107, 114
결합(Union) 30, 48, 51, 109, 172, 200 → 일치
계기화 불가능성(*non-instantiabilitas*) 169, 170, 178, 180, 208, 210, 232, 234, 235 → 비계기화 가능성
고유명사(Proper names) 24
고유한(*proprium*) 18, 69, 145, 147, 152, 193, 194
공간(Space) 44, 87, 123, 165, 197, 209, 212, 214, 218, 225, 227, 233
공통 존재(*esse commune*) 153
공통성(*communitas*, Commonality) 186, 192
관계(Relation) 92, 105, 139, 148, 153, 170, 205, 211, 212, 213, 215, 216, 217, 218, 219, 221, 227, 229, 236, 238, 239
관념(Ideas) 18, 29, 35, 45, 59, 61, 69, 76, 81, 82, 85, 89, 91, 92, 94, 95, 96, 97, 98, 99, 102, 103, 104, 105, 106, 107, 108, 110, 113, 118, 119, 121, 122, 128, 129, 130, 134, 149, 152, 168, 170, 171, 173, 186, 191, 193, 199, 201, 207, 210, 214, 215, 216, 222, 224, 228, 229, 230, 232
구별(Distinction) 23, 25, 51, 51, 67, 68, 106, 110, 158, 159, 169, 185, 191, 204, 222, 223, 236

구별됨(Distinctness) 186
구분 가능성(Divisibility) 29, 40, 225
구분(Division) 21, 23, 27, 30, 35, 36, 37, 40, 41, 44, 45, 47, 49, 50, 61, 64, 65, 66, 68, 69, 70, 73, 74, 76, 80, 84, 86, 91, 93, 95, 96, 99, 101, 124, 127, 150, 151, 158, 191, 196, 197, 210, 211, 212, 225, 226, 227, 229, 230, 231
구분되지 않음(Indivision) 18, 27, 28, 29, 37, 40, 44, 59, 66, 69, 197, 207
규모(*dimensiones*, Dimensions) 29, 30, 31, 33, 34, 35, 36, 37, 38, 39, 40, 41, 42, 43, 44, 45, 46, 47, 48, 54, 55, 56, 57, 59, 60, 71, 72, 73, 74, 75, 76, 77, **79-130**, 157, 158, 159, 173, 175, 176, 186, 197, 199, 200, 201, 202, 203, 204, 206, 207, 208, 209, 210, 212, 213, 216, 217, 218, 219, 220, 222, 223, 224, 225, 228, 229, 230, 231, 232, 233, 235, 236, 237, 238, 239, 240
규모성(*dimensionalitas*, Dimensionality) 218
규정(Determinations) 20, 27, 28, 30, 31, 33, 34, 35, 38, 39, 41, 42, 43, 44, 45, 46, 48, 49, 50, 55, 60, 61, 72, 73, 87, 90, 92, 94, 95, 96, 97, 100, 102, 106, 107, 108, 109, 110, 111, 112, 113, 114, 115, 116, 117, 118, 120, 121, 123, 126, 127, 129, 138, 140, 150, 168, 173, 174, 175, 181, 182, 197, 200, 211, 217, 220, 221, 222, 223, 225, 229, 231, 234, 236, 237, 238, 239, 240 → 규정화
규정화 41, 49, 54, 104, 106, 107, 108, 109, 110, 112, 114, 117, 118, 119, 123, 126, 127, 129, 177, 178, 181, 182, 184, 186, 193 → 규정
그 자체로 구별되지 않음(*indistinctum in se*) 29, 37, 40, 44, 59, 197, 207
기체(基體, *substratum*, Supposit) 41, 42, 49, 93, 137, 158

능력(*potentia*, Power) 33, 35, 37, 81, 90, 127, 138, 168, 169, 204

다른 것들로부터 구분(구별)(*ab aliis divisum*, Division from others) 37, 40, 41, 44, 66, 74, 98, 106, 190, 202, 207
다른 것으로부터 수적으로 구별(Numerical division from others) 43, 46
다름(*alteritas*, Otherness) 27, 28, 29, 32, 42, 44, 45, 63, 64, 65, 67, 68, 69, 70, 71, 72, 73, 74, 75, 76, 77, 80, 86, 87, 88, 98, 103, 174, 203, 228
다수성(Multiplicity) 19, 20, 32, 42, 44, 45, 57, 64, 65, 68, 84, 89, 111, 129, 175, 177, 181, 182, 225, 226 → 복수성
다수화(Multiplication) 25, 36, 45, 74, 85, 91, 96, 102, 106, 111, 158, 190
다수화의 원리(Principle of plurification) 47, 176
다양성(*diversitas*, Diversity) 63, 68, 70, 71, 224, 226
단수성/단독성(Singularity) 148, 156, 169, 172

단수자/단독자(*singulare*, Singulars) 52, 119, 122, 145, 146, 147, 148, 151
단어/말(Words) 109, 120, 123, 135, 138, 144, 149, 153, 179, 183, 185, 213, 227
단일성(Unity) 22, 23, 38, 39, 44, 57, 59, 62, 64, 70, 135, 137, 138, 139, 141, 142, 170, 171, 177, 180, 181, 185, 198, 207, 215
덕(*virtus*) 35, 115
동일률/동일성의 원리(Principle of identity) 18, 194
동일성(Identity) 23, 137, 138, 169, 187, 188, 194, 196, 198, 216, 217
동일시(Identification) 21, 76, 96, 123, 141, 169, 187, 233
동일한(*idem*) 25, 27, 34, 37, 41, 42, 43, 45, 46, 54, 64, 67, 68, 72, 73, 74, 75, 80, 82, 84, 85, 87, 89, 90, 92, 93, 95, 97, 98, 99, 100, 101, 102, 103, 104, 105, 106, 108, 109, 110, 111, 115, 117, 121, 124, 125, 127, 128, 129, 142, 144, 158, 166, 174, 175, 183, 188, 190, 192, 194, 202, 203, 204, 206, 207, 208, 210, 213, 214, 215, 216, 217, 218, 222, 223, 224, 225, 228, 231, 232, 235, 237, 238, 239

라틴 아베로이즘(Latin Averroism) 92, 94

마음(*mens*, Mind) 102, 111, 201 → 정신
명제(Proposition) 66, 119, 142, 168, 176, 177, 178
모순율(Principle of contradiction) 18
'무엇이냐'(*quid est*) 33
'무엇임'(*quidditas*, Quiddity) 45, 86, 88, 140, 144, 152, 181, 182, 186
문제의 실태(state of affairs) 83
물질(*materia*, Matter) 23, 24, 25, 26, 34, 39, 40, 42, 47, 56, 61, 81, 83, 89, 91, 92, 93, 101, 102, 105, 106, 121, 129, 133, 144, 152, 155, 182, 188, 190, 192, 193, 199, 200, 201, 202, 203, 206, 216, 217, 218, 220, 221, 224, 225, 226, 227, 229, 231, 232, 233, 235, 236, 237, 238, 239, 240 → 질료
물질적 실체들의 개체화(Individuation of material substances) 25, 26, 121, 188, 199, 200, 224, 232, 236, 239
물체(Body) 19, 23, 36, 43, 46, 48, 49, 54, 63, 64, 73, 74, 75, 84, 85, 86, 87, 90, 91, 96, 102, 106, 113, 114, 119, 124, 125, 149, 200, 205, 206, 210, 211, 212, 213, 214, 215, 216, 217, 219, 220, 221, 222, 223, 224, 231, 232, 233, 237, 239, 340
물체성(*corporalitas*, Corporeity, Corporeality) 27, 28, 29, 45, 46, 57, 85, 86, 88, 89, 90, 121, 158

방식(Mode) 19, 22, 31, 37, 38, 43, 47, 67, 76, 80, 82, 83, 84, 86, 90, 92, 93, 94, 99, 100, 102, 115, 116, 117, 119, 127, 129, 131, 134, 141, 142, 145, 150, 152, 153, 156, 167, 173, 174, 175, 178, 179, 182, 184, 190, 200, 201, 212, 220, 233, 234, 238 → 양태
범주(Category) 22, 69, 77, 100, 103, 147, 173, 210, 227
변화(Alteration, Change) 18, 19, 20, 35, 51, 54, 73, 82, 83, 89, 90, 93, 95, 97, 100, 105, 107, 114, 115, 117, 119, 126, 127, 129, 147, 173, 179, 234
보편성(Universality) 146
보편자(*universale*, Universals) 15, 16, 21, 28, 49, 50, 52, 93, 104, 121, 122, 145, 146, 147, 151, 152, 156, 163, 209, 235, 236, 237, 238
복수성(*pluralitas*, Plurality) 65, 66, 68, 69, 70 → 다수성
본성(*natura*, Nature) 23, 24, 27, 28, 33, 37, 41, 42, 43, 46, 52, 53, 55, 61, 62, 68, 74, 77, 81, 85, 90, 91, 92, 96, 97, 99, 100, 102, 103, 104, 105, 106, 107, 108, 110, 115, 116, 117, 118, 121, 122, 126, 129, 133, 136, 137, 139, 140, 142, 143, 144, 145, 146, 148, 150, 152, 155, 156, 157, 158, 163, 170, 171, 172, 174, 180, 181, 182, 185, 192, 199, 208, 211, 217, 223, 226, 227, 229, 230, 231
본질(Essence) 18, 19, 20, 21, 23, 25, 27, 35, 54, 69, 106, 109, 114, 115, 121, 124, 125, 126, 127, 129, 134, 138, 139, 140, 141, 143, 145, 152, 177, 184, 185, 220
부가(Addition) 24, 134, 140, 148, 196
부정(Negation) 21, 66, 67, 68, 69, 70
부활(Resurrection) 26, 37, 83, 101, 111, 127
분리된 실체(Separate substance) 23, 37, 153, 157, 191
불가분성(Indivisibility) 23, 127, 169, 202, 203
비계기화 가능성(Noninstantiability) 172 → 계기화 불가능성
빈술(Predication) 22, 28, 33, 41, 51, 96, 145, 147, 149, 153, 158, 172, 181
빈술불가능성(Impredicability) 23, 169
뿌리(*radix*) 61, 76, 99, 119, 129, 163, 193, 228

사물 안에(*in re*) 37, 61, 124, 155, 184
사물(Res) 18, 19, 21, 24, 28, 30, 33, 37, 38, 39, 40, 42, 45, 52, 59, 60, 61, 63, 65, 67, 68, 69, 73, 80, 81, 83, 91, 96, 99, 101, 103, 105, 106, 107, 108, 109, 119, 121, 124, 125, 127, 129, 132, 134, 135, 136, 137, 138, 139, 141, 142, 143, 144, 145, 147, 149, 151, 152, 153, 154, 155, 157, 158, 167, 168, 169, 170, 175, 177, 180, 182, 184, 185, 189, 190, 192, 195, 202, 203, 206, 209,

210, 212, 214, 215, 216, 222, 225, 226, 227, 232, 233, 236, 239 → 실재
삼위성(Trinity) 140 → 삼위일체
삼위일체(*Trinitas*) 26, 62
상상(Imagination) 45, 63, 230
생성(Generation) 18, 41, 48, 93, 104 → 출산
성질(*qualitas*, Quality) 126, 133, 148, 156, 157, 221, 236
성체 100, 108, 111, 127
성체성사(Eucharist) 26, 35, 80, 83, 98, 105, 111, 159 → 성체
소리/말(*vox*) 18, 122
속성(*proprietas*, Property, Attributes) 41, 202, 213, 218, 221, 224, 229, 232, 234
수(*numero*, Number) 25, 42, 47, 63, 79, 80, 116, 217
수교가능성(*communicabilitas*) 186
수교불가능성(Incommunicability) 50, 230, 239
수적 구별(Numerical distinction) 185
수적 다름 32, 34, 64, 70, 71, 73, 74, 75, 116, 204, 217 → 수적 다양성
수적 다수성(Numerical multiplicity, Numerical plurality) 84, 89, 182
수적 다수화(Numerical multiplication) 36
수적 다양성(Numerical diversity) 224 → 수적 다름
수적 단일성(Numerical unity) 22, 23, 39, 170, 171, 185
수적 동일성(Numerical identity) 37
수적 차이(Numerical difference) 20, 63, 64, 200
수적으로 구별(Numerical distinctness) 46, 84, 205, 207
수축(*contractio*) 182
수학적(Mathematical) 107, 221
순서(Order) 26, 29, 46, 64, 80, 84 → 질서
시공적 개체화 이론(Spatio-Temporal Theory of Individuation) 228, 235
식별 가능성(Discernibility) 20, 23, 24, 64, 76
신 21, 23, 25, 61, 67, 68, 83, 84, 105, 106, 135, 139, 140 → 하느님
신플라톤주의적(Neo-Platonic) 68
신학(Theology) 26, 56, 84, 88, 111, 179
실재 24, 42, 43, 44, 53, 72, 88, 96, 102, 104, 106, 116, 128 → 사물
실재주의(Realism) 152, 168
실존(*Existentia*, Existence) 22, 23, 25, 34, 39, 61, 81, 102, 107, 121, 133, 136, 138, 141, 142, 143, 147, 206 → 존재
실존하다(*existere*) 21, 32, 34, 37, 41, 55, 91, 99, 127, 136, 147, 148, 156, 206, 211, 216

실체(*substantia*, Substances) 18, 23, 26, 27, 30, 32, 34, 36, 37, 41, 43, 44, 45, 46, 51, 52, 61, 64, 65, 71, 80, 81, 82, 85, 86, 87, 88, 89, 91, 92, 93, 94, 98, 100, 101, 102, 109, 121, 123, 133, 137, 139, 140, 146, 147, 148, 149, 150, 152, 153, 157, 171, 172, 173, 178, 184, 188, 190, 191, 195, 197, 198, 199, 200, 201, 202, 203, 205, 206, 207, 216, 217, 218, 221, 224, 225, 226, 227, 229, 231, 233, 235, 236, 237, 238, 239

실체들의 개체화(Individuation of substances) 25, 51, 121, 171, 178, 199, 224, 231, 232

실체적 형상(Substantial form) 29, 30, 35, 37, 40, 45, 46, 48, 49, 55, 57, 86, 87, 88, 89, 100, 101, 102, 103, 104, 106, 111, 120, 124, 137, 149, 152, 158, 176, 205, 207

실현(Actualization) 18, 28, 29, 32, 52, 127, 133, 148 → 현실화

양(Quantity) 24, 29, 30, 33, 34, 35, 36, 37, 38, 40, 41, 43, 44, 45, 46, 47, 48, 49, 50, 51, 52, 54, 55, 61, 62, 65, 69, 71, 72, 76, **79-130**, 147, 156, 157, 158, 159, 170, 171, 172, 173, 174, 175, 176, 178, 186, 195, 196, 197, 199, 200, **201-210**, **210-223**, **224-232**, **232-240**

양태 137, 145, 146, 148, 150, 151, 152, 153

'어떠한'(*quale*) 27, 28, 51, 51, 85, 87, 88, 90, 93, 101, 103, 105, 108, 113, 127, 140, 157, 165, 172, 173, 181, 211, 212

어의학(Semantics) 167

언어(Language) 76

여럿(*multitudo*, Multitude) 18, 28, 33, 37, 63, 67, 79, 134, 139, 145, 151, 156, 158, 165, 169, 181, 193

영혼(Soul) 26, 28, 36, 61, 83, 85, 102, 117, 122, 127, 132, 133, 137, 142, 143, 147, 152, 170, 200

외연(Denotation) 20, 22, 23, 25, 191

용어(Terms) 19, 31, 64, 66, 69, 87, 91, 92, 94, 107, 108, 109, 112, 114, 128, 131, 132, 147, 150, 157, 167, 168, 171, 178, 179, 181, 182, 184, 188, 190, 192, 195, 200, 202, 208, 210, 213, 216, 224, 227, 240

우선성 29, 93 → 우위성

우위성(Priority) 29

우유(偶有, *accidens*, Accident) 18, 20, 26, 27, 28, 29, 32, 33, 35, 37, 41, 43, 44, 45, 46, 49, 50, 51, 61, 63, 64, 65, 71, 73, 75, 80, 82, 83, 86, 87, 88, 90, 91, 92, 93, 94, 98, 99, 101, 103, 104, 106, 109, 124, 128, 132, 133, 145, 146, 147, 149, 158, 159, 171, 172, 173, 174, 176, 178, 184, 202, 203, 206, 207,

208, 209, 228, 229, 231, 232, 233, 240
우유들의 개별화(Individuation of accidents) 25
우유들의 다양성(varietas accidentium) 20, 63, 71, 224
원리(principium, Principle) 18, 19, 21, 22, 24, 25, 30, 39, 40, 44, 47, 49, 52, 53, 55, 56, 59, 63, 69, 70, 71, 73, 77, 80, 84, 85, 87, 98, 99, 101, 102, 104, 105, 106, 114, 131, 142, 148, 152, 156, 158, 167, 170, 175, 177, 178, 179, 180, 181, 183, 184, 185, 186, 190, 194, 195, 197, 204, 208, 219, 230, 233
원인(Causes) 18, 19, 21, 24, 25, 28, 34, 43, 47, 48, 49, 50, 59, 61, 63, 64, 65, 66, 67, 69, 70, 71, 72, 74, 75, 76, 85, 88, 89, 90, 91, 93, 94, 96, 97, 103, 104, 106, 117, 119, 120, 123, 126, 128, 132, 135, 136, 138, 139, 141, 142, 143, 144, 151, 153, 154, 157, 167, 170, 175, 180, 181, 185, 225, 226, 228
원인성(Causality) 138, 139, 153 → 인과성
위격(hypostasis) 91, 140 (참조: → 인격)
위치 19, 35, 36, 44, 63, 65, 69, 75, 79, 86, 88, 117, 118, 129, 200, 205, **210-223**, 224, 225, 226, 227, 228, 229, 230, 231, 232, 233, 234, 235, 236, 237, 238, 239, 240 → 자리/장소
유(類, genus) 32, 33, 34, 36, 41, 43, 44, 46, 63, 80, 89, 100, 111, 114, 116, 117, 143, 144, 145, 146, 147, 148, 150, 152, 182, 183, 203, 217, 219, 230
우사성(Similarity, Similitude, Resemblance) 90, 198
우일성(Uniqueness) 84, 169, 234
유입(fluxus) 15
육체(Body) 28, 35, 36, 37, 85, 133, 142, 187, 212, 213
육화(肉化, incarnatio) 26
의미하다 18, 22, 28, 31, 85, 92, 97, 124, 129, 132, 138, 141, 142, 148, 149, 150, 151, 173, 180, 187, 225 → 표시하다
'이 어떤 것'(hoc aliquid) 43
'이것성'(haecceitas, Thisness) 53, 56, 76, 120, 179, 180, 184, 192
'이런 종류'(quale quid) 223
이름(Names) 90, 92, 146, 148, 149, 150, 154
이해(Understanding) 53, 54, 59, 61, 62, 66, 134, 199, 206, 212, 226, 234
인격(persona) 137, 146, 148, 149, 150
인과성 29 → 인위성
인식 15, 76, 113, 122, 168, 181, 184, 228 → 지식
일차적으로 다른(primo diversa) 183
일치(Union) 168, 211 → 결합
'있는 것'(id quod, id quod est) 134, 135, 136, 137, 146, 151, 152, 153, 155

자리(*situs*, Location) 149, 200, 209, 215, 221, 226, 227, 228, 229, 231, 232, 235, 239 → 위치
자립성(*subsistentia*, Subsistence) 25, 99, 151, 152, 158, 159
자연(*natura*, Nature) 223
작위자(*agens*, Agent) 148
잠재력(Potentiality) 84
장소(*locus*, Position) 20, 33, 41, 63, 64, 65, 73, 74, 75, 76, 77, 119, 129, 200, 207, 210, 212, 213, 214, 217, 218, 219, 220, 221, 222, 223, 224, 227, 228, 229, 230, 231, 232, 233, 235, 236, 237, 238, 239, 240 → 위치
전체(Whole) 27, 28, 29, 36, 42, 45, 49, 56, 60, 62, 86, 175, 206, 207, 214, 217, 220, 221, 222, 223, 226, 227
정신/영(Spirit) 21, 22, 50, 63, 102, 104, 132, 149, 164, 221
정의(定義, Definition) 31, 59, 108, 146, 148, 149, 150, 214, 217, 218, 221, 230
제일실체(Primary Substance) 20, 41, 43, 51, 93, 147, 149, 150, 172
제일원인(First cause) 67, 68, 70
제일 질료(Prime matter) 27, 40, 45, 86, 93, 141, 156, 159, 205, 207
존재 현실 25 → 존재 현실력
존재 현실력(*actus essendi*) 25, 28, 53, 104, 126, 131, 159, 170, 173, 174 → 존재 현실
존재(*esse*, Being) 18, 19, 20, 23, 25, 27, 33, 38, 45, 50, 55, 56, 59, 60, 61, 62, 64, 68, 82, 83, 86, 87, 88, 89, 92, 93, 98, 102, 103, 106, 107, 108, 117, 120, 121, 122, 125, 126, 127, 128, 129, **131-159**, 170, 171, 174, 176, 177, 178, 182, 183, 184, 186, 198, 200, 201, 206
존재론(Ontology) 23, 51, 93, 99, 131, 146, 165, 168, 171, 172, 180, 183, 210
존재성(*entitas*, Entity) 51, 52, 53, 56, 167, 172, 173, 176, 179, 180, 181, 182, 186, 195, 200, 209, 221
존재자(*ens*, Being) 18, 19, 21, 22, 23, 24, 25, 36, 39, 40, 41, 43, 46, 51, 53, 59, 66, 69, 70, 89, 95, 98, 120, 121, 126, 133, 134, 138, 139, 141, 145, 146, 147, 148, 151, 152, 153, 154, 158, 171, 172, 178, 180, 182, 191, 200, 202, 217, 219, 225
종(*species*) 18, 22, 23, 25, 27, 32, 34, 41, 42, 43, 45, 46, 53, 63, 68, 71, 80, 82, 84, 85, 87, 89, 90, 97, 98, 99, 101, 102, 103, 104, 111, 116, 117, 119, 129, 150, 151, 153, 158, 169, 173, 174, 175, 180, 182, 183, 190, 196, 197, 202, 203, 204, 207, 208, 217, 224, 225
주체(*subiectum*) 32, 33, 35, 37, 41, 42, 43, 44, 45, 46, 50, 51, 80, 91, 92, 104, 123, 127, 132, 136, 137, 144, 146, 147, 149, 156, 159, 172, 205, 206, 207,

229, 232, 234
죽음(Death) 111
증명(*demonstratio*) 151
지성(*intellectus*, Understanding) 33, 34, 46, 93, 94, 122, 123, 132, 139, 181
지성체들(Intelligences) 25, 155
지속(*continuum*, Continuity) 96, 105, 117, 173, 215
지식(Cognition, Knowledge) 19, 132, 181 → 인식
지칭(Denomination) 23, 24, 119, 126, 165, 167
지향(intentio, Intention) 149, 150
질서 29, 45, 48, 51, 55, 56, 61, 62, 64, 69, 76, 89, 98, 99, 102, 105, 106, 107, 108, 117, 125, 128, 142, 153, 164, 172, 173, 178, 184, 185, 227, 228 → 순서

차별화(Differentiation) 55, 85, 89, 99, 101, 102, 103, 203, 204
차이(*differentia*, Difference) 19, 20, 22, 31, 32, 42, 44, 47, 62, 63, 64, 65, 69, 77, 80, 90, 91, 98, 103, 110, 117, 118, 120, 127, 129, 145, 147, 165, 174, 181, 182, 183, 184, 193, 194, 200, 202, 203, 213, 219, 222, 226, 227, 228, 229, 230, 239
참여(Participation) 44, 134, 141, 183, 193, 205, 211, 212, 227
창조(*creatio*, Creation) 66, 68, 69, 135, 153, 155
천구(天球, Spheres) 25
천사(Angel) 23, 61, 83, 95, 105, 107, 153, 158, 191, 200
추상(Abstraction) 34, 45, 85, 87, 96, 97, 107, 108, 109, 110, 111, 120, 121, 126, 130
출산 151 → 생성
충만(*plenum*) 18, 148, 179, 199, 201, 202, 210, 217

토마스주의/토미즘(Thomism) 47, 199, 206
통교불가능성(*incommunicabilitas*) 23, 28, 196
특수성(Particularity) 194
특수자(*particulare*, Particulars) 146, 147, 151
특수화(Particularization) 80, 106

판단(Judgement) 22, 109, 132, 140, 184
포르피리우스의 계통수(Porphyrian Tree) 88, 102, 181, 182
표시/기호(Sign) 31, 80, 82, 109, 110, 111, 114, 126 → 표지
표시된 질료(*quantitate signata*, Designated matter) 23, 24, 31, 34, 35, 36, 38, 42,

43, 44, 46, 47, 48, 50, 52, 53, 54, 55, 57, 72, 79, 80, 81, 109, 112, 116, 120, 138, 188, 191, 192, 195, 196, 197, 198, 200, 202, 203, 204, 217
표시된(Designated) 33, 34, 36, 47, 80, 81, 83, 95, 112, 114, 115, 116, 118, 121, 129, 225
표시하다(significare) 116 → 의미하다
표시화(Signification) 42, 47, 50, 108, 119
표지 43, 51, 75, 122, 181, 191, 231 → 표시/기호
품위(dignitas) 21
피조물(Creatures) 25, 66, 67, 68, 70, 93, 131, 135, 138, 140, 155, 183, 184

하느님(God) 68 → 신
합성체(Composite, Compounds) 27, 28, 32, 49, 84, 92, 93, 103, 104, 124, 132, 134, 153, 182, 202, 204, 207
해석(Interpretation) 47, 48, 60, 121, 128, 131, 173, 176, 183, 189, 190, 196, 198, 209, 232
행동(Act) 148, 154 → 활동
허공 214, 219 → 진공
허무화(Annihilation) 155
현대적(moderni) 82, 129, 130, 187
현실(actus, Act) 61, 113, 182
현실성(Actuality) 106, 124, 126, 127, 131, 177, 178, 183, 184, 186
현실태(Act) 25, 40, 45, 48, 59, 95, 98, 101, 102, 125, 141, 148
현실화 91, 93, 101, 102, 104, 106, 108, 124, 127, 133, 175, 177, 184 → 실현
형상(forma, Form) 18, 19, 20, 23, 25, 27, 28, 29, 30, 32, 33, 34, 35, 36, 37, 40, 41, 42, 43, 44, 45, 46, 48, 49, 50, 51, 52, 54, 55, 57, 61, 62, 71, 72, 74, 77, 79, 80, 81, 82, 83, 84, 85, 86, 87, 88, 89, 90, 92, 93, 94, 95, 98, 99, 100, 102, 103, 104, 106, 107, 108, 111, 113, 114, 115, 116, 117, 118, 122, 124, 126, 127, 128, 129, 130, 132, 133, 135, 137, 138, 139, 149, 153, 157, 158, 174, 175, 179, 180, 182, 185, 186, 191, 192, 193, 197, 198, 200, 202, 203, 204, 205, 207, 224, 225, 226
형상의 개별화(individuatio formae) 80
형상의 궁극적 실재성(ultima realitas formae) 179
활동(Act) 51, 53, 114, 148, 172
힘(Power) 18, 69, 81, 138, 147, 190, 207 → 능력

토마스 아퀴나스의 신학대전

- 제22권(I-II, qq.49-54), 『습성』, 이재룡 옮김, 2020, lviii-234쪽, 15,000원.
- 제23권(I-II, qq.55-67), 『덕』, 이재룡 옮김, 2020, lxxvi-558쪽, 40,000원.
- 제24권(I-II, qq.68-70), 『성령의 선물』, 채이병 옮김, 2020, liv-152쪽, 15,000원.
- 제25권(I-II, qq.71-80), 『죄』, 안소근 옮김, 2020, I-452쪽, 35,000원.
- 제26권(I-II, qq.81-85), 『원죄』, 정현석 옮김, 2021, lii-191쪽, 20,000원.
- 제27권(I-II, qq.86-89), 『죄의 결과』, 윤주현 옮김, 2021, xlviii-164쪽, 15,000원.
- 제29권(I-II, qq.98-105) 『옛 법』, 이경상 옮김, 2021, 40,000원, lxiv-608쪽, 40,000원.
- 제30권(I-II, qq.106-114), 『새 법과 은총』, 이재룡 옮김, 2021, lxxviii-570쪽, 40,000원.
- 제31권(II-II, qq.1-7), 『신앙』, 박승찬 옮김, 2022, cxiv-412쪽, 40,000원.
- 제32권(II-II, qq.8-16), 『신앙(II)』, 박승찬 옮김, 2022, xlix-366쪽, 32,000원.
- 제33권(II-II, qq.17-22), 『희망』, 이재룡 옮김, 2022, lviii-266쪽, 20,000원.
- 제34권(II-II, qq.23-33), 『참사랑』, 안소근 옮김, 2022, lvi-604쪽, 40,000원.
- 제35권(II-II, qq.34-44), 『참사랑(II)』, 안소근 옮김, 2022, lii-322쪽, 20,000원.
- 제36권(II-II, qq.45-56), 『지혜와 현명』, 이상섭 옮김, 2023, lxxiv-410쪽, 35,000원.
- 제37권(II-II, qq.57-62), 『정의』, 이재룡 옮김, 2023, lxiv-307쪽, 18,000원.
- 제38권(II-II, qq.63-79), 『불의』, 박동호 옮김, 2023, lix-544쪽, 40,000원.
- 제39권(II-II, qq.80-91), 『종교와 경신』, 윤주현 옮김, 2023, lxxxvii-548쪽, 40,000원.
- 제40권(II-II, qq.92-100), 『종교와 경신(II)』, 윤주현 옮김, 2024, lxxxvii-332쪽, 30,000원.
- 제41권(II-II, qq.101-122), 『사회적 덕』, 김성수 옮김, 2024, lxv-620쪽, 40,000원.
- 제42권(II-II, qq.123-140), 『용기』, 임경헌 옮김, 2024, lxii-466쪽, 37,000원.
- 제43권(II-II, qq.141-154), 『절제』, 이재룡 옮김, 2024, lxxv-548쪽, 40,000원.
- 제44권(II-II, qq.155-170), 『절제(II)』, 이재룡 옮김, 근간.
- 제45권(II-II, qq.171-178), 『예언과 은사』, 안소근 옮김, 2025, I-302쪽, 25,000원.
- 제46권(ST II-II, 179-182), 『활동과 관상』, 안소근 옮김, 2025, xliv-154쪽, 15,000원

※ **제1권**(하느님의 존재: I, 1-12, 1985)부터 **제21권**(두려움과 분노: I-II, 40-48, 2020)까지, 그리고 **제28권**(법: I-II, 90-97)은 바오로딸에서 출간.

사전류

- **성 토마스 개념사전**
  바티스타 몬딘, 이재룡 · 안소근 · 윤주현 옮김, 2020, 2단 882쪽, 75,000원.

- **아퀴나스의 윤리학**
  스테픈 포프(편), 이재룡 · 김도형 · 안소근 · 윤주현 옮김, 2021, 2단 668쪽, 70,000원.

- **교부학 사전**
  지그마르 되프 · 빌헬름 게어링스(편), 하성수 · 노성기 · 최원오 옮김, 2022, 2단 1283쪽, 110,000원.

- **라–한사전**
  이재룡 책임편찬, 2022, 2단 2102쪽, 200,000원.

토미즘소책

01. **안락의자용 토마스 아퀴나스**
    티모시 레닉 지음, 이재룡 옮김, 2019, 191쪽, 15,000원.

02. **성 토마스의 지혜와 사랑**
    에티엔 질송 지음, 이재룡 엮음, 2022, 206쪽, 17,000원.

03. **정념과 덕**
    세르베 핑케어스 지음, 이재룡 옮김, 2023, 240쪽, 17,000원.

04. **성 토마스의 침묵**
    요셉 피퍼 지음, 이재룡 옮김, 2023, 176쪽, 15,000원.

05. **성 토마스의 윤리철학**
    랄프 매키너니 지음, 이재룡 · 김성수 옮김, 2023, 239쪽, 18,000원.

06. **아퀴나스의 신학대전**
    장 피에르 토렐 지음, 이재룡 옮김, 2024, 218쪽, 16,000원.

07. **성 토마스와 신학**
    마리 도미니크 슈뉘 지음, 이재룡 · 권영파 옮김, 2024, 284쪽, 18,000원.

08. **20세기 성 토마스 연구자들**
    이재룡 엮음, 2025, 604쪽, 32,000원.

09. **토미즘의 이모저모 엿보기**
    이재룡 지음, 2025, 434쪽, 24,000원.

10. **성 토마스와 개체화의 원리**
    이재룡 엮음, 2025, 260쪽, 18,000원.

성 토마스 탄생 800주년 기념총서(기획)

801. 성 토마스 소사전
박승찬 · 이재룡 · 임경헌(편), 2025, 640쪽, 40,000원.

802. 토마스 아퀴나스의 철학
한국성토마스연구소 엮음, 2025, 428쪽, 32,000원

800. 토미즘: 성 토마스 철학 입문
É. Gilson, *Le Thomisme*, Paris, Vrin, [6a 1965/Dixieme tirage 2020] pp.454.

800. 한국의 성 토마스 연구 현황
이재룡 · 임경헌

800. 성 토마스 아퀴나스의 신학
R. van Nieuwenhove et al.(eds.) *The Theology of Thomas Aquinas*, Notre Dame, 2005, pp.472.

800. 그리스도교 윤리학의 원천
S. Pinckaers, OP, *Le sources de la morale chretienne*, Paris, Cerf, [1985/5a 2012] pp.489.

800. 성 토마스 연구 입문
M.-D. Chenu, OP, *Introduction a l'etude de saint Thomas d'Aquin*, Paris, Vrin, 1950, pp.386.

800. 성 토마스 법철학
R. Pizzorni, OP, *La filosofia del diritto secondo S. Tommaso d'Aquino*, Bologna, ESD, 2003, 4a ed., pp.839.

800. 삼위일체론 주해[대역]
St. Thomas, *Super Boetium De Trinitate*, Torino, Marietti, 1954, in *Opusc. Theol.* II, pp.313-389.

800. 요한복음서 주해[대역]
St. Thomas, *Lectura super Ioannem*, Bologna, ESD, 2019, pp.1431+1663.